言語類型論的観点からみた
韓日両言語における文法化の対照研究

仁荷大学 AIマルチリンガル研究所 叢書 2

言語類型論的観点からみた
韓日両言語における文法化の対照研究

朴 江 訓 著

序文

　文法化(grammaticalization)とは、語彙的要素や語用的表現が時間の経過とともに文法的機能を獲得し、文法範疇へと転化していく言語変化の過程を指す。韓国語および日本語においても、命令表現、副助詞、否定副詞、否定極性表現など、文法的形式として定着してきた要素の多くは、かつて語彙的・語用的意味を有する語であった。本書はそうした言語項目の文法化プロセスを韓国語と日本語という類型的に近接した二言語を対象に、比較対照的に分析することを目的とするものである。

　両言語は語順(SOV)、敬語体系、膠着的な形態構造などにおいて顕著な共通点を有する一方で、否定表現の構造、極性表現の文法化の時期と過程、副助詞の文法的制約、語用論的焦点化の手法など、統語的・意味的には多くの相違点を示す。特に、極性表現の文法化においては、日本語と韓国語でその成立時期や進行段階に顕著な差異が見られ、この点は両言語の接触史や文法体系の発達と密接に関係している。本書はこのような共通性と差異に注目しつつ、特に「否定と文法化」というテーマのもと、①否定命令形式、②否定副詞、③副助詞を中心に、「不定語(Indeterminate)

＋도/モ」および「1＋助数詞(classifier)＋도/モ」についても補足的に取り上げ、それらがいかにして否定極性表現(negative polarity items)として定着していったのかを類型論的・対照的に検討する。

また本書では、副助詞の通時的機能拡張や複数範疇にまたがる語の文法的曖昧性、韓日両言語における文法化研究の理論的展開といった補助的テーマも取り上げており、主題である否定極性表現の文法化に対する理解を多面的に照射する役割を担っている。

なお、本書で展開する各章の議論は筆者がこれまでに発表してきた論文を基盤としつつ、新たなデータの導入や理論的再検討を加えて再構成したものである。各章と既発表論文との対応関係については、巻末の「各章と既発表論文との関係」を参照されたい。

本書は、全体を4部16章から構成している。

第1部(第2～第4章)では、否定命令形式「-마/-な」および否定循環の視点から、否定表現に関する文法化の様相を理論的に整理する。特に、否定命令形式の[+NEG]素性や、否定の反復的構造がいかに構文変化と連動しているかに焦点を当て、通時的・共時的観点からその機能変化を考察する。

第2部(第5～第9章)では、否定副詞「결코/決して」、「전혀/全然」や、否定と共起する副助詞「밖에/しか」、「きり」などを対象に、それらが否定極性表現として定着する過程を分析する。語用論的推論や上接語句との構造的制約に注目しながら、それぞれの形式がどのように文法化されてきたかを明らかにする。

第3部(第10～第12章)では、「韓日両言語における否定極性表現が付加部(adjunct)に偏在するのはなぜか」という言語類型論的疑問に対し、膠着語における形態・統語的(morpho-syntactic)制約に注目しつつ、副助詞や数量詞構文における否定極性表現の偏在傾向を実証的に確認する。また、副助詞の文法化研究に関する先行研究を整理し、複数の文法カテゴリーを横断する語の意味的・語用論的特性に注目して、理論的考察を補完する。

　第4部(第13～第15章)では、これまでの分析を総合し、韓日両言語における文法化の進行度と頻度傾向をコーパスに基づいて比較し、最終的な理論的整理と応用可能性を検討する。

　最後に第16章では、結章として、本研究の理論的貢献を統合的に整理し、言語接触研究や多言語教育への応用可能性を展望する。

　本書は仁荷大学AIマルチリンガル研究所による「マルチリンガル研究叢書」の第2巻として位置づけられている。第1巻『多言語習得とマルチリンガル教育の実践：日本語と英語を同時に学ぼう(初級編)』では、初級レベルにおける教育実践に焦点が当てられたのに対し、本書では韓日両言語の文法体系とその変化過程に焦点を当てた理論研究としての色彩が強い構成となっている。とりわけ、韓日両言語における文法化の共通性・相違性を比較対照的に捉えることは、マルチリンガル教育における言語間理解の促進や教材開発の理論的基盤としても重要な意義を持つと考えられる。さらに、文法化の研究は単なる言語内部の通時的変化にとど

まらず、人の移動・接触を通じた言語変容のメカニズムを捉える視点としても有効である。古今東西、人間は絶えず移動し、異なる言語や文化と接触してきた。そうした接触の過程において語彙や表現が交差・浸透し、文法構造に変化をもたらすことは、まさに多文化・多言語社会における言語の動態的性格を示すものである。本書で扱う韓日両言語の文法化現象もまた、そうした動態の一端を理論的かつ実証的に明らかにする試みである。

　そのような観点を踏まえたうえで、本書で採用した章構成は、文法化される対象表現の種類(命令形式・否定副詞・副助詞・否定極性表現など)に着目しつつ、それぞれの言語現象がもつ理論的背景を明示し、実証的分析と結びつけることを重視している。本書は仁荷大学AIマルチリンガル研究所における比較対照言語学研究の一環であり、今後の続刊では、本書で提示した理論的枠組みを基盤として、より広範な言語接触の視点や、複数言語環境における言語変化の動態を探究する予定である。なかでも、次回作として構想されている『韓日両言語における言語接触と文法化のダイナミズム(仮)』では、歴史的・地理的・社会的な接触環境を背景とした文法変化の発現メカニズムに焦点を当て、韓国語と日本語の共時的・通時的変化の交差点を理論的に描き出すことを目指す。さらに、もう一つの構想として進行中の『ノマド(nomad)言語学と多言語習得への招待(仮)』では、移動と接触の時代における多言語的存在様式を見据え、生成文法・類型論・社会言語学・教育実践の知見を横断的に結び付けることで、新たな多言語研究の地平を

拓くことを意図している。

　これらの続刊は、本書で展開された否定表現・文法化研究を起点としながら、①言語変化、②言語教育、③言語接触という三つの軸を多角的に展開するものであり、本書がその第一ステップとしての役割を果たすことを期待している。

　最後に、本書の執筆と研究活動を支えてくれた家族に、心より感謝の意を表したい。

2025年5月

著者 朴 江 訓

目次

序文 / 5

第1章　序章：文法化理論と韓日語対照研究の視座　19
1. 文法化とは何か　21
2. 文法化研究の理論的枠組と発展　23
3. 類型論的観点における文法化　26
4. 韓日語における比較対照の意義　28
5. 本書の目的と構成　31

第1部　否定表現と命令の文法化

第2章　否定命令形式の文法化：「-마/-な」の対照分析　37
1. はじめに　39
2. 先行研究と問題のありか　40
3. 考察　43
　3.1. 否定命令文における否定極性表現の認可　44
　3.2. 韓日両言語における否定極性表現のハイアラーキー　55
　3.3. 韓日両言語の否定命令形式への歴史的変遷過程　60
4. まとめと今後の課題　63

第3章　否定命令文の類型論的研究　　67

1. 問題の提起　　69
    1.1. 自然言語における否定命令文　　69
    1.2. 否定命令形式をめぐる理論的課題　　72
2. 本章の主張　　79
3. 否定命令文の文法化過程　　80
    3.1. 日本語における否定命令文の文法化　　80
    3.2. 英語における否定命令文の文法化　　84
    3.3. フランス語における否定命令文の文法化　　88
    3.4. 韓国語における否定命令文の文法化　　90
4. おわりに　　93

第4章　否定循環の観点からみた韓日両言語の対照研究　　95

1. はじめに　　97
2. 先行研究の概観および問題提起　　101
3. 否定文のタイプと本研究の対象　　107
4. 考察　　111
    4.1. 言語類型論的観点からみた否定命令文における否定循環　　113
        4.1.1. 日本語の否定命令文と否定循環　　114
        4.1.2. 韓国語の否定命令文と否定循環　　116
    4.2. 否定形式の形態論と文法化　　118
5. おわりに　　119

第2部
否定副詞と限定副助詞の文法化

第5章　否定副詞の文法化Ⅰ:「결코/決して」の使用変遷　　123

1. はじめに　　125
2. 先行研究の概観と問題のありか　　127

3. 考察 132
　3.1. 「決して」の文法化 134
　　3.1.1. 第1段階(~18世紀まで)：動詞としての「決す」 134
　　3.1.2. 第2段階(18世紀前期~19世紀前期)：副詞としての「決して」 135
　　3.1.3. 第3段階(18世紀後期~)：否定極性表現としての「決して」 136
　3.2. 「결코」の文法化 138
　　3.2.1. 第1段階(15世紀~)：動詞としての「결ᄒᆞ다」 138
　　3.2.2. 第2段階(19世紀後期~20世紀前期)：副詞としての「결코」 139
　　3.2.3. 第3段階(19世紀後期~)：否定極性表現としての「결코・決して」 140
　3.3. 原理とメカニズム 143
4. おわりに 145

第6章　否定副詞の文法化 II：「전혀/全然」の意味変化　149

1. はじめに 151
2. 先行研究の概観と問題のありか 153
3. 考察 157
　3.1. 「전혀」の文法化 160
　　3.1.1. 第1段階(15C中期~20C中期)：肯定・否定述語と呼応 160
　　3.1.2. 第2段階(20C中期~21C前期)：否定述語とのみ呼応 164
　　3.1.3. 第3段階(21C(2010年代)~)：否定述語・否定を含意した肯定述語と
　　　　　のみ呼応 166
　3.2. 「全然」の文法化 168
　　3.2.1. 第1段階(江戸後期~大正後期)：肯定・否定述語と呼応 168
　　3.2.2. 第2段階(大正後期~昭和中期)：否定述語とのみ呼応 169
　　3.2.3. 第3段階(昭和中期~)：否定述語・否定を含意した肯定述語とのみ
　　　　　呼応 170
　3.3. 「전혀」VS. 「全然」の文法化 172
　　3.3.1. 「전혀」と「全然」の文法化の類似点 172
　　3.3.2. 「전혀」と「全然」の文法化の相違点 173
4. おわりに 174

第7章　除外表現の文法化　177

1. はじめに　179
2. 除外表現における文法化の特徴　181
3. 考察　183
   - 3.1.「밖에」と「ほか」の文法化　184
     - 3.1.1. 第一段階：物理的空間(physical space)/名詞＞副詞　184
     - 3.1.2. 第二段階：非物理的空間(non-physical space)/副詞　186
     - 3.1.3. 第三段階：除外・限定/副詞・否定極性表現　188
   - 3.2.「(이)외에」と「以外」の文法化　192
   - 3.3. 他言語における除外表現の文法化　195
   - 3.4. 原理とメカニズム　200
4. まとめ　201

第8章　副助詞の文法化 I：機能の変遷と統語的制約　203

1. 問題提起　205
2. 考察　208
   - 2.1. 日本語の場合　209
     - 2.1.1.「だけ」　209
     - 2.1.2.「くらい」　210
     - 2.1.3.「きり」　212
     - 2.1.4.「ほか」　213
   - 2.2. 韓国語の場合　215
     - 2.2.1.「밖에」　215
     - 2.2.2.「조차」　217
   - 2.3. 副助詞への文法化と否定極性表現への文法化　222
3. 原理とメカニズム　224
   - 3.1. 一方向性仮説及び脱範疇化　224
   - 3.2. 再分析及び類推　227
4. まとめと今後の課題　229

第9章　副助詞の文法化 II：上接語句における形式変化　231

1. はじめに　233
2. 先行研究と問題のありか　236
3. 考察　241
   - 3.1.「だけ」　242
   - 3.2.「きり」　247
   - 3.3.「ほか」　249
   - 3.4.「しか」　251
   - 3.5. 韓国語の場合：「밖에」　253
4. まとめと今後の課題　255

第3部
理論的課題と文法化の多様性

第10章　日本語副助詞の文法化研究の展望と今後の課題　261

1. はじめに　263
2. 研究動向および推薦論文集の概観　265
   - 2.1. 歴史的変遷に注目した研究　266
   - 2.2. 文法化理論に基づく研究　267
   - 2.3. 推薦論文集の紹介　268
3. 残された課題と今後の研究テーマ　270
4. 今後の研究展望と方向性　277
5. おわりに　279

第11章　複数文法カテゴリーに属する形式の文法化：機能重層性の視点から　283

1. 問題提起　285
2. 本書の立場　288
3. 検証　289

3.1. 韓日両言語の否定極性表現及び副助詞への文法化プロセス　289
　　　3.1.1.「ほか」の文法化　290
　　　3.1.2.「きり」の文法化　292
　　　3.1.3.「しか」の文法化　294
　　　3.1.4.「밖에」の文法化　296
　　　3.1.5. 注目されるべき文法化現象　298
　　3.2. 言語類型論の観点からみた文法性の漸次変容　305
　　3.3. マイナーカテゴリーの統語的特徴　309
4. まとめ　311

第12章　膠着語における副助詞と否定極性表現：形態統語理論の観点から　313

1. はじめに　315
2. 先行研究と問題の所在　318
　　2.1. 先行研究の概観　318
　　2.2. 問題の所在　320
3. 否定一致の類型　327
　　3.1. 韓国語の否定一致表現の統語位置　329
　　　3.1.1.「不定語＋도」、「1＋助数詞＋도」の統語位置　329
　　　3.1.2.「밖에」、「결코」の統語位置　332
　　3.2. 形態統語理論(morphosyntax)と否定一致　335
4. まとめ　338

第4部
総合的分析と対照的視座

第13章　否定極性表現の文法化の度合いの相違：コーパスに基づく研究　343

1. はじめに　345
2. 問題提起　346

3. 文法化アプローチ ... 349
　3.1. 日本語における「ほか-ない」構文 ... 349
　　3.1.1. 近代期における「ほか」と「しか」の対照：江戸後期・明治・大正・昭和期を中心に ... 349
　　3.1.2. 現代日本語における「しか」と「ほか」の専門化 ... 354
　3.2.「밖에」vs.「ほか」... 355
　　3.2.1.「밖에」と「ほか」の類似点 ... 355
　　3.2.2.「밖에」と「ほか」の相違点 ... 357
　3.3.「밖에」と「しか」の比較 ... 359
　　3.3.1.「밖에」と「しか」の類似点 ... 359
　　3.3.2.「밖에」と「しか」の相違点 ... 361
　3.4.「밖에」と「しか」の文法化の度合の相違 ... 363
4. おわりに ... 370

第14章　文法化の度合いに関する韓日比較分析 ... 373

1. はじめに ... 375
2. 考察 ... 377
　2.1. 否定極性表現 ... 377
　2.2. アスペクト形式 ... 383
　2.3. 文末形式 ... 387
　2.4. 複合動詞 ... 390
　2.5. 複合助詞 ... 391
　2.6. 補助動詞 ... 395
3. まとめと展望 ... 399

第15章　韓日両言語の文法化研究の現状と展望 ... 407

1. はじめに ... 409
2. 先行研究の概観と問題のありか ... 413
3. 韓日両言語の文法化の対照研究 ... 416
　3.1. 先行研究の調査 ... 417
　　3.1.1. 調査概要 ... 417

3.1.2. 調査結果　　　　　　　　　　　　　　　　　418
4. 残された課題及び展望　　　　　　　　　　　　　　　421
　4.1. 残された課題　　　　　　　　　　　　　　　　　421
　4.2. 展望　　　　　　　　　　　　　　　　　　　　　422
　　4.2.1. 文法化の度合いに関する比較研究の深化　　　423
　　4.2.2. 副助詞の脱文法化現象の解明　　　　　　　　423
　　4.2.3. 言語接触に起因する文法化の影響　　　　　　425
　　4.2.4. 類型論的に特異な文法化パターンの発見　　　427
5. まとめ　　　　　　　　　　　　　　　　　　　　　　428

第16章　結章：統合的考察　　　　　　　　　　　　431

1. はじめに　　　　　　　　　　　　　　　　　　　　　433
2. 本研究の理論的貢献　　　　　　　　　　　　　　　　434
3. 言語接触と通時変化における意義　　　　　　　　　　437
4. 多言語教育・応用言語学への応用可能性　　　　　　　438
5. おわりに　　　　　　　　　　　　　　　　　　　　　439

用例出典 / 441
参考文献 / 442
各章と既発表論文との関係 / 463

第1章

序章：
文法化理論と韓日語対照研究の視座

第1章 序章：文法化理論と韓日語対照研究の視座

1. 文法化とは何か

　文法化(grammaticalization)とは、もともと語彙的または語用的な機能をもっていた形式が時間の経過とともに文法的な機能を獲得し、文法範疇へと転化していく通時的プロセスを指す。この概念はMeillet(1912)によって初めて理論的に定義されたものであり、彼は「文法形式とは語彙的意味を失って文法的意味を担うに至った語のことである(「*Les formes grammaticales sont des mots qui ont perdu leur sens propre pour n'avoir qu'une fonction grammaticale*」)」と述べている。たとえば、名詞や動詞などのメジャーカテゴリー(major category)に属する内容語(content word)がやがて助詞・接辞などのマイナーカテゴリー(minor category)に属する機能語(function word)として使用されるようになる過程がこれに相当する。

　Hopper and Traugott(2003)はこのような文法化の過程を「文法性の漸次変容(cline of grammaticality)」と捉え、以下のような典型的な変遷モデルを提示している。

　　内容語(名詞・動詞) > (中間的カテゴリー：形容詞・副詞) > 機能語
　　(前置詞・接続詞・格助詞・接辞など)

　また、Bybee et al.(1994)や Heine and Kuteva(2005)などによって提示された主要な理論的原理としては、以下のようなものが

挙げられる。

- 一方向性仮説(Unidirectionality Hypothesis)：
  文法化は基本的に語彙的要素から文法的要素へと一方向に進行するものであり、逆方向への変化(いわゆる「脱文法化(degrammaticalization)」)はきわめて稀である。
- 脱範疇化(Decategorization)：
  語彙項目が統語的・形態的な特徴を徐々に失い、特定の文法機能に特化していくプロセス。
- 再分析(Reanalysis)と類推(Analogy)：
  話し手や聞き手による意味の再解釈や構文の機能拡張が文法的機能の変化を促進する。

　実際の言語においては、日本語の「きり」「より」、韓国語の「밖에」などがもともとは「限定」や「起点」を意味する語彙的要素であったが、否定構文との頻繁な共起を通じて、副助詞あるいは除外表現としての文法的機能を帯びるようになった例がある。また、否定副詞「전혀/全然」や「결코/決して」もかつては意味の強調や修飾範囲の限定といった語用的機能を中心に用いられていたが、次第に否定文における極性表現(negative polarity items)[1]として、文

1　朴(2007a)(2023)などによれば、韓日両言語において従来「否定極性表現(negative polarity item)」と呼ばれてきた表現のほとんどは、実は「否定一致表現(negative concord item)」として取り扱うべきであると主張している。便宜上、本書では「否定極性表現」と呼ぶことにするが、この呼称はあくまで便宜的なものであり、詳細な理論的検討については本書の第12章を参照されたい。「否定極性表現」と「否定一致表現」の類似点と相違点については、朴

法的制約下に置かれるようになっていった。

　このような文法化のプロセスは単に語の形態的・構文的変化にとどまらず、言語間の比較(対照言語学)的視点からその共通性と相違性を明らかにすることで、より普遍的な言語変化のパターンを把握するための理論的枠組みとなる。とりわけ、韓国語と日本語のように、語順や格(Case)体系など類型的に類似性を持つ言語間において観察される文法化の様相を比較検討することは文法化理論の一般化に向けた重要な知見を提供しうる。

2. 文法化研究の理論的枠組と発展

　「文法化」という概念が言語学の分野において本格的に注目されるようになったのは1970年代後半から1980年代にかけてである。その理論的礎を築いたのがHopper and Traugott(2003[初版1985])であり、彼らは文法化を「語彙的な要素が一定の文脈下で反復的に使用されることで、新たな文法的機能を獲得していく過程」と定義した。また、「再分析(reanalysis)」「統語化(syntacticization)」「語彙化(lexicalization)」など、他の構文的・語彙的変化との関連性を整理しつつ、文法化の多面的特性を明らかにした。

　とりわけHopper(1991)は文法化の4つの主要な特徴として以下

(2007a)(2023)などを参照されたい。

の点を挙げている。

- 継起性(Layering)：
  新旧の形式が言語体系内に共存し、階層的構造が生じる。
- 再分析(Reanalysis)：
  話し手の構造解釈の変化により、新たな文法的機能が付与される。
- 意味の曖昧化(Desemanticization)：
  語彙的意味が徐々に減退し、抽象的な文法機能へと転換する。
- 慣用性(Chunking)と頻度の上昇：
  表現が定型化・慣用化されることで、その出現頻度が高まる。

　Bybee et al.(1994)は統計的頻度の高さが文法化を加速させる要因となることを指摘し、用法基盤モデル(usage-based model)の立場から、文法化を語彙の統語的固定化として捉えた。彼らの研究では、語用論的推論(pragmatic inference)や漸進性(graduality)が文法化の中心的メカニズムとして位置づけられている。

　一方、Heine and Kuteva(2002)(2005)は多言語の通時的データを基に、文法化には普遍的な方向性が存在すると主張し、「文法化のパス(grammaticalization paths)」という概念を導入した。彼らのモデルでは、空間や動作に関する具体的な語彙表現が「可能」、「義務」、「完了」などの抽象的文法概念へと変化する過程がしばしば観察される。また、Heine(2003)は文法化とそれ以外の言語変化(語彙化・構文化など)を理論的に区別しようと試みてい

第1章 序章：文法化理論と韓日語対照研究の視座

る。

　こうした理論的議論を経て、近年の文法化研究は以下のような複数のアプローチへと展開している。

- 通時的文法化の記述研究：
  特定の形式がどのようにして文法的機能を獲得したかを描写する。
- 理論的モデルの構築：
  文法化の共通経路や過程を抽象化した理論モデルの構成。
- 言語間比較による普遍性の探求：
  多言語の対照を通じて、普遍的原理の抽出を目指す。
- 語用論・認知言語学との連携：
  推論・談話構造・スキーマなどを手がかりに、文法化の機能拡張を説明する。
- 文法化と脱文法化の接点の再検討：
  「Grammaticalization ↔ Degrammaticalization」の相互関係に着目する。

　韓国語や日本語のように類型的に近接した言語においては、共通の語順や格体系などの構造的特徴をもつ一方で、否定構文の形成や副助詞の体系、語彙の範疇化においては相違点も多く見られる。これにより、文法化の方向性や速度、対象表現の種類においても多様な傾向が観察される。

　したがって、本書で展開するような韓日両言語における対照研

究は文法化という現象を特定言語に閉じた局所的な変化として捉えるのではなく、言語類型論的視点からその普遍性と多様性を照射するうえで、理論的にも実証的にも重要な足がかりとなると考えられる。

3. 類型論的観点における文法化

　言語類型論(linguistic typology)とは、世界の言語における構造的共通性と多様性を記述・分類することを目的とする言語学の一分野である。Greenberg(1963)以降、語順、形態、格標示、名詞分類体系などの観点から、多言語に共通する言語普遍(language universals)および言語間のバリエーションが体系的に記述されてきた。なかでも、SVO型/SOV型といった語順類型や孤立語・膠着語・屈折語に代表される形態類型は言語の文法構造における異同を把握するうえで、基本的な枠組みを提供している。

　文法化研究がこのような言語類型論と深く関係するのは、文法化が単なる通時的変化にとどまらず、言語ごとの構造的制約や機能的傾向と密接に結びついているからである。Hopper and Traugott(2003)やHeine and Kuteva(2005)も文法化を語彙的要素の文法機能化という一方向的過程としつつも、その実現形式は言語の類型的特性によって左右されると指摘している。

　たとえば、SOV型語順を基本とする韓国語や日本語では、語

第1章 序章：文法化理論と韓日語対照研究の視座

末に配置される形式(補助動詞、文末助詞、副助詞など)の文法化が顕著である。これは述語が構文末に位置するという構造的特徴により、新たな文法機能が後続しやすいという条件が整っているためである。また、両言語に共通する発達した助詞体系(格助詞・副助詞)も語彙的表現が機能語へと転化する素地を提供している。

堀江(2005)は文法化によって生じる形式の多義性、再分析、意味の抽象化といった現象が韓日両言語において異なる程度で進行することを指摘し、特に意味・語用論的変化の方向性(非主観的→主観的→間主観的)において、日本語の方が強く現れる傾向があると述べている。また、朴(2014d)は、日本語における副助詞・終助詞の文法化が韓国語よりも進行していることを示したうえで、構文構造の柔軟性や語順制約の違いが文法化のパターンと深く関係している可能性を示唆している。

このように文法化を言語類型論的視座から捉えることには、以下のような学術的意義がある。第一に、文法化の普遍的プロセス(例：Hopperのclineモデル)を個別言語の類型的特性に即して検証することが可能となり、通言語的な「文法化パス(grammaticalization paths)」の実証に寄与する。

第二に、言語間の構造的差異に基づく文法化の相違点を明らかにすることで、言語間理解(cross-linguistic understanding)や多言語教育(multilingual pedagogy)への応用が期待される。

第三に、韓日両言語のように形態的には類型的に近い言語で

あっても、文法化の速度・範囲・方向性には差異が見られ、言語内部の意味体系や社会的条件をも視野に入れた分析が必要となる。

　本書ではこうした言語類型論的視点を踏まえ、韓国語と日本語における否定命令形式、副助詞、否定副詞、限定表現などの個別文法項目に注目し、それらの文法化の過程と類型的制約との関係を実証的に検討していく。

4. 韓日語における比較対照の意義

　韓国語と日本語は系統的な関係は未解明であるものの、地理的・歴史的に長期にわたる接触を通じて、語順(SOV)、助詞使用、膠着的形態構造、敬語体系などにおいて顕著な共通点を示す。一方で、語彙、統語、意味機能の面では多くの相違点も見られる。このように、類型的に近接しつつ異なる特徴をもつ言語間の比較対照は文法化研究において極めて有効であり、本節ではその意義を三つの観点から考察する。

(1) 普遍性と個別性の接点としての文法化対照分析
　Bybee et al.(1994)、Heine and Kuteva(2002)(2005)、Hopper and Traugott(2003)などによる文法化理論は言語に共通する変化の方向性とメカニズムを明示し、文法化の普遍性を理論的に支え

第1章　序章：文法化理論と韓日語対照研究の視座

てきた。しかし、その具体的な具現化のあり方は言語ごとに異なり、各言語固有の文法化パスや構造的制約を分析することが重要である。

韓日両言語における文法化の全体的な経路は多くの場合類似しているが、各表現が文法化の各段階に到達する時期やその進行速度、機能の拡張・制約の順序において差異が見られる。たとえば、否定副詞や否定と共起する副助詞はいずれも類似した経路をたどるものの、韓国語の「밖에」がなお一部の環境で他の極性表現と共存するのに対し、日本語の「しか」はより早期に否定極性の専用形式として安定している。

このように、「似て非なる」表現を比較対照することで、文法化の普遍的傾向と個別言語に特有な構文制約の両面を精緻に描き出すことが可能となる。

(2) 語順・構文・助詞体系に基づく比較的視座の深化

韓日両言語はSOV型語順と助詞依存構文を共通基盤としながらも、日本語では語順の柔軟性が高く、終助詞や補助動詞によるモダリティ表現が発達している。一方、韓国語では副詞句や複合構文によってモダリティや強調を実現する傾向が強い(堀江(2005), 朴(2014d))。

たとえば、命令形式「-마/-な」の文法化において、日本語の「な」型禁止命令は韓国語の「-마」形よりも早く文末表現としての文法的地位を確立した。一方、終助詞については、「-ね」「-よ」などの文

末助詞が文法化される日本語に対し、韓国語では語彙的な副詞や構文全体で意味が構築される傾向がある。

このような構文的相違は同一の機能的表現が異なる語彙範疇や構文単位において文法化され得ることを示しており、語順制約、構文枠組、文末依存度といった類型的特徴が文法化の進行様式に及ぼす影響を示唆する。

(3) 教育・応用言語学・AI分野への波及的効果

韓日両言語における文法化の比較研究は純粋な学術的意義にとどまらず、教育、翻訳、AI応用といった実践的分野においても高い応用価値をもつ。

たとえば、機械翻訳において否定副詞の対応関係(「전혀↔全然」、「결코↔決して」)を精密に扱うことは翻訳精度の向上に直結する。また、第二言語教育においても、「밖에/しか」の否定構文との共起や「-마/-な」命令形のニュアンス差は学習者にとって習得が困難な項目であり、文法化の観点から学習段階や誤用傾向を理論的に把握することが可能となる。

さらに、自然言語処理(NLP)の分野では、文法化された表現、特に否定表現や副助詞の取り扱いが極性判断・構文解析・発話意図の認識などにおいて重要な役割を果たすため、文法化理論に基づく語彙・構文のモデル化はAI応用においても有用性が高い。

以上のように、韓国語と日本語という類型的に近接した二言語における比較対照は言語変化の普遍的原理と個別的具現化の相互照射を可能にし、文法化の理解を深化させる枠組みを提供する。

本書ではこのような視点に立脚し、否定命令形式、否定と呼応する副助詞・限定表現、否定副詞などを対象に、韓日両言語における文法化の過程と類型的制約との関係を理論的・実証的に解明することを目指す。

5. 本書の目的と構成

本書の目的は韓国語と日本語という類型的に近接した二言語において、否定命令形式・否定副詞・副助詞・除外表現・否定極性表現などの文法化過程を比較対照し、各言語における語彙的要素がいかにして文法的機能を獲得し、構造化・定着・再編されていくのかを明らかにすることにある。

これにより、文法化に共通する普遍的傾向と個別言語に固有な構造的・語用論的制約との相互関係を理論的かつ実証的に照射し、言語変化の動態を類型論的視座から解明することを目指す。

本書は以下の4部15章と結章から構成されており、通時的・共時的な視点を交差させながら、個別表現の詳細な分析から理論的考察、さらには今後の研究展望に至るまで段階的に論を展開し

ている。

第1部：否定表現と命令の文法化(第2章～第4章)

　本部では、否定命令文を中心に、その構造的特性と文法化の過程を通時的・類型論的に考察する。まず第2章では、韓日両言語における否定命令形式「-마」と「-な」を取り上げ、統語的素性[＋NEG]の普遍性に注目しつつ、通時的変遷と文法化の過程を詳細に分析する。続く第3章では、英語やフランス語を含む複数言語を対象に、否定命令文を類型論的な視点から比較し、言語普遍性と個別言語の特異性を明らかにする。さらに第4章では、「否定循環(negative cycle)」という理論的枠組を用いて、韓日両言語の否定体系全体の構造的変化を総合的に考察する。

第2部：否定副詞と限定副助詞の文法化(第5章～第9章)

　本部では、否定副詞および限定副助詞を中心に、否定構文と共起しながら新たな文法的機能を帯びる過程を考察する。まず第5章では、否定副詞「결코/決して」の使用変遷を取り上げ、その文法化の段階を整理する。続く第6章では、否定副詞「전혀/全然」の意味変化を対象とし、両言語における通時的発展と差異を明らかにする。第7章では、「밖에/しか/きり」「ほか」「以外」といった除外表現の文法化を扱い、さらに他言語との比較を通じてその普遍的特徴を検討する。第8章では、「だけ」「くらい」「きり」「ほか」「밖에」「조차」「마저」など多様な副助詞を分析し、その機能変遷と統

第1章 序章：文法化理論と韓日語対照研究の視座

語的制約、否定極性表現との関連を論じる。最後に第9章では、副助詞の上接語句に注目し、形式変化と句構造の文法化、意味機能の再編成について考察する。

第3部：理論的課題と文法化の多様性(第10章～第12章)

　本部では、個別的な表現項目を超えて、文法化研究における理論的課題とその多様な展開を考察する。第10章では、日本語副助詞に関する既存研究を整理し、残された課題と今後の研究方向を提示する。続く第11章では、複数文法カテゴリー(副助詞/否定極性表現)に属する単一形式を対象に、機能重層性やカテゴリー的曖昧性が語用論的拡張といかに結びつくかを検討する。あわせて、副助詞化と否定極性表現化(および脱文法化)が同時的・連動的に進行するという一般化を示し、マイナーカテゴリーにおける構成素的一体性という統語的特性からそのメカニズムを説明する。第12章では、膠着語における副助詞と否定極性表現を対象に、形態統語理論(morphosyntax)の観点からその統語的位置と否定一致の類型を考察する。

第4部：総合的分析と対照的視座(第13章～第15章)

　本部では、これまでの分析を総合し、韓日両言語における文法化の進行度と頻度傾向を多角的に比較し、最終的な理論的整理と応用可能性の検討を行う。第13章では、「밖에」「しか」「ほか」といった否定極性表現の文法化の度合いをコーパスに基づいて比

言語類型論的観点からみた韓日両言語における文法化の対照研究

較する。続く第14章では、否定極性表現に加え、アスペクト形式・文末形式・複合動詞・複合助詞・補助動詞といった複数のカテゴリーを対象に、文法化の進行度を韓日間で横断的に比較する。第15章では、韓日両言語の文法化研究に関する先行研究の調査結果を踏まえ、本書全体の成果を再整理し、残された課題と今後の展望を提示する。あわせて、補助動詞の文法化に見られる日韓の非対称性を具体例で示し、メタ調査に基づく全体像を提示する。

　最後に第16章では、結章として、本研究の理論的貢献を統合的に整理し、言語接触研究や多言語教育への応用可能性を展望する。これらの検討を総合した上で、本書全体の射程と学問的意義は次のように位置づけられる。

　このように本書は否定表現、副助詞、除外表現、否定極性表現といった具体的な言語項目を起点としつつ、文法化の理論的枠組や言語類型論的制約、さらには言語接触と通時変化の交差点に至るまで、韓日両言語の構造的特性とその変化のダイナミズムを多面的に分析する。
　本書で提示された知見は韓日言語学の深化に貢献するのみならず、対照文法、言語類型論、そして多言語教育・自然言語処理など応用領域への理論的基盤としても資するものである。

第1部

否定表現と命令の文法化

第2章

否定命令形式の文法化：
「-마/-な」の対照分析

第2章　否定命令形式の文法化：「-마/-な」の対照分析

1. はじめに

　本章では、韓日両言語における否定命令形式「-마」と「-な」を取り上げ、その文法化を通時的および類型論的観点から詳細に分析する。とりわけ、統語的素性[＋NEG]の普遍性に注目し、否定命令形式の成立と歴史的変遷を明らかにすることを目的とする。以下、韓日両言語の否定命令形式には下線を引くことにする。

(1) a. 芳文：戻りなさい。子供じみた真似は<u>するな</u>。
　　　 遥斗：俺、一度もないですから。医者になりたいなんて
　　　　　　思ったこと。　　　　　　 (1リットルの涙 第3話)
　　b. 석규：돌아와. 아이 같은 짓은 <u>하지 마</u>¹.
　　　 준영：저 한 번도 한 적 없다니까요. 의사가 되고 싶다
　　　　　　는 생각 같은 거.
(2) a. 相子：鉄平さん、お父様に謝りなさい。
　　　 鉄平：邪魔を<u>するな</u>。場をわきまえろ！
　　　 大介：何をする鉄平！　　　　(華麗なる一族 第3話)
　　b. 소영：철수씨, 아버님께 사과하세요.
　　　 철수：방해<u>하지 마</u>. 상황 좀 파악해.
　　　 태민：무슨 짓이냐, 철수.
(3) a. 和美：じゃ、このまま放っておくの？
　　　 武：心配<u>するな</u>。パパが何とかするから。

　　　　　　　　　　　　　　　　　　(女王の教室 第8話)

1　以下の韓国語の例文は筆者が適宜翻訳したものである。

b. 영희 : 그럼 이대로 방치해 둬요?
철수 : 걱정하지 마. 아빠가 어떻게든 해 볼테니까.

　日本語は(1a)-(3a)のように「-な」が、韓国語は(1b)-(3b)のように「-마」が用いられている。本章は、両言語の否定命令形式の「-마」と「-な」を研究対象として取り上げる。
　本章の目的は、韓日両言語における否定命令形式の「-마」と「-な」の相違点に注目し、両者の統語的性質を明らかにすることである。本章では主に統語論的アプローチから、両者の性質を明らかにする。よって、主に生成文法の用語を用いることとする。また、通時的アプローチも取り入れ、本章の主張を支持する。管見の限り、従来、上記のような目的および研究アプローチでなされた研究はない。

2. 先行研究と問題のありか

　これまで、韓日両言語における否定命令形式「-마」と「-な」の対照研究は、ほとんど行われてこなかった。実際、否定文や否定疑問文、否定極性表現など、「否定」をめぐる研究は両言語において活発に展開されてきたが、否定命令形式自体に注目した研究は極めて少ないのが現状である。
　ただし、個別言語としての「-마」と「-な」に関する研究はいくつか

存在する。「-마」に関しては、Lee(1978)、권미영(1996)、이세영(2002)、장호종(2003)、Sells(2004)、Han & Lee(2006)、박지연(2010)などが挙げられる。一方、「-な」に関しては、細川(1972)、尾崎(2007)、森(2013)などが代表的であり、特に日本語では「-な」の歴史的変遷や文法化をテーマとした研究が主流である。

韓国語では「-마」が本動詞「말다」に由来することに注目し、そこからの文法化の過程を扱う研究が多いが、いずれも対照研究としてではなく、単言語的観点にとどまっている。

それにもかかわらず、「朝鮮語大辞典(2013)」をはじめとする辞書類や言語教育の現場、さらには金・安(2012)などの研究において、「-마」と「-な」は意味的に対応する表現とみなされ、同一カテゴリーとして扱われる傾向が強い。両者を明示的に対照した研究としては金・安(2012)が唯一挙げられるが、彼らの研究も両者の相違点に焦点を当てたものではなく、むしろ意味的な類似性に着目し、それを中心に論じているにすぎない。

たしかに、(1)～(3)に見られるように、「-마」と「-な」はいずれも「禁止」の意味を表し、動詞に後続するという共通点を持つ。しかしながら、以下に示すように、特定の統語的環境においては両者が顕著に異なる挙動を示す。

[① 否定極性表現と共起できるか否か]
(4) a. 明日は健康診断だから水しか飲むな。
b. *내일은 건강진단이니까 물밖에 마시지 마.

(5) a. この事項は機密だから総理にしか<u>しゃべるな</u>。
　　b. *이 사항은 기밀이니까 총리에게밖에 <u>말하지 마</u>.
[② 名詞に後接できるか否か]
(6) a. *この仕事は私がちゃんとやるから<u>心配な</u>。
　　b. 이 일은 내가 잘 알아서 처리할테니까 <u>걱정 마</u>.
(7) a. *今回の事件は私が責任を負って処理するから君は<u>干渉な</u>。
　　b. 이번 사건은 내가 책임을 지고 처리할테니까 너는 <u>참견 마</u>.
[③ 形容詞に後接できるか否か]
(8) a. *来週は大事な行事が多いから、<u>痛いな</u>。
　　b. 다음 주에는 중요한 행사가 많으니까 <u>아프지 마</u>.
(9) a. *きっとうまく行くから<u>悲しいな</u>。
　　b. 꼭 잘 될테니까 <u>슬퍼 마</u>.
[④ 副助詞に後接できるか否か]
(10) a. *本当にお願いだから来る<u>だけな</u>。
　　b. 제발 부탁이니까 오지<u>만 마</u>. (박지연(2010)を一部改変)
(11) a. *もう一回の招待どころか話しかける考え<u>さえな</u>。
　　b. 다시 초대는커녕 말을 걸 생각<u>조차 마</u>. (同)

　(4)と(5)は否定極性表現「しか/밖에」との共起を示す例であり、日本語の「-な」は文法的に許容されるが、韓国語の「-마」はそうではない(韓国語に関しては시정곤(1997)、日本語は茂木(2001)を参照)。

　(6)と(7)では「-마」と「-な」が名詞句に、(8)と(9)では形容詞に、(10)と(11)では副助詞にそれぞれ後続しているが、いずれの場合も「-마」は許容されるのに対し、「-な」は文法的に不適格である。

これらの違いをまとめると、以下の表のようになる。

(表1)「-마」と「-な」の統語論的相違点(√:可能、*:不可能)

	-마	-な
① 否定極性表現と共起できるか否か	*	√
② 名詞に後接できるか否か	√	*
③ 形容詞に後接できるか否か	√	*
④ 副助詞に後接できるか否か	√	*

興味深いことに、(表1)の①と②~④において、両者は明確に対照的な統語的振る舞いを示している。この事実は「-마」と「-な」が一見類似した機能を持ちながらも、根本的には異なる統語的特性を有していることを示している。

以上の検討から、従来の研究や辞書記述が前提としてきた「-마」と「-な」の同一視は再考されるべきであることが明らかになった。次節では、このような相違点がなぜ生じるのか、その理論的背景と文法化の観点から探っていくこととする。

3. 考察

本節では、以下の通り本章における主張を明確に提示した上で、その妥当性について検証を行う。

第1部　否定表現と命令の文法化

[本章の主張]
(12) a. 従来の指摘とは異なり、韓日両言語における否定命令形式「-마」と「-な」は統語論的に同一の性質を有しているわけではない。
  b. 日本語の「-な」は否定素性[＋NEG]を完全に有しているのに対し、韓国語の「-마」は否定素性[＋NEG]を完全には備えておらず、依然として本動詞あるいは補助動詞としての統語的性質が残存している。
  c. このような差異は、「-마」が本来「말다」という動詞から否定命令形式へと文法化されたものであるのに対し、「-な」は古代日本語においてすでに定型的な否定命令形式として確立していたという歴史的由来の違いに起因する。

以上の主張(12)が妥当であるかどうかについては、次節以降において、以下の2点から実証的検証を行うこととする。すなわち、(ⅰ)否定命令形式と否定極性表現との共起可否を通じた統語的特性の比較、(ⅱ)両形式がたどった歴史的文法化過程の差異の分析である。

3.1. 否定命令文における否定極性表現の認可

韓日両言語において、以下のような否定極性表現「しか」と「밖에」は必ず否定文に現れなければならない。

(13) a.　太郎がりんごしか食べなかった。
　　 a'.　*太郎がりんごしか食べた。

b. 철수가 사과 밖에 먹지 않았다.
b'. *철수가 사과 밖에 먹었다.

Kato(1985)、Aoyagi & Ishii(1994)、Kuno & Whitman(2004)、Park(2014)(2015)などは、韓日両言語における否定極性表現が(13)のように必ず否定文に現れなければならないのは、否定辞(negative)がその認可子(licensor)として機能するためであると指摘する。ここで「認可(licensing)」という概念を見てみよう。これはChomsky(1986)によって導入されたもので、文法の各表示レベルに現れる要素が、文法に含まれるなんらかの手段によって正当性を獲得したとき、その要素は認可された(licensed)と見なされる(朴(2023))。日本語の格助詞の付与システムは認可の代表例である。

以下、日本語の主格助詞の認可について見る。

(14) a. 太郎は[花子の大学合格がとてもうれしい/羨ましいと]思っている。
b. *太郎は[花子の大学合格がとてもうれしく/羨ましく]思っている。
(15) a. 花子は[太郎の馴れ馴れしい態度が迷惑/不快だと]思っている。
b. *花子は[太郎の馴れ馴れしい態度が迷惑/不快に]思っている。

(16) a.　太郎は[花子の横顔がとても美しいと]思った。
　　 b. *太郎は[花子の横顔がとても美しく]思った。

(竹沢・Whitman(1998))

　(14)-(16)は「思う」で終わっている文である。「思う」は二種類の補文形を取ることができ、一つは(14a)-(16a)のように補文標識(complementizer)「と」で導かれる時制節(tense phrase)であり、もう一つは(14b)-(16b)のように連用形を含んだ補文である。興味深いことは、下線部の主格助詞「が」は(14a)-(16a)のような時制節の場合は許容されるのに対し、(14b)-(16b)のような連用形の場合は許されないのである。統語論ではこのような非対称性が生じる理由について、主格助詞は時制辞[+TENSE]から認可されるからであると見なす。つまり、(14b)-(16b)が(14a)-(16a)と違って不適格文になるのは主格助詞の認可子である時制辞[+TNS(TENSE)]が存在しないからである。以上の主格助詞の認可条件を樹形図で示すと下記のようになる。

第2章　否定命令形式の文法化：「-마/-な」の対照分析

(図1) 主格助詞の認可((例)太郎がりんごを食べた)

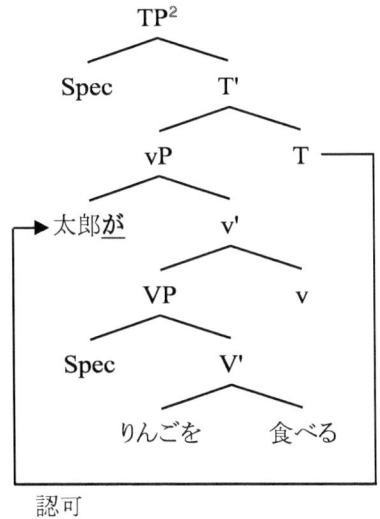

認可

　(図1)の主格助詞の認可条件を否定極性表現に適用し樹形図で大まかに示すと下記の(図2)のようになる。否定極性表現の認可子は否定辞[+NEG(NEGATIVE)]であり、主格助詞は時制辞[+TNS]である。

2　本章で挙げられる樹形図の各節点の名称は次のようである。TP(屈折句)：Tense Phrase、VP(動詞句)：Verb Phrase、NegP(否定辞句)：Negative Phrase, Spec(指定部)：Specifier、Neg(否定辞)：Negative。

47

(図2) 否定極性表現の認可((例)太郎がりんごしか食べなかった)

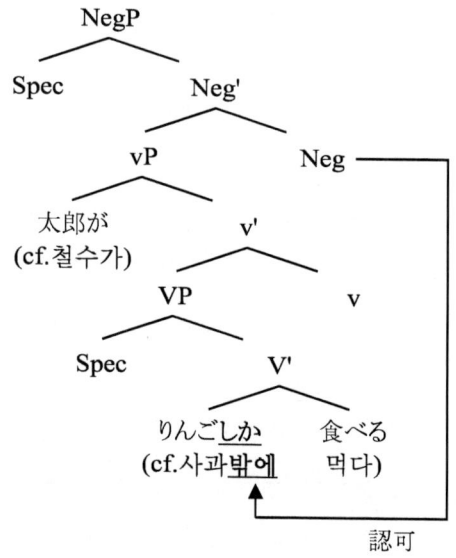

　韓国語の否定極性表現の認可も(図2)の(cf)のように日本語の否定極性表現の認可条件と同様の統語構造を持つ。すなわち、(13a,b)における「しか」と「밖에」はそれぞれの認可子となる否定辞の「ない」と「않다」によって認可され、その統語的な正当性が保障されるわけである。これに対し、(13a',b')における「しか」と「밖에」が肯定文に現れないのは、肯定文には認可子の否定辞が存在せず「しか」と「밖에」の統語的な正当性が保障されないからである。このような韓日の否定極性表現の認可条件は他の言語でもみられる普遍的な現象として知られている。例えば、英語の否定極性表現「anything」と「anyone」も次のような統語環境において否定文に

しか現れない。その理由は、これらの認可子は否定辞の「not」であるからである。

    (17) a. John didn't know <u>anyone</u>.
           「訳:ジョンは誰も知らなかった。」
      a'. *John knew <u>anyone</u>.
           「訳:ジョンは誰も知った。」
      b. John didn't eat <u>anything</u>.
           「訳:ジョンは何も食べなかった。」
      b'. *John ate <u>anything</u>.
           「訳:ジョンは何も食べた。」

以上、韓日両言語における否定極性表現「しか」と「밖에」は必ず否定文に現れなければならない統語論的認可条件を有することが明らかになった。言い換えると、「しか」と「밖에」が生起できない文は否定文として認められないのである。

では、否定命令文において「しか」と「밖에」の振る舞いはどうであろうか。細川(1972)、尾崎(2007)、森(2013)などほとんどの研究は「-な」が用いられた以下の例文はすべて否定文に含まれると認めている。言い換えると、「-な」は否定辞「-ない」と同様に否定素性(negative feature)である[+NEG]を持っているのである。

    (18) a.   戻りなさい。子供じみた真似はする<u>な</u>。(=(1a)を一部改変)
                [+NEG]

b. 邪魔をする<u>な</u>。場をわきまえろ！　　(=(2a)を一部改変)
   [+NEG]
c. 心配する<u>な</u>。パパが何とかするから。(=(3a)を一部改変)
   [+NEG]

また、韓国語の「-마」においてもLee(1978)、권미영(1996)、이세영(2002)、장호종(2003)、Sells(2004)、Han & Lee(2006)、박지연(2010)などほとんどの先行研究は「-마」は否定素性[+NEG]を持っていると主張する。

(19) a. 돌아와. 아이 같은 짓은 하지 <u>마</u>.　(=(1b)を一部改変)
        [+NEG]
     b. 방해하지 <u>마</u>. 상황 좀 파악해.　(=(2b)を一部改変)
        [+NEG]
     c. 걱정하지 <u>마</u>. 아빠가 어떻게든 해 볼테니까.
        [+NEG]　　　　　　　　　　　(=(3b)を一部改変)

前述した韓日両言語の先行研究の主張が正しいとすれば、韓日両言語の否定命令形式は[+NEG]を持っているため否定極性表現を問題なく認可できるわけである。確かに、日本語において否定極性表現「しか」は以下のように否定命令形式「-な」によって認可される。

(20) a. ここから先は危ないからそこ<u>しか</u>行く<u>な</u>。
                                   認可

b. 次の日、大変だから1時までしか勉強するなよ。

認可

c. お前はあいつしか相手にするな。(茂木(2001)を一部改変)
認可

(20a)の「そこしか」、(20b)の「1時までしか」、そして(20c)の「あいつしか」は「-な」によって認可されている。実際に、茂木(2001)は日本語の「しか」は問題なく否定命令文に現れると主張する。

これに対し、韓国語の「-마」は次のように否定極性表現「밖에」を認可できない。

(21) a. *여기부터 앞은 위험하니까 거기밖에 가지 마.

認可不可能

b. *다음 날 힘드니까 1시까지밖에 공부하지 마.

認可不可能

c. *너밖에 오지 마.　　　　　　　　(시정곤(1997))

認可不可能

(21a)の「거기밖에」、(21b)の「1시까지밖에」、そして(21c)の「너밖에」は「-마」によって認可されない。시정곤(1997)は韓国語の「밖에」は否定命令文に現れないと主張する。

ここで次のような疑問点が浮かび上がる。なぜ日本語の「しか」

第1部　否定表現と命令の文法化

は否定命令文に用いられるのに対し、韓国語の「밖에」は用いられないのか。それは「しか」は否定命令形式「-な」が[+NEG]を持ち「-な」によって認可されるのに対し、「밖에」の場合は先行研究の主張とは異なって「-마」が[+NEG]を完全に備えず「밖에」の認可子が存在しないためである。この認可条件を大まかに示すと次のようである。

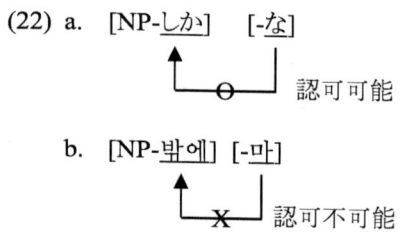

(22) a.　[NP-しか]　　[-な]　　　認可可能

b.　[NP-밖에]　[-마]　　　認可不可能

しかし、韓国語においてすべての否定極性表現が否定命令文に許容されないわけではないことに注意されたい。次の文をみてもらいたい。

(23)「不定語＋도」の場合
　　a.　거기는 위험하니까 <u>아무도</u> 가지 <u>마</u>.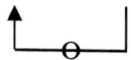

　　b.　냉장고 음식은 상했을 지 모르니까, <u>아무것도</u> 먹지 <u>마</u>.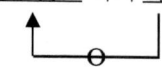

c. 내일은 바쁜 날이니까 <u>아무데도</u> 가지 <u>마</u>.
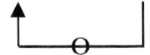

(24)「1＋助数詞＋도」の場合
　　a. 음주운전은 절대로 안 되니까 <u>한 잔도</u> 마시지 <u>마</u>.
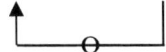

　　b. 내일은 중요한 회의가 있으니, <u>한 명도</u> 빠지지 <u>마</u>.
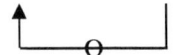

　　c. 이 종이는 비싼 거니까, <u>한 장도</u> 버리지 <u>마</u>.
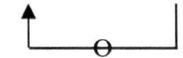

　(23)は否定極性表現「不定語(indeterminate)＋도」である「아무도/아무것도/아무데도」が、(24)は否定極性表現「1＋助数詞＋도(minimizer)」である「한 잔도/한 명도/한 장도」が用いられているが否定命令文に問題なく現れる。日本語の「不定語＋モ」と「1＋助数詞＋モ」も次のように否定命令文に許容される。

(25)「不定語＋モ」の場合
　　a. そこはあぶないから<u>誰も</u>行く<u>な</u>。

b. 冷蔵庫の食べ物は腐ったかもしれないから、何も食べるな。
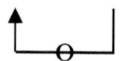

c. 明日は忙しい日だから、どこにも出かけるな。
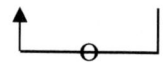

(26)「1＋助数詞＋モ」の場合
   a. 飲酒運転は絶対だめだから一杯も飲むな。
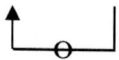

   b. 明日は大事な会議があるから、一人もさぼるな。

   c. この手紙は高いものだから、一枚も捨てるな。
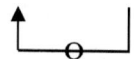

(20)-(26)でみた否定極性表現「밖에/しか」「不定語＋도/モ」「1＋助数詞＋도/モ」の認可における統語論的相違点を表でまとめると次のようである。

(表2) 否定極性表現の認可における「-마」と「-な」の統語論的相違点

(√：認可可能、＊：認可不可能)

	-마	-な
① 밖에/しか	＊	√
② 不定語＋도/モ	√	√
③ 1＋助数詞＋도/モ	√	√

要するに、韓国語の「밖에」だけが「-마」によって認可されないのである。では、(ⅰ)なぜ韓国語の「밖에」は「不定語＋도」や「1＋助数詞＋도」と同様、否定極性表現であるのにも関わらず、否定命令文において異なる振る舞いを示すのだろうか、(ⅱ)なぜ韓国語の「밖에」は日本語の「しか」と異なる振る舞いを示すのだろうか。結論から述べると、韓国語の否定命令形式は[+NEG]を備えているが、日本語の否定命令形式に比べるとまだ完全には統語的否定素性を持っていないからであると考えられる。

以下では、その証拠を二つ提示する。

3.2. 韓日両言語における否定極性表現のハイアラーキー

第一の証拠は韓日両言語における否定極性表現のハイアラーキー(hierarchy)から伺える。Kato(1985)、Nam(1994)、Kuno & Whitman(2004)などは韓日両言語の三つの否定極性表現「밖에/しか」「不定語＋도/モ」「1＋助数詞＋도/モ」はそれぞれ下記のようにハイアラーキーが存在すると主張する。

(27) a.　[日本語の否定極性表現のハイアラーキー(Kato(1985：154)を一部改変)]

　　　　弱　◄─────────────────────►　強
　　　　　　不定語＋モ　　1＋助数詞＋モ　　しか

　　b.　[韓国語の否定極性表現のハイアラーキー(Kuno & Whitman (2004：222))]

　　　　弱　◄─────────────────────►　強
　　　　　　不定語＋도　　1＋助数詞＋도　　밖에

第1部　否定表現と命令の文法化

　Kato(1985)によると、日本語の否定極性表現のハイアラーキーにおいてもっとも強い(strongest)のは「しか」であり、もっとも弱い(weakest)のは「不定語＋モ」であるとされる。Kuno & Whitman(2004)によると、韓国語の否定極性表現のハイアラーキーにおいてもっとも強いのは「밖에」であり、もっとも弱いのは「不定語＋도」であるとされる。Kato(1985)、Nam(1994)、Kuno & Whitman(2004)は、否定極性表現が強ければ強いほど認可子の否定辞との対応関係も強くなり、必ず同一節内において否定辞と一対一の対応(one-to-one correspondence)関係を持たなければならないと主張する。一方、否定極性表現が弱ければ弱いほど否定辞との対応関係も弱くなり、否定辞と一対一の対応関係を必ずしも持たなくてもよいとされる。
　以下では例文をもって上記の説明を確認する。まず、日本語の場合をみる。

　　(28) a. *太郎しかりんごしか食べなかった。

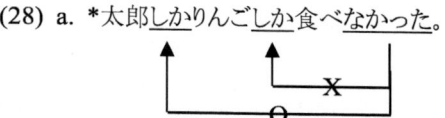

　　　　b. 誰も何も食べなかった。(Kato(1985：154-155)を一部改変)

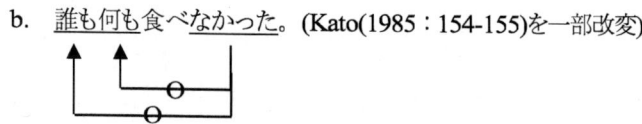

第2章　否定命令形式の文法化：「-마/-な」の対照分析

(29) a. *一人もりんごしか食べなかった。
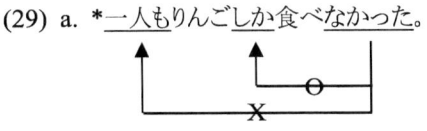

b. 誰も本を一冊も買わなかった。(同)
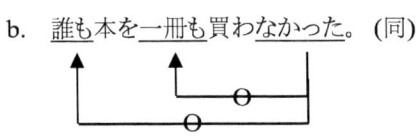

　(28)と(29)は日本語の否定極性表現が同一節内において多重共起した、いわゆる多重否定極性表現構文(multiple NPI construction)である。興味深いことに、これらの例文は同様の多重否定極性表現構文であるにも関わらず、(28a)(29a)は許容されないのに対し、(28b)(29b)は許容される。(28a)(29a)の共通点は(28b)(29b)と違って「しか」が用いられていることである。要するに、「しか」が用いられると、同一節内において他の否定極性表現が生起できないのである。この理由は、(27a)のように「しか」がもっとも強い否定極性表現(strongest NPI)であるため、否定辞と一対一で対応しなければならないからである。他方、(28b)(29b)が許容される理由は、「不定語＋モ」と「1＋助数詞＋モ」は「しか」ほど強い否定極性表現ではないため、否定辞との対応関係が弱いからである。

　次は、韓国語について述べる。Kuno & Whitman(2004)は韓国語を対象に上記でみたKato(1985)とは違うアプローチで説明するが、結局Kato(1985)と同じく多重否定極性表現構文をもって説

明をしている。以下の例文を見てもらいたい。

(30) a.　인수밖에 아무것도 말하지 않았다.

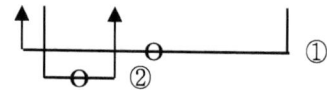

b. *좋은 일이 아무것도 부자에게밖에 일어나지 않는다.

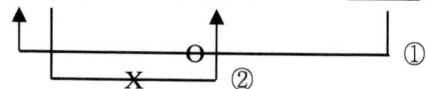

(Kuno & Whitman(2004：223)を一部改変)

(31) a.　인수밖에 한마디도 말하지 않았다.

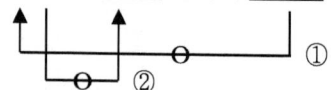

b. *한마디도 인수밖에 말하지 않았다. (同)

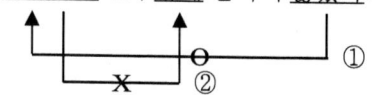

　(30)と(31)は同様の否定極性表現が共起しているのにも関わらず、(30a)(31a)は許容されるのに対し、(30b)(31b)は許容されない。(30a)(31a)と(30b)(31b)の相違点は「밖에」の統語的位置である。つまり、「밖에」が他の否定極性表現と共起する場合、(30a)(31a)のように左側に生起すると適格になるのに対し、(30b)(31b)のように右側に生起すると不適格になる。要するに、

第2章 否定命令形式の文法化：「-마/-な」の対照分析

韓国語の多重否定極性表現構文において「밖에」は必ず左側に生起しなければならないという統語的制約が存在するのである。この理由に関して、Kuno & Whitman(2004)は「밖에」がもっとも強い否定極性表現であるため、認可子の否定辞から統語的にもっとも近い「밖에」が認可され、この「밖에」が右側にあるもう一つの否定極性表現を認可するからであると述べる。言い換えると、韓国語の多重否定極性表現構文は左側にあるもっとも強い否定極性表現が否定辞から認可され、これが右側にある弱い否定極性表現を認可するという統語的構造を持つ。

　以上、Kato(1985)とKuno & Whitman(2004)の概観から両者の具体的な説明は異なるが(ⅰ)「しか」と「밖에」をもっとも強い否定極性表現として見なす点、(ⅱ)もっとも強い否定極性表現は認可子の否定辞と非常に強い対応関係を持つという点においては共通の認識を示していることが分かった。

　このような説明を本章の問題になる現象、つまり(表2)に適用する。韓国語の否定命令形式「-마」は否定素性の[+NEG]を完全には備えていないため「不定語＋도」と「1＋助数詞＋도」のような弱い否定極性表現は認可できるのに対し、「밖에」のようなもっとも強い否定極性表現はまだ認可できないわけである。これに対し、日本語の「-な」はそもそも否定素性の[+NEG]を完全に備えているためもっとも強い否定極性表現である「しか」のみではなく、弱い否定極性表現である「不定語＋モ」と「1＋助数詞＋モ」も認可できるのである。以上の説明をまとめると次のようになる。

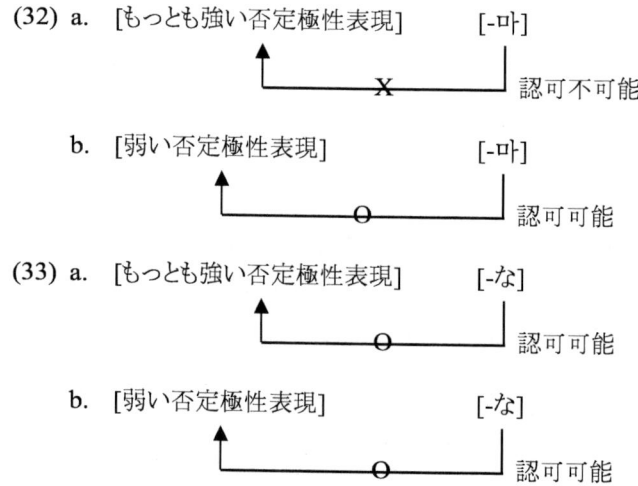

3.3. 韓日両言語の否定命令形式への歴史的変遷過程

　第二の証拠は、両言語における否定命令形式への歴史的変遷過程の相違点から伺える。韓国語の否定命令形式が日本語と異なって否定素性の[+NEG]を完全には備えていないのは、日本語と違った歴史的変遷過程に起因すると考えられる。まず、日本語の否定命令文の歴史的変遷過程を見た後で、韓国語の場合を見ていく。

　森(2013：1)や日本国語大辞典(2004)などによると、「-な」が否定命令文の唯一の形式として定着したのは、室町時代末期から江戸時代初期にかけてのことであり、それ以前は「動詞＋な」「な＋動詞＋そ」「な＋動詞」という形式が併存していたとされる[3]。

---

[3] 他にも、「動詞＋そね」という形式が存在していたが、中古には見られなくなったとされる(日本国語大辞典(2004))。

第2章　否定命令形式の文法化:「-마/-な」の対照分析

(34) a.　竜の首の玉取り得ずは帰り来な。(竹取物語)
　　 b.　残りたる雪にまじれる梅の花早くな散りそ雪は消ぬとも。
　　　　 (万葉集)
　　 c.　安波峯(あはを)ろの峯(を)ろ田に生(お)はる多波美蔓(た
　　　　 はみづら)引かばぬるぬる吾(あ)を言(こと)な絶え。(万葉集)

　語源に関して日本国語大辞典(2004)によると、ク活用形容詞「なし」の語幹、あるいは打消の助動詞「ず」の未然形に想定される「-な」につながる否定の語とされる。このことから、「-な」の源流はそもそも否定辞にあることが分かる。
　森(2013：8-9)は「-な」の歴史的変遷過程を以下のようにまとめている。

(35) a.　第1段階：「な＋動詞」
　　 b.　第2段階：「な＋動詞＋そ(＝強調語句)」
　　 c.　第3段階：「な＋動詞＋そ(＝否定副詞)」
　　 d.　第4段階：「(な＋)動詞＋そ」
　　 e.　第5段階：「動詞＋な」

(細川(1972))、(森(2013))

　一方、韓国語の否定命令形式「-마」の歴史的変遷過程は日本語とはかなり異なる。김성화(1989)、권미영(1996)、김선영(2005)、박지연(2010)などによると、「-마」は最初は「中止・禁止」の意味を持った「말다」という動詞の用法しかなかったが、これが補助動詞と

61

第1部　否定表現と命令の文法化

して用いられるようになったとされる。

> (36) a. 텬샹앳 瑤池를 <u>쟈랑말라</u>. 　　　(번역박 71b, 1517年)
> b. 네 죄를 싱각거던 네 아달 듸려간 것을 <u>원통타 말아라</u>.
> 　　　　　　　　　　　　　　　　　　(구마검 16, 1908年)
> c. 아모려나 셩의에 어긔지<u>만 말</u>게 ᄒᆞ여 달라ᄒᆞ고.
> 　　　　　　　　　　　　　　　　　　(한중록 386, 19世紀)

　(36a)は否定命令形式が名詞に後接し本動詞として用いられる。(36b)は形容詞に、(36c)は副助詞に後接する場合である。先行研究の指摘に基づいて「-마」の歴史的変遷過程を大まかにまとめて示すと次のようである。

> (37) [韓国語の否定命令文の文法化過程のまとめ]
> a. 第1段階：中止の意味を持つ「말다」の本動詞として用いられる
> b. 第2段階：「말다」の補助動詞として用いられ始める
> c. 第3段階：「助詞・語尾＋말다」、「名詞句＋말다」、「-지 말다」の形で用いられる
> d. 第4段階：「-지 마」「名詞句＋마」などの形で用いられるようになる

　このように、韓国語の「-마」は「말다」という語彙的要素に由来し、否定辞としての素性を歴史的に直接備えていなかった点で、日本語の「-な」とは著しく異なる変遷をたどっている。この違いは

第2章　否定命令形式の文法化：「-마/-な」の対照分析

現代語における否定命令文の振る舞いにも反映されている。すなわち、「-마」は現在においても依然として「中止・禁止」の意味を有する本動詞あるいは補助動詞としての性質を残しており、日本語の「-な」とは機能的に異なる。以下の例文をもって、このことを確かめる。

(38) a. *この仕事は私がちゃんとやるから<u>心配な</u>。
　　 b. 이 일은 내가 잘 알아서 처리할테니까 <u>걱정 마</u>.　(=(6))
(39) a. *来週は大事な行事が多いから、<u>痛いな</u>。
　　 b. 다음 주에는 중요한 행사가 많으니까 <u>아프지 마</u>.　(=(8))
(40) a. *本当にお願いだから来る<u>だけな</u>。
　　 b. 제발 부탁이니까 오지<u>만 마</u>.　　　　　　　　(=(10))

以上、前節および本節の考察により、本書が提示した主張(12)の正当性が経験的に裏付けられたことが明らかとなった。

4. まとめと今後の課題

本章では、従来の研究とは異なる視点から、韓日両言語における否定命令形式「-마」と「-な」の性質を対照的に考察し、その相違点に焦点を当てて論じてきた。従来の先行研究では、両形式を意味論的・統語論的特徴に基づいて同一視する傾向が見られたが、本章では統語論的・共時的および通時的なアプローチに基づ

第1部　否定表現と命令の文法化

き、次の二点において両者が異なることを示した。

　第一に、否定極性表現の認可において両形式の振る舞いが異なる点である。「-な」は否定素性[+NEG]を有しており、もっとも強い否定極性表現である「しか」の認可が可能であるのに対し、「-마」は[+NEG]の素性を完全には備えておらず、「밖에」のような強い否定極性表現の認可ができないことが確認された。

　第二に、分布の自由性においても両者は大きく異なる。すなわち、「-な」は動詞にのみ後接可能であり、名詞・形容詞・副助詞などには後接できないのに対し、「-마」は動詞のみならず、名詞句、形容詞、さらには副助詞にも後接可能である。この違いは、「-마」がもともと「中止・禁止」の意味を持つ本動詞「말다」に起源をもち、補助動詞を経て否定命令形式へと文法化されたという歴史的背景によるものであると考えられる。一方、「-な」はその初出時点からすでに洗練された否定命令形式として機能しており、動詞以外の項目に後接する用法を持たなかった。

　以上の考察を通じて、本章は次のような二つの主張を提示した。

- 「-な」は否定素性[+NEG]を備えた否定命令形式であり、「しか」などの強い否定極性表現を認可できる。
- 「-마」は本動詞および補助動詞としての用法を保持しており、否定素性[+NEG]を完全には備えていないため、認可可能な否定極性表現が制限され、分布の自由性が広い。

第2章　否定命令形式の文法化：「-마/-な」の対照分析

　今後の課題としては、韓日両言語の枠組みにとどまらず、通言語的(cross-linguistic)観点からの比較研究が必要である。英語やフランス語を含むヨーロッパ諸語の否定命令形式は、日本語と同様に古代から洗練された文法形式として成立していたことが指摘されている一方、韓国語の否定命令形式はその発展経路と統語的特徴において特異であり、類型論的にも注目すべき対象である。このような観点から、否定命令形式の文法化を統合的に捉える研究はこれまでに乏しく、今後は通時的変化と類型的差異を踏まえた精緻な比較研究が求められる。次章では、こうした課題意識を踏まえ、日本語・韓国語に加えて英語やフランス語の資料を参照し、否定命令文の類型論的特徴を検討する。

第3章

否定命令文の類型論的研究

第3章　否定命令文の類型論的研究

1. 問題の提起

　前章では、韓日両言語の否定命令形式「-마」と「-な」を対照的に分析し、否定素性[+NEG]の有無や否定極性表現の認可、さらには分布の自由性において両者が大きく異なることを明らかにした。こうした知見は韓国語の否定命令形式が類型論的に特異な位置づけを持つことを示唆しているが、その特異性をより的確に理解するためには、他言語との比較が不可欠である。

　本章では、この課題意識を踏まえ、自然言語における否定命令文の普遍性およびその形式的特徴を言語類型論の観点から概観する。とりわけ、否定命令形式がいかなる統語的素性を持ちうるのかという点を出発点とし、韓国語と日本語に加えて英語とフランス語を対象に、その共通点と相違点を整理することを目的とする。以下、まずは自然言語における否定命令文の具体的な使用例を提示し、その言語学的特徴を明らかにする。

1.1. 自然言語における否定命令文

　否定命令文は命令や禁止といった話し手の態度を明示的に表す発話行為として、自然言語の多くにおいて文法的に定式化されている。本節では、その代表例として韓国語、日本語、英語、フランス語の4言語を取り上げ、否定命令形式の形態・構造・統語的位置について対照的に整理し、言語類型論的観点からその共通点と相違点を検討する。

第1部　否定表現と命令の文法化

　自然言語においては、以下のような否定命令文が広く観察され、言語類型を問わず一定の普遍性を有しているとされる。

　　(1)　a.　[韓国語] 큰 소리로 말하지 <u>마</u>.
　　　　b.　[日本語] 大きい声でしゃべる<u>な</u>。
　　　　c.　[英語] <u>Don't</u> speak loudly.
　　　　d.　[フランス語] <u>Ne</u>　　parlez　<u>pas</u> fort.
　　　　　　　　　　　　NEG speak　　　loudly

　韓国語では(1a)のように「마」が、日本語では(1b)のように「な」が、英語では(1c)のように「do not＋動詞」が、フランス語では(1d)のように「ne＋動詞＋pas」が、それぞれ否定命令形式としての機能を果たしている(以下、否定命令形式は下線を付して示すこととする)。

　紙幅の関係上、本章では上述の四言語のみを例として挙げたが、Lee(1978)、Sells(2004)、河口(2005)、Han & Lee(2006)、森(2013)などの先行研究によれば、自然言語にはこのような否定命令文が普遍的に存在すると報告されている。ただし、言語類型論的に見ると、否定命令形式には形態的な差異も存在する。言語類型によって、否定命令形式における否定素性の形態や統語的な配置には、顕著な差異が見られる。たとえば、屈折語に分類される英語では、否定素性(Negative)である「not」が動詞の前に位置し、「do not＋動詞」という形で否定命令を形成する。また、フランス語では、否定素性「ne」と「pas」の間に動詞が置かれ、否

定命令文として機能している。これに対して、膠着語に分類される韓国語および日本語では、否定命令形式がいずれも動詞の後ろに現れる点で、英語・フランス語とは対照的な語順を示している。具体的には、韓国語では否定素性「않」ではなく「마」が、また日本語では「ない」ではなく「な」が動詞に後接して否定命令の機能を果たしている。ただし、Lee(1978)、Sells(2004)、Han & Lee(2006)などの多くの先行研究では、韓日両言語における否定命令形式「마」と「な」も否定素性として扱われ、統語論における[+NEG]という統語的特徴(syntactic feature)を有すると考えられている。すなわち、(1a)(1b)に見られる韓日両言語の否定命令文は、それぞれ「않」や「ない」と同様に[+NEG]を持つとされているのである。

(2) a. 큰 소리로 말하지 <u>마</u>.
        [+NEG]
   b. 大きい声でしゃべる<u>な</u>。
        [+NEG]
  (cf.) [英語] Do <u>not</u> speak loudly.
        [+NEG]
     [フランス語] <u>Ne</u> parlez <u>pas</u> fort.
        [+NEG]

以上の観察と先行研究の知見を踏まえ、言語類型別に否定命令形式の特徴を整理したのが、以下の(表1)である。

第1部　否定表現と命令の文法化

(表1) 言語類型別に見た否定命令文の特徴

	韓国語	日本語	英語	フランス語
a. 否定命令形式	-마	-な	do not	ne-pas
b. 統語上の位置	動詞の後ろ	動詞の後ろ	動詞の前	動詞の前後
c. 一般的な否定素性としての機能	なし	なし	あり	あり
d. [＋NEG]の有無	あり	あり	あり	あり

　(表1)から明らかなように、言語類型ごとの相違点、すなわち、膠着語に属する韓国語および日本語と、屈折語に属する英語およびフランス語は、(表1b・c)のように形態的・統語的位置において差異が見られるものの、(表1d)に示されるような統語的特徴に関しては、いずれの言語も[＋NEG]を有していると考えられている。

1.2. 否定命令形式をめぐる理論的課題

　本節では、第2章で整理した研究成果を改めて参照し、韓日両言語の否定命令形式に関する統語的素性[＋NEG]の有無をめぐる理論的課題を再確認する。従来の先行研究では、韓国語と日本語の否定命令形式を同一の統語的特徴に基づいて把握し、いずれも[＋NEG]を完全に有するとする見解が一般的であった。しかし、第2章で論じたように、筆者はその見解に対して疑義を呈し、両言語の間には次のような相違があることを指摘した。すなわち、日本語の「-な」は[＋NEG]を完全に備えているのに対し、韓国語の「-마」はその素性を完全には有していないという点である。

第3章　否定命令文の類型論的研究

　この相違をより具体的に確認するために、以下では統語的テストを通じて両言語を比較する。特に、否定命令形式が否定極性表現をどのように認可するかを出発点とし、分布上の自由度や統語的制約との関連を検討していく。

　[① 最強否定極性表現との共起が可能か]
　(3)　a.　明日は健康診断だから水<u>しか</u>飲む<u>な</u>。
　　　 b.　*내일은 건강진단이니까 물**밖에** 마시지 <u>마</u>.
　(4)　a.　この事項は機密だから総理に<u>しか</u>しゃべる<u>な</u>。
　　　 b.　*이 사항은 기밀이니까 총리에게**밖에** 말하지 <u>마</u>.
　　　　　　　　　　　　　　　　　　　(= 第2章, (4)(5))

　第一の統語テストは、(3)(4)に見られるように、いわゆる最強否定極性表現(Strongest NPI)との共起が可能かどうかに関するものである。否定極性表現とは、すでに前章で述べたように、以下の例文の下線部のように、統語的に否定文の中でのみ出現可能な表現を指す。

　[しか VS. 밖에]
　(5)　a.　花子はビール<u>しか</u>飲ま**なかった**。
　　　 b.　*花子はビール<u>しか</u>飲んだ。
　(6)　a.　영희는 맥주<u>밖에</u> 마시지 **않았다**.
　　　 b.　*영희는 맥주<u>밖에</u> 마셨다.
　[1+助数詞+モ VS. 1+助数詞+도]
　(7)　a.　<u>一人も</u>ビールを飲ま**なかった**。

第1部　否定表現と命令の文法化

   b. *<u>一人も</u>ビールを飲んだ。
(8) a. <u>한 사람도</u> 맥주를 마시지 **않았다**.
   b. *<u>한 사람도</u> 맥주를 마셨다.
[不定語(Indeterminate)+モ VS. 不定語(Indeterminate)+도]
(9) a. <u>誰も</u>ビールを飲ま**なかった**。
   b. *<u>誰も</u>ビールを飲んだ。
(10) a. <u>아무도</u> 맥주를 마시지 **않았다**.
   b. *<u>아무도</u> 맥주를 마셨다.

　韓日両言語の否定極性表現は上述のように否定文においてのみ出現し得るという、同様の統語的性質を示している。前章でも述べたように韓国語においては Nam(1994)、Kuno & Whitman(2004)を中心に、日本語においてはKato(1985)を中心に、否定極性表現の間に階層構造(hierarchy)が存在すると考えられており、興味深いことに、韓日両言語の否定極性表現は、それぞれ独立に発展してきたにもかかわらず、階層構造において顕著な類似性を示している。

(11) a. [日本語における否定極性表現の階層構造]
    弱(weak) ←――――――→ 強(strong)
    不定語+モ　1+助数詞+モ　しか
  b. [韓国語における否定極性表現の階層構造]
    弱(weak) ←――――――→ 強(strong)
    不定語+도　1+助数詞+도　밖에
         (= 第2章, (27)を一部改変)

第3章　否定命令文の類型論的研究

　Kato(1985)、Nam(1994)、Kuno & Whitman(2004)によれば、否定極性表現の階層構造において、より強い(strong)階層に属する表現ほど、否定素性との対応関係も強まり、同一節内において必ず一対一対応(one-to-one correspondence)を形成しなければならないとされている。第2章ではこの点に着目し、上記(11)に示した最強否定極性表現に属する日本語の「しか」と韓国語の「밖에」を、(3)(4)のように否定命令文に挿入して比較検討した結果、「밖에」は「しか」と異なり、否定命令文と共起することができないことを提示している。(11)の階層構造によれば、「밖에」は「しか」と同様に最強否定極性表現に属するため、必ず[＋NEG]を持つ認可子(licensor)から統語的認可(syntactic licensing)を受けなければならない。実際、韓日両言語における否定極性表現である「1＋助数詞＋モ/1＋助数詞＋도」や「不定語＋モ/不定語＋도」は、以下の例に見られるように、それぞれの否定命令形式によって問題なく認可を受けることが確認できる。

(12)　[1＋助数詞＋モの場合]
　　a.　飲酒運転は絶対だめだから<u>一杯も</u>飲む<u>な</u>。
　　b.　明日は大事な会議があるから、<u>一人も</u>さぼる<u>な</u>。
(13)　[1＋助数詞＋도の場合]
　　a.　음주운전은 절대로 안 되니까 <u>한 잔도</u> 마시지 <u>마</u>.
　　b.　내일은 중요한 회의가 있으니, <u>한 명도</u> 빠지지 <u>마</u>.
(14)　[不定語＋モの場合]
　　a.　そこはあぶないから<u>誰も</u>行く<u>な</u>。

第1部　否定表現と命令の文法化

　　　　　b.　冷蔵庫の食べ物は腐ったかもしれないから、何も食べるな。
　(15)　[不定語＋도の場合]
　　　　　a.　거기는 위험하니까 아무도 가지 마.
　　　　　b.　냉장고 음식은 상했을지 모르니까, 아무것도 먹지 마.

　しかし、これとは対照的に、韓国語の否定命令形式は(3)(4)からも分かるように、「밖에」を認可するための[＋NEG]を有していない。以上の観察により、韓国語における否定命令形式「마」は、統語的に最強否定極性表現と共起するための十分な[＋NEG]素性を備えていないことが明らかとなる。
　この他にも、前章は次のような第二の統語テストを通じて、韓日における否定命令形式の対照的な様相を示している。

　[② 名詞に後接可能か]
　(16)　a.　*この仕事は私がちゃんとやるから心配な。
　　　　　b.　이 일은 내가 잘 알아서 처리할테니까 걱정 마.
　　　　　　　　　　　　　　　　　　　　　　(＝第2章, (6))
　[③ 形容詞に後接可能か]
　(17)　a.　*来週は大事な行事が多いから、痛いな。
　　　　　b.　다음 주에는 중요한 행사가 많으니까 아프지 마.
　　　　　　　　　　　　　　　　　　　　　　(＝第2章, (8))
　[④ 副助詞に後接可能か]
　(18)　a.　*本当にお願いだから来るだけな。
　　　　　b.　제발 부탁이니까 오지만 마.
　　　　　　　　　　　　　　　　　　　　　　(＝第2章, (10))

(16)は、韓日の否定命令形式が名詞に後接可能かどうかを示す例であるが、日本語では(16a)のように許容されないのに対し、韓国語では(16b)のように許容される。(17)は形容詞に後接可能かどうかを示す例であるが、日本語では(17a)に見られるように許容されないのに対し、韓国語では(17b)のように許容される[1]。(18)は韓日両言語の否定命令形式が副助詞(あるいは補助助詞)に後接可能かどうかを示す例であるが、日本語では(18a)のように許容されないのに対し、韓国語では(18b)のように許容される。以上の結果から、韓国語の否定命令形式は日本語の否定命令形式とは異なり、動詞以外にも名詞、形容詞、副助詞といった多様な要素に後接することができるという、分布上の自由性を有していることが分かる。

　上述した韓日両言語における否定命令形式の統語的な相違点を表にまとめると、次のようになる。

(表2) 韓日両言語における否定命令形式の統語的相違点

	韓国語「마」	日本語「な」
a. 最強否定極性表現との共起は可能か	不可能	可能
b. 分布上の自由性は許容されるか	可能	不可能

1　ただし、韓国語のすべての名詞および形容詞に否定命令形式が後接可能であるわけではない。
　　（ⅰ）名詞＋마：*공부 마.
　　（ⅱ）形容詞＋마：*넓지 마.
　このような現象が見られる理由については、別稿にて論じることとする。

(表2)に示したように、韓日両言語における否定命令形式の対照的な様相が見られる理由については、両言語における[＋NEG]の有無の程度性および文法化の観点から説明可能であると筆者は第2章で主張している。すなわち、韓日両言語における最強否定極性表現は必ず否定素性によって統語的認可を受けなければならないが、日本語とは異なり、韓国語においてそれが不可能であるのは、韓国語の否定命令形式「마」には、日本語と異なり、完全な[＋NEG]素性が備わっていないためである。加えて、(16)-(18)で見たように、「마」が「な」と異なり、名詞・形容詞・副助詞といった多様な文法範疇に後接し得るのは、「마」の源流である本動詞「말다」の用法がいまだ強く残存しているためである。

以上が第2章で筆者が主張した韓日両言語における否定命令形式「마」と「な」の対照研究の概観である。しかしながら、前章においては、次のような課題が後続の研究課題として残されている。第一に、韓日両言語の否定命令形式はいかなる原理およびメカニズムによって上述のような対照的様相を示すのか。第二に、韓国語の否定命令形式における[＋NEG]以外の統語的特徴は何か。第三に、韓日両言語以外の他言語における否定命令文の統語的特徴はどのようなものか。

本章では、前章によって提示された三つの課題を手がかりとしながら、韓日両言語における否定命令文の統語的構造とその背景にある文法化の過程を言語類型論と文法化理論の両面から明らかにすることを目的とする。

第3章　否定命令文の類型論的研究

　筆者の調査によれば、このような研究対象および課題を包括的に扱った先行研究は、これまでに存在しない。

2. 本章の主張

本論に入る前に、本章の主張を次のように提示しておく。

(19) a. 自然言語において、否定命令文の文法化は一定の類型的傾向を示し、多くの場合、共通する進化段階を経ている。それと同様に、否定素性の文法化過程もまた普遍性を有しており、これはいわゆる「否定循環(negative cycle)」によって裏付けられている。
b. 否定命令形式そのものが、否定素性と同様に[+NEG]という統語的素性を形式的に内包していると考えられる。
c. 日本語の否定命令形式は否定素性としての性質が認められ、[+NEG]という統語的素性を完全に有しているのに対し、韓国語の否定命令形式は否定命令というよりもむしろ「行為の中止」ないしは「抑制」といった意味に由来する[+STOP]素性を内在しており、その痕跡が現代語にも認められる。
d. 韓日両言語におけるこのような対照的な様相は他言語における文法化過程を通じて説明することができる。日本語は他言語における否定命令形式および否定素性の文法化過程とかなり類似した様相を示すのに対し、韓国語は

79

全く異なる様相を示している。

　以上に示した本章の中心主張(19)がどの程度妥当であるかについては、次節において日本語・英語・フランス語・韓国語の具体的な文法化過程の分析を通して検証を行う。

3. 否定命令文の文法化過程

　本節では、自然言語における否定命令文および否定素性の文法化過程を明らかにすることによって、(19)が妥当であることを立証する。

3.1. 日本語における否定命令文の文法化

　まず、日本語の場合を見てみよう。『日本国語大辞典』(2003)、森(2013)などの先行研究によれば、「な」が否定命令文の唯一の形式として定着したのは、室町時代末期から江戸時代初期の間であり、室町時代以前には、「動詞＋な」「な＋動詞＋そ」「な＋動詞」[2]など複数の形式が併存していたが、それらはいずれも否定命令を

---

[2] 厳密に述べるならば、上記の三つの形式以外にも、「動詞＋そね(そよ)」、「な＋動詞＋な」、「な＋動詞＋そや(そかし)」などの形式も存在したとされる(細川(1972))。しかし、これら三つの形式が主に用いられていたという事実、ならびに他言語との比較・対照が容易であるという点に鑑みて、本書ではこれら三つの形式の文法化に注目することとする。

表す形式として次のように用いられていたとされる。

(20) a. 竜の首の玉取り得ずは帰り来な。　　　　(竹取物語)
　　 b. 残りたる雪にまじれる梅の花早くな散りそ雪は消ぬとも。
　　　　　　　　　　　　　　　　　　　　　　　(万葉集)
　　 c. 安波峯(あはを)ろの峯(を)ろ田に生(お)はる多波美蔓(たは
　　　　みづら)引かばぬるぬる吾(あ)を言(こと)な絶え。(万葉集)

「な」の語源について、『日本国語大辞典』(2003)は次のように述べている。

(21) 語源に関しては、ク活用形容詞「なし」の語幹、あるいは打消
　　 の助動詞「ず」の未然形に想定される「-な」につながる否定の
　　 語といわれる。　　　　　　　　　(日本国語大辞典(2004))

言い換えれば、「な」の源流は、統語的素性[＋NEG]を有する否定素性であると考えられる。
　一方、森(2013)は日本語における否定命令文の文法化過程を段階(Stage)別に分類すると、次のようになると述べている。

[日本語における否定命令文の文法化過程]
(22) a. 第1段階:「な＋動詞」
　　 b. 第2段階:「な＋動詞＋そ(＝強調語句)」
　　 c. 第3段階:「な＋動詞＋そ(＝否定副詞)」
　　 d. 第4段階:「(な＋)動詞＋そ」

第1部　否定表現と命令の文法化

　　　　e.　第5段階：「動詞＋そ(な)」

(森(2013))

　森(2013)は細川(1972)および『日本国語大辞典』(2003)などを参照しながら、日本語の否定命令文の発展過程を(22)のように段階的に整理して提示している。まず、第1段階を見てみよう。『日本国語大辞典』(2003)は、第1段階の用法について「下に動詞の連用形を伴って用いる」と記述している。その該当例文としては、次のようなものが挙げられる。

(23) a.　我が背子が振り放け見つつ嘆くらむ清き月夜に雲<u>な</u>棚引き。　　　　　　　　　　　　　　　　　　　(万葉集・2669)
　　 b.　安波峯ろの峯ろ田に生はる多波美蔓引かばぬるぬる吾を言<u>な</u>絶え。　　　　　　　　　　　　　　(万葉集・3350)

(日本国語大辞典(2004))

　次に、第2段階について見てみよう。第2段階における「な-そ」について、『日本国語大辞典』(2003)は次のように記述している。

(24) a.　相手に懇願し、婉曲に禁止の気持を示す。どうか…してくれるな。どうぞ…してくださるな。
　　 b.　本来は「な」のあとに、連用形を置くだけで、禁止の表現として十分であり、最後に添えられる「そ」は、禁止の気持をさらに強める働きをするものであったらしい。

(同)

第3章　否定命令文の類型論的研究

　本章では(24b)の記述に注目したい。言い換えれば、この段階における「そ」は、「な＋動詞」という禁止の意味をさらに強調するために用いられる、一種の強調語句である。この段階での「そ」は、一見すると単なる強調表現に見えるが、実際には否定の意味を強める機能を果たしており、後の段階における否定副詞への文法化を予示するものと解釈できる。
　以上の「な＋動詞＋そ」の用例としては、次のようなものが挙げられる。

(25) a.　いとかたははない。身もほろびな。かく<u>な</u>せ<u>そ</u>。
　　　　　　　　　　　　　　　　　　　　　　　(伊勢物語・65)
　　 b.　<u>な</u>うとみ<u>給ひそ</u>。あやしくよそへ聞えつべきここちなんする。　　　　　　　　　　　　　　　　　　(源氏物語)
　　　　　　　　　　　　　　　　　　　　　　　　　　　(同)

　次に、第4段階の文法化について見てみよう。第4段階においては、「な」が任意要素となり、省略可能になった点が特徴である。実際、細川(1972)によれば、この段階の「な」は本来副詞的な性格を有しており、その統語的位置が自由であると主張されている。具体的な用例としては、次のようなものが挙げられる。

(26) a.　秋風は吹き<u>な</u>破りそわが宿のあばら隠せる蜘蛛の巣がきを。　　　　　　　　　　　　　　　　　　　(拾遺集十七)

83

b. 春の花秋の紅葉も見て過ぎし心な恋にいたくくだきそ。

(壬二集)

(細川(1972))

最後に、第5段階においては、副詞的な性格を有していた「な」が最終的に脱落し、「動詞＋そ」という形態を取るようになるが、これが再び「動詞＋な」へと変化していく。実のところ、(22)では示されていないものの、各段階において一貫して重複して現れていた形態が存在する。それは他でもなく、「動詞＋な」である。言い換えれば、当時、「動詞＋そ」と「動詞＋な」という二つの形式が併存していたが、先行する段階から否定命令形式として用いられてきた「動詞＋な」へと最終的に一本化されたということになる(森(2013))。これは、否定命令形式としての「動詞＋な」が統語的安定性と語用的明瞭性の両面において優位性を持っていたことを示唆している。

3.2. 英語における否定命令文の文法化

前節の(22)で見た日本語は、興味深いことに、以下に示す英語における否定命令文の文法化過程ときわめて類似している。

[英語における否定命令文の文法化過程]
(27) a. 第1段階：「ne＋動詞」(古英語)
    b. 第2段階：「ne＋動詞＋not(＝強調語句)」(中英語)

第3章　否定命令文の類型論的研究

　　　c.　第3段階：「ne＋動詞＋not(＝否定副詞)」(中英語)
　　　d.　第4段階：「(ne＋)動詞＋not」(15世紀頃-17世紀)
　　　e.　第5段階：「動詞＋not」(15世紀頃-18世紀)
　　　f.　第6段階：「(do) not ＋動詞」

　　　　　　　　　　　　　(中尾・児(1990)、森(2013)を一部改変)

　各文法化過程の段階別の例文を見てみると、次のようになる。

(28) a.　第1段階：ic　ne　　secge.
　　　　　　　　　　 I　NEG　say
　　 b.　第2-3段階：I ne　seye not.
　　　　　　　　　　　　NEG　say
　　 c.　第4段階：I say not.
　　 d.　第5段階：I do not say.
　　 e.　第6段階：Do not say.

　　　　　　　　　　　　　　(Ukaji(1992)を一部改変)

　ただし、英語には(ⅰ)第6段階(27f)に見られるような「do　not＋動詞」という助動詞構文が存在する点、さらに(ⅱ)「not」が当初は強調語句または否定副詞として用いられていたにもかかわらず、最終的に否定命令形式そのものとして機能するようになった点において、日本語とは異なる発展を示している。
　しかし、この二点を除くその他の文法化過程が日本語の場合と一致しているという事実を考慮すると、これは非常に興味深い現象であると考えられる。また、上述した日本語と英語における第一

第1部　否定表現と命令の文法化

の相違点については、言語類型論的な観点から考察することで、容易に説明可能であると考えられる。言い換えれば、屈折語に属する英語は主要部前置型言語(head-initial language)[3]であり、膠着語に属する日本語は主要部後置型言語(head-final language)であるという言語類型論的特徴に基づけば、英語では否定命令形式が動詞の前に現れ、日本語では動詞の後ろに現れると考えられる。

　この語順の違いについては、言語類型論的な枠組みに基づいて容易に説明できるが、より注目すべきは、上述した(ii)のように否定副詞そのものが否定命令形式として文法化されるか否かという点にある。

　現時点では今後の課題として残されるほかないが、その解明の手がかりとして、次のような仮説が立てられると思われる。実際、後述するように、フランス語の否定素性の文法化過程においても、英語と同様に、もともと強調語句および否定副詞として用いられていた「pas」が最終的に否定素性として文法化された。この事

3　主要部前置型言語(head-initial language)とは、主要部(head)が補文要素(complement)の左側に位置する言語タイプを指す。一方、主要部後置型言語(head-final language)とは、主要部が補文要素の右側に位置する言語タイプを指す。以下の樹形図を通して、日本語と英語では名詞と動詞の語順が異なることが分かるが、これは日本語が主要部後置型言語であり、英語が主要部前置型言語であることに起因する。

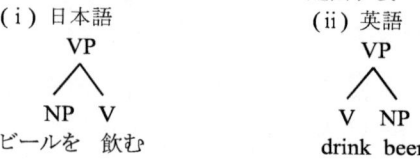

(ⅰ) 日本語　　　　　　(ⅱ) 英語

実に照らせば、日本語においても(22e)に見られる「動詞＋な」ではなく、「動詞＋そ」が否定命令形式として文法化された可能性も十分にあったと考えられる。興味深いことに、『日本国語大辞典』(2003)によれば、「そ」は近世まで単独の形式として[＋NEG]素性を有していたと記されている。すなわち、何らかの理由により、英語やフランス語とは異なり、日本語では「動詞＋そ」ではなく「動詞＋な」が[＋NEG]素性を獲得したのである。脚注2でも述べたように、本章では、日本語の否定命令形式には他言語とは異なり複数の形式が存在し、それらの形式の間で競合関係が生じ、近世に入って整理されたという点に注目している。なぜなら、近世時代は山口(1991)も指摘しているように、日本語の変化が急激に進行した時期の一つであるからである。特に、「動詞＋な」は初期の段階から一貫して使用されており、語用的な慣習や詩文における定型表現としての頻度も高かったことから、他の形式との競合において優位を占め、否定命令の主たる形式として定着したと考えられる。

　以上のような説明を通じて、日本語と英語に見られる否定命令形式の相違点について、一定の説明が可能となる。すなわち、両言語の統語的位置や形式上の差異は、各言語が置かれた社会的環境や言語類型論的特性に起因するものである一方、その根底にある文法化の進行段階は共通の推移を示している。本章では、このような構造的類似に注目し、両言語の発展過程が世界の諸言語に広く観察される「否定循環(Negative Cycle)」と著しい類

第1部 否定表現と命令の文法化

似性を持つことを指摘したい。「否定循環」とは、Jespersen(1917)が自然言語における否定表現の通時的変化を類型論的観点から分析し、その段階的推移をモデル化したものであり、その過程を整理すると(29)のようになる。

[Jespersen(1917)による自然言語における否定素性の文法化過程の普遍性 ⇨ 否定循環(Negative Cycle)]
(29) a.　第1段階：否定要素が動詞に先行する
　　　b.　第2段階：強調のための語句が付加される
　　　c.　第3段階：強調表現が否定副詞となって否定要素と呼応的に使用される
　　　d.　第4段階：元々の否定要素の出現が随意的となる
　　　e.　第5段階：否定副詞のみで否定が表される
　　　f.　第6段階：否定副詞が動詞に先行する否定要素になる

(森(2013))

3.3. フランス語における否定命令文の文法化

前節で述べた「否定循環」は以下に示すフランス語における否定素性の文法化過程とも一致している。

[フランス語における否定素性の文法化過程]
(30) a.　第1段階：「ne＋動詞」(古フランス語)
　　　b.　第2段階：「ne＋動詞＋pas(＝強調語句)」(古-中期フランス語)
　　　c.　第3段階：「ne＋動詞＋pas(＝否定副詞)」(古-中期フラン

ス語)
  d. 第4段階:「(ne＋)動詞＋pas」(現代フランス語)
  e. 第5段階:「動詞＋pas」(口語体および未来のフランス語)
(川口(2005)、森(2013)を一部改変)

　このようにフランス語においても当初は「ne」が否定の主要素であったが、語彙的に「一歩」を意味する名詞であった「pas」が「ne」と共起する中で、次第に否定の意味を担うようになり、やがて否定副詞へと文法化された。この過程は語彙項の意味が文脈依存的に再解釈されることによって文法的機能を獲得する、いわゆる「意味の再分析(semantic reanalysis)」の一例である。
　現代フランス語においては、「ne」の省略が進み、「pas」単独で否定を表す現象が一般的になりつつある。これは言語の簡略化や口語体の進展といった言語外的要因とも密接に関係している。実際、文語体では依然として「ne＋動詞＋pas」の構造が維持されているが、口語体や若年層の言語使用においては「動詞＋pas」の形式が定着しつつあり、今後はさらにその傾向が強まる可能性がある。
　さらに、「pas」は単なる否定素性としてのみならず、命令形構文にも用いられており、(1d)に見られるように「Ne fais pas ça(それをするな)」のような否定命令文においても中心的な役割を果たしている。この点は、英語の「do not」構文や日本語の「な」構文と対比的に考察することができる。

特に注目すべきは、フランス語の「pas」、英語の「not」、日本語の「ぞ」に共通して、当初は否定の意味を持たない強調語句として用いられていたにもかかわらず、いずれも否定副詞として再分析され、最終的には否定命令形式へと組み込まれていったという点である。言い換えれば、否定命令形式の文法化は、否定副詞の再分析と文法的定着を経由することによって、統語的素性[＋NEG]を獲得していくという過程をたどる。

このようにフランス語における否定命令形式の変遷は言語類型を超えた共通の言語変化メカニズムを示すものであり、否定命令文の文法化が否定素性の文法化と本質的に連動していることを裏付けるものである。

3.4. 韓国語における否定命令文の文法化

韓国語における否定命令文の文法化過程はこれまで見てきた日本語・英語・フランス語の事例とは根本的に異なる経路をたどっており、いわゆる「否定循環」とは一致しない独自の発展様相を示している。本節では、韓国語における否定命令形式「-지 마/-마」の文法化過程を通時的変遷に基づいて概観するとともに、前述の諸言語との比較対照を通じてその特徴を明らかにする。

まず、韓国語の否定命令形式は他の言語と異なり、否定素性[＋NEG]を起源とするのではなく、本動詞として「中止」の意味を持っていた「말다」に由来するという点で注目される。この「말다」は、以下のような文法化の段階を経て、現代語における否定命令

形式へと発展したと考えられる。

[韓国語における否定命令文の文法化過程]
(31) a. 第1段階：「말다」が本動詞として「중지(中止)」の意味で使用される
　　 b. 第2段階：「말다」が補助用言として再分析され、複合述語を形成
　　 c. 第3段階：「助詞・語尾＋말다」や「-지말다」など、構文的拡張が生じる
　　 d. 第4段階：「-지 마」「名詞句＋마」など、否定命令形式として定着

(＝第2章、(37)を一部改変)

これらの各段階に対応する例文は以下の通りである。

(32) a. 第1段階：련샹앳 瑤池를 쟈랑 말라. (번역박, 1517年)
　　 b. 第2段階：정성을 두어 禮 아니어든 듣디 마ᄂᆞ니라.
(소학언, 1588年)
　　 c. 第3段階：떠들지 좀 마러, 애기가 깨라구.(고향, 1933年)
　　 d. 第4段階：그 사과 먹지 마.

(박지연(2010)を一部改変)

박지연(2010)によれば、「-마」は19世紀末から20世紀初頭にかけて、否定命令形式として定着したとされる。重要なのはこの「말다」が本来[+STOP]という意味素性を有していたことであり、否定

第1部　否定表現と命令の文法化

というよりも「動作の停止」を示す語彙的意味から出発している点である。つまり、語彙的な「중지」意味が統語的・語用論的に再解釈される過程を経て、否定命令機能を獲得したというわけである。

　この点において、同様に否定命令形式が歴史的に定着した日本語・英語・フランス語とは大きな対照をなす。例えば、日本語の「-な」や英語の「not」、フランス語の「pas」などはいずれも否定素性[+NEG]を源流とし、「否定循環」の一環として文法化された。しかし、韓国語の「-마」はそうした循環には含まれず、独自の意味的経路(中止→禁止)をたどったことがわかる。

　このような視点から考えると、韓国語の「-마」と日本語の「-な」がしばしば機能的に対応するにもかかわらず、分布や意味用法の点で微妙にずれが生じる理由も理解できる。「-な」が終止形命令に近いのに対し、「-마」は依然として「中止」の語感を保持しており、日常会話においても行動の抑制・制止といった語用論的ニュアンスが強く現れる傾向にある。

　以上の分析を通じて、否定命令形式「-마」は語彙的・統語的・語用論的な変化を経て文法化されたものであり、他言語に見られる否定素性由来の形式とは異なる起源と性質を有することが明らかとなった。したがって、本章冒頭で提示した(19)の主張、すなわち、「否定命令形式もまた文法化の一形態であり、その出発点は言語ごとに異なる」は、韓国語の事例によっても妥当であることが確認される。

4. おわりに

　本章では、韓日両言語における否定命令文の文法化過程を言語類型論的観点から比較・対照し、その構造的差異と理論的意義を明らかにした。さらに、日本語と韓国語のみならず、屈折語に属する英語およびフランス語の事例を参照することで、否定命令形式の普遍的な文法化傾向と、言語ごとの特異性との両面を検討した。

　とりわけ、第2章が指摘した以下の三点の課題、すなわち、

（ⅰ）韓日両言語における否定命令形式の対照的性質はどのような原理・メカニズムによって生じたのか、

（ⅱ）韓国語の否定命令形式において、否定素性［＋NEG］以外に存在する統語的素性は何か、

（ⅲ）他言語における否定命令文の文法化過程と統語的特徴はどのようなものか、

という点に関して、本章では次のような考察を提示した。

　第一に、自然言語における否定命令形式は、多くの場合否定素性［＋NEG］の文法化と並行する形で発達し、それはJespersen(1917)に由来する「否定循環」の枠組に沿って捉えることができる。

　第二に、日本語の否定命令形式「-な」は、否定素性そのものとして文法化されており、［＋NEG］という統語的素性を内在的に有しているのに対し、韓国語の「-마」は「말다」という中止の意味をも

第1部　否定表現と命令の文法化

つ動詞から発展したものであり、現在に至るまで[＋STOP]という素性が共存していると考えられる。

　第三に、英語やフランス語といった他言語の文法化過程においても、否定素性が強調表現や否定副詞を経由して否定命令形式へと発展する共通的な段階が観察されるが、韓国語はそれとは異なる語彙的出発点から独自の文法化を遂げた点で特異である。

　以上の考察を通じて、否定命令文の形成には一見共通の傾向が存在する一方で、出発点となる語彙的特性や言語類型論的性格によって、それぞれの言語が固有の経路をたどっていることが明らかになった。本章の議論は否定命令形式という一見狭義の現象に対しても、言語類型・統語構造・語彙意味の相互作用を総合的に考察するアプローチが必要であることを示しており、次章以降における文法化研究の理論的展開へとつながっていく。

　とりわけ、第4章では、この議論をさらに発展させ、Jespersen (1917)に由来する「否定循環」の枠組に基づき、韓日両言語の否定表現を英語・フランス語との比較を交えて検討することとする。

第4章

否定循環の観点からみた韓日両言語の対照研究

第4章　否定循環の観点からみた韓日両言語の対照研究

1. はじめに

　本章の目的は、韓日両言語における否定循環(negative cycle)現象を言語類型論的観点から明らかにすることにある。第2章では、韓日両言語の否定命令形式「-마/-な」の文法化過程を対照的に分析し、その統語的特性や否定極性表現の認可条件に注目した。さらに第3章では、韓・日・英・仏の4言語を対象とした類型論的比較を通じて、否定命令文の普遍性と構造的相違を検討した。これらの知見は否定表現における通時的変化を包括的に捉える「否定循環」の理論的枠組と密接に接続するものである。

　「否定循環」とは、Jespersen(1917)が提唱した概念であり、「人間言語における否定素性は、一連の連続的かつ循環的な変化過程を経て、普遍的な文法化プロセスをたどる」とする一般化を指す。研究者によっては「イエスペルセンの循環(Jespersen's Cycle)」とも呼ばれ、これは先行研究において一定の定説として受け入れられている。

　否定循環における段階別の文法化過程は、次のように整理される。

　　[否定循環における段階別の文法化過程]
(1)　a.　第1段階：否定要素が動詞に先行する
　　　b.　第2段階：強調のための語句が付加される
　　　c.　第3段階：強調表現が否定副詞となって否定要素と呼応

第1部　否定表現と命令の文法化

　　　　　　的に使用される
　　　d. 第4段階：元々の否定要素の出現が随意的となる
　　　e. 第5段階：否定副詞のみで否定が表される
　　　f. 第6段階：否定副詞が動詞に先行する否定要素になる
　　　　　　　　　　　　　　　　　　　　(= 第3章, (29))

英語の場合、(2)に示すように否定循環が生じていると報告されている。

　[英語における否定循環]
(2)　a.　第1段階：否定素性「ne」が動詞に先行する
　　　　　　　　⇒「ne＋動詞」(古英語)
　　　　　　　(例) ic　ne　　secge.
　　　　　　　　　 I　NEG　say
　　　b.　第2段階：強調語句「not」が付加される
　　　　　　　　⇒「ne＋動詞＋not(＝強調語句)」(中世英語)
　　　　　　　(例) I ne　seye not.
　　　　　　　　　　 NEG　say
　　　c.　第3段階：「not」が否定副詞となり、「ne」と共起される
　　　　　　　　⇒「ne＋動詞＋not(＝否定副詞)」(中世英語)
　　　d.　第4段階：本来の否定素性「ne」の出現が任意化する
　　　　　　　　⇒「(ne＋)動詞＋not」(15世紀頃-17世紀、初期近代英語)
　　　　　　　(例) I (ne) say not.
　　　e.　第5段階：否定副詞「not」のみで否定が表される
　　　　　　　　⇒「動詞＋not」(15世紀頃-18世紀、初期近代

英語)
(例) I say not.
f. 第6段階：「not」が動詞に先行して否定素性となる
⇒「(do)not＋動詞」(近代英語以降)
(例) I do not say.

フランス語の場合も、(3)に示すように否定循環が生じていると報告されている。

[フランス語における否定素性の文法化過程]
(3) a. 第1段階：否定素性「ne」が動詞に先行する
⇒「ne＋動詞」(古フランス語)
b. 第2段階：強調語句「pas」が付加される
⇒「ne＋動詞＋pas(＝強調語句)」(古-中期フランス語)
c. 第3段階：「pas」が否定副詞となり、「ne」と共起される
⇒「ne＋動詞＋pas(＝否定副詞)」(古-中期フランス語)
d. 第4段階：本来の否定素性「ne」の出現が任意化する
⇒「(ne＋)動詞＋pas」(現代フランス語)
e. 第5段階：否定副詞「pas」のみで否定が表される
⇒「動詞＋pas」(口語体および未来のフランス語)

ただし、英語とフランス語における否定循環には以下のような相違点も存在する。第一に、フランス語には英語に見られる第6段

第1部　否定表現と命令の文法化

階が存在しないという点である。第二に、フランス語における第5段階の文法化の程度(degree of grammaticalization)は英語のそれと比べてかなり低いという点である。言い換えれば、現代フランス語における「pas」は現代英語の「not」と比較した場合、統語的素性[＋NEG]を完全に有しているとは言い難い。現在もなお、フランス語の「pas」は第5段階の文法化の過程にあり、将来的には、いわゆる未来フランス語において「pas」が[＋NEG]の素性を完全に獲得すると見なされている。このような相違点はあるものの、英語およびフランス語における否定循環の文法化過程は全体としてきわめて類似していることが分かる。

　以上をもって、否定循環の定義および具体的な言語現象の概要を述べた。言語類型論的観点から見るならば、同じ語族に属する英語とフランス語にこのような類似点が見られることはある意味で自然な結果として受け入れられるであろう。実際、同じ語族に属するゲルマン語やラテン語における否定循環も、上記の英語・フランス語と類似していることが報告されている(守屋・堀江(2006))。ここで次のような疑問が生じる。すなわち、「それでは、やはり同じ語族に属するとされる韓国語および日本語の場合はどうであろうか」、「上述した英語およびフランス語と同様に、類似した否定循環現象が見られるのであろうか」という問いである。これについては、次節においてより詳しく概観することとしたい。

2. 先行研究の概観および問題提起

　本節では、韓日両言語における否定循環に関する主要な先行研究として、守屋・堀江(2006)の主張を中心に概観しつつ、その問題提起を整理する。守屋・堀江(2006)は、従来の否定循環研究がインド・ヨーロッパ語族に偏っていた点を批判的に指摘し、類型的に同一のSOV言語に分類される韓国語および日本語に着目した点で、注目すべき研究成果を提示している。

　彼らの主張によれば、韓国語には否定循環が確認される一方、日本語にはそのような現象は見られないという。この対照的な結論の根拠として、H-O. A Kim(1977)による中古~中世韓国語における否定構文の変遷が引用されている(例(4))。

　　(4) a. Negative constructions found in fork songs of the ancient Silla (4th century - 9th century) and early Koryo (9th century - 10th century) were examined. No occurrence of Type Ⅱ(=long form) is noted in the data.... Type Ⅱ negation, however, increases its frequency roughly 20% by the time of 16th century.
　　　　　　　　　　　　　　　(H-O. A Kim(1977：674-5))
　　　　b. By placing the negative element postverbally with the emphatic auxiliary *ha*, the long form negation is "seemingly" motivated to intensify the negative component.
　　　　　　　　　　　　　　　(H-O. A Kim(1977：680))

第1部　否定表現と命令の文法化

　H-O. A Kim(1977)は、4世紀から10世紀までの資料において長形否定(long form negation)が見られず、16世紀に入ってからようやくその使用頻度が上昇したことを報告している。すなわち、韓国語においては、短形否定(short form negation)から長形否定へと通時的変化が観察されるという点で、否定循環のプロセスに合致するとされる。
　現代韓国語においても、以下のように否定素性の語順および形態に基づき、短形否定(short form negation, 例(5))と長形否定(long form negation, 例(6))が共存する。

　　[現代韓国語における短形否定]
　(5)　a.　철수는 사과를 안 먹었다.
　　　 b.　철수는 결국 도서관에 안 갔다.

　短形否定は(5)に示されるように、下線部の否定素性「안」が動詞の前に置かれて否定を表している。これに対して、長形否定の例を挙げると、次のようになるであろう。

　　[現代韓国語における長形否定]
　(6)　a.　철수는 사과를 먹지 않았다.
　　　 b.　철수는 결국 도서관에 가지 않았다.

　長形否定は下線部の否定素性「않(＝아니하)」が動詞の後ろに置かれて否定を表すものである。以上に見た短形否定と長形否定

第4章 否定循環の観点からみた韓日両言語の対照研究

の統語的な相違点として、いくつかの点が挙げられるが、守屋・堀江(2006)はまず否定素性の統語的な位置に注目している。短形否定の否定素性は(5)に示したように動詞の前に位置し、長形否定の否定素性は(6)に見られるように動詞の後ろに現れる。これは(1)に示した否定循環の第1段階および第5段階における否定素性と動詞の統語的な位置関係と類似しているという。言い換えれば、否定循環の第1段階では否定素性が動詞の前に位置し、第5段階では否定素性が動詞の後ろに置かれるが、これはそれぞれ短形否定と長形否定の場合に相当すると言える。また、H-O. A Kim (1977)において指摘されているように、中古韓国語では長形否定は見られず、短形否定のみが使用されていたが、中世韓国語に入って初めて長形否定が活発に用いられるようになったとされている。

このような韓国語における短形否定と長形否定の出現時期に関しては、이태욱(2000, 2001)、허재영(2002)、박형우(2004)など、多くの先行研究においても同様に指摘されている。守屋・堀江(2006)はこのような短形否定と長形否定の文法化段階に着目し、韓国語の否定表現は「短形否定＞長形否定」という方向で文法化が進行していると指摘する。その代表的な証拠として、Kim(2000)において提示された「못」の否定文の例が挙げられている。

(7) a. *강이 못 얼었다.
    b. 강이 얼지 못하였다.

(守屋・堀江(2006))

103

(7a)は短形否定、(7b)は長形否定の例であるが、(7a)は容認されないのに対し、(7b)は容認される。守屋・堀江(2006)はこの(7)のデータを通じて、韓国語の否定が短形否定から長形否定へと移行していることが確認できると主張する。そして現代韓国語では、このような文法化の進行に伴い、短形否定と長形否定がそれぞれ役割分担を果たすようになったと指摘している。以上により、韓国語の否定文には否定循環現象が見られるとする守屋・堀江(2006)の主張を概観した。研究のアプローチは異なるものの、박상수(2011)においても、韓国語は否定循環現象が見られる言語として記述されている。박상수(2011)が否定循環の観点から整理した韓国語の用言否定文における通時的変化の様相は、以下の表のとおりである[1]。

(表1) 韓国語における用言否定文の通時的変化の様相
(박상수(2011：90))

	述語否定	否定素性の文法範疇		埋め込み節の否定
古代韓国語	不冬/안들	VP-spec		
中古韓国語	不冬/안들	VP-spec	VP-spec	不冬/안들
中世韓国語	아니	VP-spec▶	NegP-spec▼	不冬/안들/아니

---

[1] ▼(↓)、◀(←)、▶(→)は、それぞれ否定文の統語構造の変化に影響を与えた要因およびその方向性を示しているとされている。(表1)の詳細については、박상수(2011)を参照されたい。

近代韓国語	아니	VP-spec/ ▼NegP-spec	NegP-head▼	아니ㅎ-
近代韓国語 (18世紀後半以降)	아니	▼NegP-spec	NegP-head> contraction	아니하-> 안하->않-
現代韓国語 (19世紀末)	아니>안	NegP-spec> ▼NegP-head	◀NegP-head/ contraction	아니하-/ 안하-/않-
現代韓国語 (19世紀末以降)	아니/안	NegP-spec/ NegP-head	NegP-head /contraction	아니하-/ 안하-/않-

　一方で、守屋・堀江(2006)は韓国語とは対照的に、日本語には否定循環現象が見られない言語であると指摘している。実際、日本語の否定素性は古典日本語から現代日本語に至るまで、常に動詞に後接する形で否定を表している。以下の例文はそのことを証明するものであり、下線部は各時代における否定素性を示している。

(8) a. ほととぎす、今鳴か<u>ず</u>して明日越えむ山に鳴くとも験あらめやも。　　　　　　　　　　　　　　(万葉集、4052)
　　b. 山高み人もすさめ<u>ぬ</u>桜花いたくなわびそ我見はやさむ。
　　　　　　　　　　　　　　　　　　　　　　(古今集、50)
　　c. はじめより、おしなべて上宮仕し給ふべき際にはあら<u>ざり</u>き。　　　　　　　　　　　　　　(源氏物語、桐壷)
　　d. そんなことは出来<u>ん</u>。(現代語, 関西方言)
　　　　　　　　　　　　　　　　　　　(守屋・堀江(2006))
　　e. 太郎はりんごを食べて<u>ない</u>。(現代語)

第1部　否定表現と命令の文法化

　上述の(8)の下線部に示された「ず」「ぬ」「ざり」「ん」「ない」は時代別および地域別の否定素性の形式である。これらの形式は(8)にも見られるように動詞に後接し、それ自体が活用を持つ一種の助動詞のような機能を果たしている。すなわち、日本語の場合、否定循環現象に見られる否定素性と動詞の語順の変化や強調表現などの出現は全く見られず、古典日本語から現代日本語に至るまで、一貫して動詞に後接し、助動詞のような機能を果たしていることが分かる。これは上で見た韓国語の否定素性の事例とは明確に対照的な現象であると言えよう。このような言語現象に基づき、守屋・堀江(2006)は次のように一般化を試みている。

(9)　韓国語と日本語は、言語類型論的には同一語族に属するものの、韓国語は否定循環現象が見られる言語であるのに対し、日本語は否定循環が見られない言語である。

(守屋・堀江(2006))

　さらに、韓日両言語において(9)のような対照的な現象が見られる理由について、守屋・堀江(2006)は両言語における否定素性の品詞性の違いに起因すると主張している。すなわち、韓国語の否定素性は副詞的に動詞を修飾し、それ自体が時制などによって活用されることはないのに対し、日本語の否定素性は時制等により活用可能な助動詞であるという。このことは、韓国語の否定素性が否定循環の見られる英語・フランス語・ラテン語などと同様に副

詞であり、一方、日本語の否定素性は助動詞であることを意味している。また、守屋・堀江(2006)は否定循環が生じる一因として、否定素性が比較的語順の制約を受けにくい副詞である点を挙げており、日本語のように否定素性が助動詞である場合は語順の制約によって否定循環が生じにくいという補足的な説明を提示している。

　以上、守屋・堀江(2006)の研究を概観した。前述のように、守屋・堀江(2006)は、先行研究とは異なり、SOV言語である韓国語・日本語に焦点を当てた点、さらに両言語における対照的な言語現象を指摘し、その理由まで明らかにした点において、これまで我が国の学界では指摘されたことのない重要な視座を提供していると考えられる。しかしながら、本研究では守屋・堀江(2006)の主張とは異なり、韓日両言語の否定文においては、興味深いことに、そのタイプによって否定循環現象が見られる場合と見られない場合があることを明らかにし、そのタイプが何であるのかを一般化していくことを目的とする。

3. 否定文のタイプと本研究の対象

　韓国語における否定文の分類に関して、고영근・남기심(1993)は以下の三種の統語的否定文(syntactic negation)を提示している。

第1部　否定表現と命令の文法化

[韓国語における否定文のタイプ]
(10) a.　「안」否定文
　　 b.　「못」否定文
　　 c.　「말다」否定文

　(10a)の「안」否定文は、(5)および(6)で示した短形否定と長形否定にそれぞれ分けられる。(10b)の「못」否定文は、(7)で示した能力否定文であり、これもまた短形否定と長形否定にそれぞれ分類することができる。(10c)の「말다」否定文は、韓国語におけるいわゆる否定命令文(negative imperative)であり、以下のように用いられる。

(11) a.　그 빵은 먹지 <u>마</u>.
　　 b.　저쪽으로는 가지 <u>마</u>.

　韓国語の否定命令文は(11)のように「-(지) 마」の形式で用いられ、(10a)の「안」否定文および(10b)の「못」否定文とは異なり、短形否定の形式は存在しない。上述の(10)のような否定文は、統語的否定文(syntactic negation)とも呼ばれる。
　고영근・남기심(1993)では扱われていないが、このほかにも서정수(1994)、박형우(2004)などが提示する語彙的否定文が存在する。語彙的否定文には、以下のような形式がある。

第4章 否定循環の観点からみた韓日両言語の対照研究

[韓国語における語彙的否定文]
(12) a. 「없다」「모르다」などの語彙的否定
 b. 「무(無)」「불(不)」「비(非)」などの接頭辞による語彙的否定
 (例) 無罪/不可能/非正常

　このような韓国語の統語的否定文と語彙的否定文は日本語、英語、フランス語においてもそれぞれ見られる普遍的な現象であるとされている。本章の主たる研究対象は(10)に示した統語的否定文である。というのも、(12)の語彙的否定文は意味論的側面においては否定の意味を内包しているものの、統語論的側面から見たときに、「果たして否定文として扱うべきかどうか」という点について議論の余地があるためである。

(13) a. *아무도 무죄이다.
 b. 아무도 무죄이지 않다.
(14) a. *아무것도 무의미하다.
 b. 아무것도 무의미하지 않다.

　(13)および(14)は否定極性表現「아무도(誰も)」および「아무것도(何も)」が、語彙的否定である「무죄(無罪)」および「무의미(無意味)」と共起した例である。これは否定極性表現が、[+NEG]という素性をもつ否定素性から、以下のように統語的認可(syntactic licensing)を受けなければならないからである。

109

第1部　否定表現と命令の文法化

[否定極性表現の認可条件]
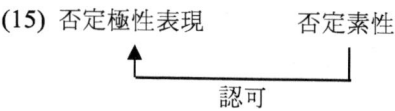

言い換えれば、否定極性表現が許容されないということは、それを認可する否定素性が同一節内に存在しないことを意味している。以上の説明を踏まえて、(13)および(14)を再び見てみよう。(13a)および(14a)が許容されないのは、語彙的否定である「무죄(無罪)」および「무의미(無意味)」が[+NEG]という素性を持っていないことを示している。これに対して、(13b)および(14b)が許容されるのは、否定素性「않(＝아니하)」が[+NEG]素性を有しており、それによってそれぞれ否定極性表現「아무도(誰も)」および「아무것도(何も)」を認可することができるからである。このような現象は日本語においても同様に見られる。

(16) a. *誰も無罪である。
　　 b. 　誰も無罪ではない。
(17) a. *何も無意味である。
　　 b. 　何も無意味ではない。

以上のような理由により、本章では(10)の統語的否定文を主たる研究対象とする。(10)の否定文タイプのうち、(10a)に該当する「안」否定文および「못」否定文に関しては、すでに第2節で概観し

た。ただし、「못」否定文、すなわち能力否定文に関しては、日本語・英語・フランス語の場合を具体的に取り上げなかったが、それぞれの否定素性は第2節で概観した否定素性と大きく異なるものではないため[2]、これに関する具体的な記述は本書では割愛することとする。したがって、否定文のうち、残されたのは(10c)の「말다」否定文、すなわち否定命令文である。次節では、否定命令文における否定循環の様相を中心に、本章の主張を明らかにすることとする。

4. 考察

考察に入るに先立ち、本章における主張を以下の通り整理して提示する。

[本章の主張]
(18) a. 守屋・堀江(2006)の主張とは異なり、韓国語の否定文においては常に否定循環が見られるわけではなく、逆に日本語の否定文においても否定循環が全く見られないわけではない。

---

2 厳密に言えば、フランス語における能力否定文は、日本語や英語と比較すると、その形式が「안」否定文の場合とはやや異なっている。しかし、これは本書の論理的展開とは大きく関係しないため、詳細な内容については割愛することとする。

b. 日本語の否定命令文においては否定循環が見られるのに対し、韓国語の否定命令文には否定循環が見られない。
c. 英語およびフランス語においては、上述した韓日両言語とは異なり、否定命令文を含め常に否定循環が見られる。

これを表にまとめると、次のようになる。

(表2) 言語類型別に見た否定循環の出現有無
(√：有，＊：無)

	韓	日	英	仏
a. 用言否定文	√	＊	√	√
b. 否定命令文	＊	√	√	√

d. (表2)に示されたように、言語類型別に否定循環の出現有無が異なるのは言語類型ごとの否定形式、すなわち(表3)に示される形態論的特徴と関係している。

(表3) 言語類型別に見た否定文の形態論的特徴

	韓	日	英	仏
a. 用言否定文	안/-않	-ない	do not	ne-pas
b. 否定命令文	-마	-な	do not	ne-pas

表3に示されるように、英語およびフランス語では、用言否定文と否定命令文において同一の否定形式が使用される。一方、韓国語と日本語では、それぞれ異なる否定形式が用いられており、これが否定循環の発現に影響を与えていると考えられる。

以下では、本章の主張(18)の妥当性を検証するため、言語類型論的観点から否定命令文における否定循環の有無を中心に考

第4章 否定循環の観点からみた韓日両言語の対照研究

察を進めていく。

4.1. 言語類型論的観点からみた否定命令文における否定循環

3節において、本書が否定命令文における否定循環に注目する理由について述べた。本節ではSOV言語である韓国語および日本語、そしてSVO言語である英語およびフランス語における否定命令文の否定循環について検討する。第3章はこれらの言語における否定命令形式をそれぞれ次のように示している。

 (19) a. [韓国語] 큰 소리로 말하지 <u>마</u>.
    b. [日本語] 大きい声でしゃべる<u>な</u>。
    c. [英語] <u>Don't</u> speak loudly.
    d. [フランス語] <u>Ne</u> parlez <u>pas</u> fort.
        NEG speak loudly
           (=第3章, (2)を一部改変)

(19a)は韓国語の否定命令形式「-마」、(19b)は日本語の否定命令形式「-な」、(19c)は英語の否定命令形式「do not」、(19d)はフランス語の否定命令形式「ne - pas」である。第2章はLee(1978)、Sells(2004)、Han & Lee(2006)など、ほとんどの先行研究において、韓日両言語の否定命令形式である「-마」と「-な」も否定辞として扱われ、統語論において使用される[+NEG]という統語的素性を有すると指摘している。

第1部　否定表現と命令の文法化

以下では、まず日本語および韓国語の否定命令文における否定循環について検討する。

4.1.1. 日本語の否定命令文と否定循環

日本語の否定命令文の文法化過程は(20)のように整理されるが、これは興味深いことに、1節で見た否定循環と類似している。

[日本語における否定命令文の文法化過程]
(20) a. 第1段階:「な＋動詞」
(例) 我が背子が振り放け見つつ嘆くらむ清き月夜に雲な棚引き。　　　　　　　　　　(万葉集・2669)
b. 第2段階:「な＋動詞＋そ(＝強調表現)」
(例) いとかたはばない。身もほろびな。かくなせそ。
(伊勢物語・65)
c. 第3段階:「な＋動詞＋そ(＝否定副詞)」
(例) なうとみ給ひそ。あやしくよそへ聞えつべきここちなんする。　　　　　　　　　　(源氏物語)
d. 第4段階:「(な＋)動詞＋そ」
(例) 秋風は吹きな破りそわが宿のあばら隠せる蜘蛛の巣がきを。　　　　　　　　　　(拾遺集十七)
e. 第5段階:「動詞＋そ(な)」

本章では、上記の第1段階および第5段階における否定辞と動詞の統語的位置に注目する。すなわち、第1段階では否定辞「な」が動詞に先行し、第5段階では否定辞「そ(な)」が動詞に後続す

る。第二に、第2～3段階では、否定辞「そ」が強調語句として付加され、否定辞と相補的に使用される。第三に、第4段階では、本来の否定辞「な」の出現が任意(optional)となる。第四に、第5段階では、「そ(な)」のみで否定が表され、動詞に先行する。以上のように列挙した日本語の否定命令文の文法化過程は第1節で述べた否定循環の文法化過程と非常に類似していることが分かる。

もっとも、(20)で見た日本語の否定命令文の文法化過程は(1)の否定循環や(2)の英語における否定循環過程とはやや異なる点も見受けられる。このような相違点が見られる理由については、第3章が言語類型論的観点から分析しており、その詳細については第3章を参照されたい。

以上より、日本語の否定命令文には否定循環の現象が見られることが確認された。言い換えれば、日本語の否定文には否定循環が見られないとする守屋・堀江(2006)の主張は以下のように修正されるべきである。

(21) 日本語の否定文においては、その文の種類に応じて否定循環の出現有無が決定される。

(表4) 日本語における否定文のタイプ別別にみた否定循環の出現有無

否定文のタイプ	否定循環の出現有無
a. 用言否定文(-ない)	*(出現しない)
b. 否定命令文(-な)	√(出現する)

第1部　否定表現と命令の文法化

4.1.2. 韓国語の否定命令文と否定循環

前節において、日本語の否定命令文には否定循環の現象が見られることを明らかにした。本節では、韓国語の場合について考察する。

興味深いことに、韓国語の否定命令文は(22)に示すように、否定循環とは全く異なる文法化の過程を経ている。

[韓国語の否定命令文の文法化プロセス]
(22) a. 第1段階：中止の意味を有する「말다」が本動詞として使用される
(例) 련샹앳 瑤池를 쟈랑 말라.　　　　　(번역박, 1517)
b. 第2段階：「말다」が補助用言としての用法を持ち始める
(例) 졍셩을 두어 禮 아니어든 듣디 마ᄂ니라.
(소학언, 1588)
c. 第3段階：「助詞・語尾＋말다」、「名詞句＋말다」、「-지 말다」などの形で使用される
(例) 떠들지 좀 마러, 애기가 깨라구.　　(고향, 1933)
d. 第4段階：主に「-지 마」、「名詞句＋마」の形で使用される
(例) 그 사과 먹지 마.
(＝第3章, (31)(32)を一部改変)

韓国語の否定命令形式「-마」は(22)で見たように、その語源が本動詞「말다」にある。この点から、第1段階において否定辞が現れる否定循環のそれとは明確に異なることが分かる。すなわち、

第4章　否定循環の観点からみた韓日両言語の対照研究

否定循環の場合には、第1段階から否定辞が用いられるが、韓国語の否定命令文の場合、第1段階では否定辞が現れないのである。本書の第3章によれば、韓国語の否定命令形式は中止を表す[＋STOP]素性が次第に拡張され、[＋NEG]素性を徐々に獲得していったと指摘している(詳細は第2章および第3章を参照のこと)。

　以上より、韓国語の否定命令文には否定循環の現象が見られないことが明らかとなった。韓国語の否定文に否定循環が見られるとする守屋・堀江(2006)の主張は次のように修正されるべきである。

(23) 韓国語の否定文においては、そのタイプによって否定循環の出現有無が以下のように決定される。

(表5) 韓国語の否定文タイプ別にみた否定循環の出現有無

否定文のタイプ	否定循環の出現有無
a. 用言否定文(안/-않)	√
b. 否定命令文(-마)	*

　4.1.1節および4.1.2節の考察の結果、韓日両言語の否定命令文は第2節で見た用言否定文の場合とは異なり、日本語は否定循環と同様の文法化過程を経ているのに対し、韓国語は全く異なる過程をたどっていることが明らかになった。また、結論として韓日両言語は英語・フランス語とは対照的に、表2に示したような非対

第1部　否定表現と命令の文法化

称性(asymmetry)の現象が見られる。

　次節では「それでは、なぜ韓日両言語においては、英語・フランス語とは対照的に、(表2)のような非対称的現象が生じるのか」について論じることとする。

4.2. 否定形式の形態論と文法化

　本章では、韓日両言語の否定文が(表2)に見られるように英語・フランス語と対照的な様相を示す理由をそれぞれの否定形式の形態論的特性から明らかにしたい。すなわち、英語・フランス語の否定形式、すなわち用言否定文の否定辞と否定命令形式は(表3)に示されているように、それぞれ「do not」および「ne - pas」という同一の形態で現れる。これに対して、韓国語では「안/않」と「-마」、日本語では「-ない」と「-な」のように、各々異なる形態を持つ。

　換言すれば、英語・フランス語においては[+NEG]の統語的素性を持つ文法要素が一つの形態に統一され、様々な否定文に用いられるのに対し、韓国語・日本語では、[+NEG]の文法要素が否定文の種類ごとに異形態(allomorph)として現れている。このような文法要素の形態的特性により、否定循環の発現有無も決定されると考えられる。すなわち、英語・フランス語のように[+NEG]を持つ文法要素が一形態に統一されている場合には、各否定文において否定循環が一様に発現されるが、韓日両言語のように[+NEG]を持つ文法要素が構文の種類に応じて異形態を取る場合、否定循環の発現もその構文に応じて異なるということである。

実際、文法化理論において、文法要素の形態的特性が文法化の進展を左右する重要な要因とされてきた(이성하(2016))。また、第10章でも否定極性表現の形態論が統語論に及ぼす影響が言語類型論的観点から論じられており、韓日両言語の否定極性表現が必ず付加部(adjunct)の位置に現れるという特性は、インド・ヨーロッパ語族の諸言語とは大きく異なることが指摘されている。これは、各語族の形態論的特性と密接に関係しているものであり、本章の仮説を強く支持するものである。

上述した本章の主張はこれまでの先行研究では指摘されてこなかったものであり、今後の後続研究に少なからぬ貢献をなし得るものと期待される。以上により、本章の主張(18)が妥当であることが明らかとなった。

5. おわりに

本書は、SOV言語に属する韓国語・日本語と、SVO言語に属する英語・フランス語を中心に、否定循環に関する興味深い言語現象が存在すること、そしてその現象が生じる理由について対照的観点から明らかにした。特に、守屋・堀江(2006)の主張とは異なり、韓日両言語の否定文には、そのタイプによって否定循環が見られる場合と見られない場合があることが確認された。それを整理して示したのが本章の(表2)である。興味深いことに、(表2)は、

第1部　否定表現と命令の文法化

　韓国語・日本語が英語・フランス語とは異なり、非対称的な現象を示していることを明らかにしている。そして、このような言語現象が見られる理由について、本書では形態論的特徴に注目し、韓国語・日本語の否定文は英語・フランス語とは異なり、否定文のタイプに応じて異形態が存在するためであると論じた。

　以上をもって、第1部では韓日両言語における否定表現、とりわけ否定命令文と否定循環を中心に、その文法化過程と類型論的特徴を明らかにした。本部の議論は否定素性[＋NEG]の有無やその形態的特性が文法化の進展や否定循環の出現にいかに影響を与えるかを示すものであった。第2部では、この成果を踏まえ、否定副詞や限定副助詞の文法化に焦点を移し、否定表現のさらなる多様性とその理論的意義を検討していく。

第2部

否定副詞と限定副助詞の文法化

第5章

否定副詞の文法化Ⅰ：
「결코/決して」の使用変遷

第5章　否定副詞の文法化Ⅰ:「결코/決して」の使用変遷

1. はじめに

　本章の目的は韓日両言語における否定副詞の「결코」と「決して」の文法化を共時的及び通時的観点から明らかにすることである。特に、本章では両者の否定副詞への文法化プロセスを注目し論じる。現代語において「결코」と「決して」は次のように否定文にのみ現れる(以下、「결코」と「決して」には下線を引く)。

(1)　a.　그 사람과의 약속, <u>결코</u> 잊지 않겠다.
　　　a'. *그 사람과의 약속, <u>결코</u> 잊겠다.
　　　b.　彼との約束、<u>決して</u>忘れない。
　　　b'. *彼との約束、<u>決して</u>忘れる。
(2)　a.　이 가방은 <u>결코</u> 싸지 않다.
　　　a'. *이 가방은 <u>결코</u> 싸다.
　　　b.　このかばんは<u>決して</u>安くない。
　　　b'. *このかばんは<u>決して</u>安い。

　「결코」は(1a)(2a)において否定文に、(1a')(2a')において肯定文に現れているが否定文にのみ許されることが分かる。このことは、「決して」も同様である。
　「결코」と「決して」の意味的類似性は(3)のように辞典においても伺える。

(3)　a.　「결코」:【副詞】('아니다', '없다', '못하다' 따위의 부정

125

第2部 否定副詞と限定副助詞の文法化

어와 함께 쓰여)어떤 경우에도. 절대로.

(표준국어대사전 2001)

  b.「決して」:【副詞】(下に否定表現や「ものか」を伴う)かならず。どうしても。絶対に。 (広辞苑 2004)

 両者の上記のような統語的特徴に基づき、従来、否定極性表現として捉えられてきた。現代語において「결코」と「決して」は(1)と(2)でみたように否定文にのみ現れる否定極性表現である。ただし、以下のような文法化の段階においては現代語とは異なった振る舞いを示したようである。下記の例文でこのことを確認する。

(4) a. '위징과 서무공이 죽고 또 로장이 도라왓스니 <u>결코</u> 설원 수가 죽도다.' 하시고. (셜명산99, 19世紀)
    (국립국어연구원(オンライン版))
  b. 소인은 은근한 독희를 <u>결코</u> 밧짓사오니 그걸 엇지 한 든 말숨이오. (강상촌, 1912年)
(5) a. 屋敷にのこつてゐらるゝは。<u>決して</u>一味と覚たり。
    (大内裏大友真鳥, 1727年)
  b. <u>決して</u>弟子の中に曲者有るには極れり。搦捕て渡せよと。
    (浮世草子, 1733年)

 (4)における「결코」と(5)における「決して」は当時否定文ではなく、肯定文に現れていたことが分かる。現代語において否定文にのみ現れていることとは非対称的である。ここで次のような疑問が

第5章　否定副詞の文法化Ⅰ:「결코/決して」の使用変遷

浮かんでくる。(ⅰ)なぜこれらの表現には上記のような非対称性が生じているのか、(ⅱ)いつから「결코」と「決して」は否定極性表現としての文法素性(syntactic feature)を持つようになったのか。本章はこのような疑問を中心に両者の文法化プロセスを明らかにしていく。

2. 先行研究の概観と問題のありか

　本節では先行研究の概観とその問題点について述べる。管見の限りにおいて、従来韓日両言語における「결코」と「決して」の否定極性表現への文法化プロセスの対照研究を行った研究は存在しない。ただし、両者を個別言語の研究アプローチでそれぞれ分析したものは数多く存在する。本節ではその代表的な先行研究を概観する。
　「결코」と「決して」は副詞に属するので、両言語の先行研究では両者がどのような副詞に属するのかという分析が主に行われている。まず、「결코」について見る。최현배(1971)は韓国語の副詞を以下のように六個に分類する。

第2部　否定副詞と限定副助詞の文法化

(6)
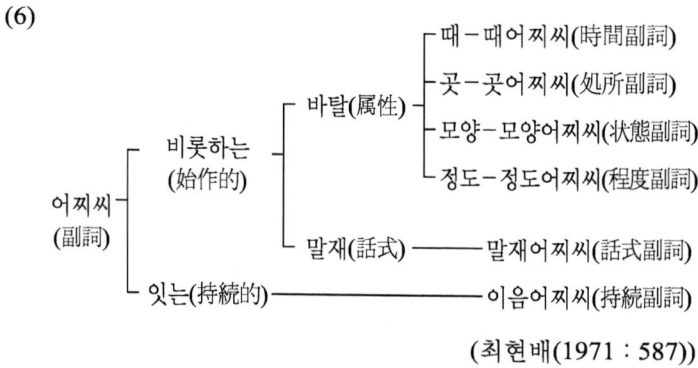
(최현배(1971：587))

서정수(1975)는副詞の持つ呼応関係の統語的特徴に注目し副詞を以下のように分類する。

(7)
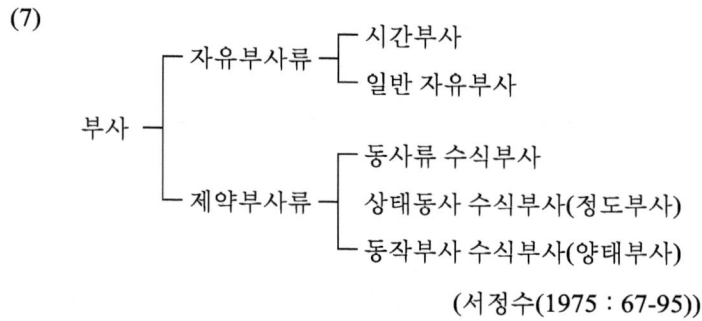
(서정수(1975：67-95))

남기심·고영근(1985)는修飾の範囲に注目し副詞を次のように分けている。

(8)

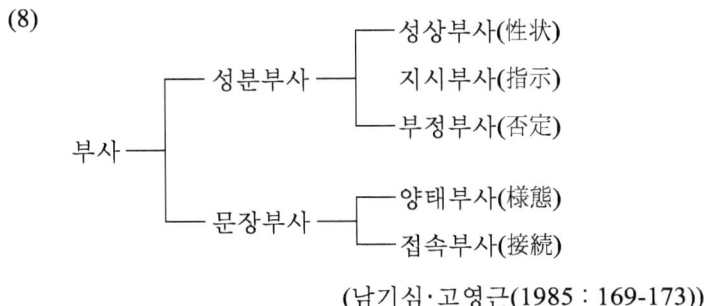

(남기심・고영근(1985:169-173))

　(6)-(8)に基づき、先行研究は否定副詞「決して」を次のようにそれぞれ分類する。최현배(1971)は「결코」を陳述副詞、つまり「그 풀이말에 단정을 요구하는 어찌씨」の中の一つとして分類する。「결코」のほかに「조금도, 털끝만큼도」も同様に陳述副詞として分類されると述べている。서정수(1975)は「결코」を「동사류 수식부사」とし、「결코」のほかに「전연, 전혀, 별로, 도무지, 조금도, 도저히, 좀처럼, 절대로, 과히, 통, 하등」なども「동사류 수식부사」に属すると指摘する。남기심・고영근(1985)は「결코」を様態副詞に属すると述べている。

　次に、日本語の「決して」について見る。山田(1936)は副詞を以下のように分類する。

(9)

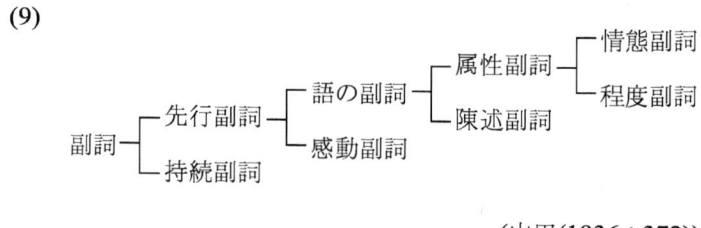

(山田(1936：372))

　山田(1936)は陳述副詞を「述語の方法を修飾するもので、述語の方式に一定の制約のあるもの」と定義し、「決して」は陳述副詞に属すると指摘する。他に、時枝(1950)、橋本(1967)、鈴木(1972)なども陳述副詞として分類する。他方、北原(1981)は「決して」を程度副詞として分類し、その根拠について「「-ない」の具有する「実質概念＋打ち消し概念」は、形容詞の具有する概念と同種同性質のものであり、そういう情態的概念の程度を修飾限定している「全然」「けっして」は程度修飾成分に所属するものであると解されるのである(北原(1981：78)」と述べている。
　以上、「결코」と「決して」はどのような副詞に属するのか先行研究においてさまざまな見解が存在することを概観した[1]。以下では、両者の否定副詞への文法化プロセスについて探った先行研究を概観する。まず、「결코」を分析した허재영(2002)を概観する。허재영(2002)は19世紀~20世紀になってから「결코」が否定

---

[1] 他にも、金京勲(1977)などは「결코」を、工藤(1984)などは「決して」を除法副詞としてそれぞれ分類している。詳細は金京勲(1977)と工藤(1984)をそれぞれ参照してもらいたい。

第5章　否定副詞の文法化Ⅰ：「결코/決して」の使用変遷

極性表現として用いられ始めたと述べている。ただし、「결코」はそれ以前の文献には現れておらず「결단코」が以下のように現れていたが、否定極性表現としての「결코」とは文法素性が全く異なっていたと述べている[2]。

(10) a. (中略) 못ㅎ여셔 결단코 됴흐리라.　　(박통신 3：12)
　　 b. (中略) 범녜 이시니 결단코 가히 혼잡ㅎ야.(명의록 2：70)
　　　　　　　　　　　　　　　　　　(허재영(2002：200))

次は「決して」の文法化プロセスを分析した高橋(1998)(2007)(2010)を概観する。高橋(1998)(2007)(2010)は「決して」の文法化を丁寧に分析した代表的な研究である。高橋の一連の研究では「決して」が動詞の「決す」から転成されたと指摘し、この「決す」から類推した副義を「て形」の上に写像していると主張する。また、18世紀の初期～中期ごろの「決して」は肯定述語及び否定述語両方とも現れ、話者の気持ちの強さ・判断の確かさを表したと述べられる。19世紀ごろからは否定極性表現として定着し、さまざまな否定表現に生起するようになったと指摘されている。

　以上、韓日両言語における「결코」と「決して」を分析した代表的な先行研究を概観した。従来、「결코」と「決して」に関する研究はさまざまなアプローチで多く行われているものの、次のような点においては明らかにされていないところも少なくないと考えられる。第

2　「결코」と「결단코」の相関関係については後の3.1.2節を少し取り扱うことにする。

一に、上述したように、従来「결코」と「決して」の文法化を対象に行われた対照研究は存在しない。よって、両者の文法化プロセスはどのようなところが類似していて、どのような点が異なっているのかが明らかにされていない。第二に、韓国語の「결코」の文法化の研究は「決して」と異なり、ほとんど行われてこなかった。「결코」の共時的研究はその意味論・統語論を中心にたくさん行われているが、「결코」の通時的研究、特に否定極性表現への文法化の研究はほとんどない。이성하(2016)などによると、文法化理論は1990年代に入ってから全世界的に脚光を浴びるようになったが、今だ明らかにされていない言語現象もたくさんある。本章では、以上の問題点を踏まえ、韓日両言語における「결코」と「決して」の否定極性表現への文法化プロセスを明らかにすることによって、文法化理論の発展及び韓日両言語の関連した研究領域に少しでも貢献できればと考える。

3. 考察

本節では、「결코」と「決して」の否定極性表現への文法化に関する本章の主張をまず提示する。

　[本章の主張]
　(11) a. 「결코」と「決して」は下記のように類似した文法化プロセス

を示している。

・「결코」の否定極性表現への文法化プロセス

段階 項目	第1段階	第2段階	第3段階
ⅰ.時期	15C〜	19C後期〜 20C前期	19C後期〜 現在
ⅱ.範疇的変遷	動詞	副詞	副詞・否定 極性表現
ⅲ.意味的変遷	具体的 領域	抽象的領域	抽象的領域
ⅳ.否定極性への 変遷	肯定述語 と呼応	肯定・否定 述語と呼応	否定述語と のみ呼応
ⅴ.形態的変遷	決ᄒ다	결코	決코・결코

・「決して」の否定極性表現への文法化プロセス

段階 項目	第1段階	第2段階	第3段階
ⅰ.時期	〜18C	18C前期〜 19C前期	18C後期〜 現在
ⅱ.範疇的変遷	動詞	副詞	副詞・否定 極性表現
ⅲ.意味的変遷	具体的 領域	抽象的領域	抽象的領域
ⅳ.否定極性への 変遷	肯定述語 と呼応	肯定・否定 述語と呼応	否定述語と のみ呼応
ⅴ.形態的変遷	決す	決して	決して

b. 上記の両者の範疇的変遷は下記の文法化理論の「範疇性の漸次変容」と一致する。

→ メジャーカテゴリー(動詞) > 中間的カテゴリー(副詞) > マイナーカテゴリー(否定極性表現[3])

---

3 否定極性表現がマイナーカテゴリーに属するという根拠は本書の第11章を

- c. 上記の文法化は、一方向性仮説(unidirectionality)、脱範疇化(decategorization)、類推(analogy)・メタファー(metaphor)などの原理とメカニズムによって説明できる。
- d. 両者の相違点といえば、(ⅰ)「決して」と異なり「결코」の第2段階における例がほとんど見れないことである。言い換えると、「결코」は何らかの理由で第2段階がほぼ飛ばされた可能性がある。(ⅱ)第1段階において「決して」の源流「決す」はその目的語が「勝負、勝事、雌雄」などのような「対決」がイメージされる語を取る傾向があるのに対し、韓国語の「결코」の源流「決ㅎ다」はこのような傾向はあまり見られない。

以下では、(11)が正しいかどうか検証していく。

3.1.「決して」の文法化

本節では、日本語の否定副詞「決して」が否定極性表現として定着するまでの通時的変化を3段階に分けて分析する。

3.1.1. 第1段階(〜18世紀まで):動詞としての「決す」

高橋(1998)(2010)と日本国語大辞典(2004)などによると「決して」の源流は動詞の「決す」であり、およそ18世紀まで動詞として用いられていたとされる。本段階における「決す」は「決める・決着をつける」の意味を持つとされる。その実例を挙げると以下の通りである。

参照してもらいたい。

(12) a. けふは日くれぬ、勝負を決すべからず。

(平家物語, 13世紀前)

　　 b. 勝事を千里の外に決すること。　　(十訓抄, 1252年)
　　 c. 脇にも立つが、昔は雌雄を決して。(古今著聞集, 1254年)

(日本国語大辞典(2004))

　　 d. 大将頼信朝臣と直に勝負を決せん為なり。

(前太平記上, 17世紀)

(高橋(1998))

3.1.2. 第2段階(18世紀前期〜19世紀前期)：副詞としての「決して」

本段階における「決して」は動詞の「決す」から副詞の「決して」に転成し意味的には判断、推定がほぼ決定的と信じられる時の、その決定的な気持ちを表す(日本国語大辞典(2004))。「必ず」または「きっと」の意味を持つ。本段階は18世紀に入って初めて現われたとされる。また、肯定述語と主に呼応し否定述語と呼応する例もいくつか見れらるが、否定極性表現としての文法化が定着したとは言い難い。以下の例文を見てもらいたい。

(13) a. 迚も御人数にくはへらるゝ事決して成がたきに極り候はゝ。

(忠臣略太平記, 1712年)

　　 b. 決して殿様の御意に入召抱ら．るゝは必定とそんじ。　(同)
　　 c. 決して弟子の中に曲者有るには極れり。搦捕て渡せよと。

(浮世草子, 1733年)

(高橋(1998))

d. 歌で見りゃ決してあなはあるとみへ。 (雑俳, 18世紀後期)

(日本国語大辞典(2004))

3.1.3. 第3段階(18世紀後期〜)：否定極性表現としての「決して」

　この段階における「決して」は意味的に否定的判断や禁止命令を決定的に下す時の、その決定的な気持ちを表わし、統語的には否定辞と呼応し否定極性表現として用いられはじめる(日本国語大辞典(2004))。

(14) a. 針灸薬共に<u>決して</u><u>無</u>用で御ざる。 (当世座持話, 1764年)
　　 b. 別に酒手なぞといふ事は，<u>決て</u><u>なら</u><u>ん</u>事じゃ。

(東海道中膝栗毛, 1814年)

　　 c. <u>決して</u>安物でも御買ひかぶりの気遣のあるのではござりま<u>せぬ</u>。 (鳩翁道話, 1834年)
　　 d. <u>決して</u>親を恨んぢや済ま<u>ねえ</u>。 (日月星享和政談, 1878年)
　　 e. <u>決して</u>他人に云っちゃア成り<u>ませ</u><u>ん</u>よ。

(菊模様皿山奇談, 1890年)

(高橋(2010))

　本段階以来「決して」は否定極性表現として用いられ、肯定述語と呼応する働きはまったく見当たらない。ただし、(14a)における「決して」はいわゆる語彙否定辞「無〜」と呼応している。現代日本語には見られない例である。このことは「決して」が否定極性表現へと文法化されるに当たって初期段階の現象であると考えられる。

第5章 否定副詞の文法化Ⅰ:「결코/決して」の使用変遷

実際に、日本語の代表的な否定辞は「-ない」が挙げられるが、他にも「無用」や「不可能」や「非公開」など、「無~」、「不~」、「非~」などの語彙否定辞も存在する。今後詳細な研究は行われるべきであるが、人間言語の否定辞は多数存在し、また否定辞の間にハイアラーキー(hierarchy)が存在する可能性がある。日本語に例えると、もっとも強いのは「-ない」であり、その次が語彙否定辞、反語表現(adversative item)である。ある表現が否定極性表現へと文法化される際に、まず弱い否定辞に呼応してから強い否定辞に呼応するようになる。よって、前述した(14a)の「決して」の場合、否定極性表現として完全に文法化される初期段階であり、まず語彙否定辞「無~」と呼応しているわけである。この仮説は後でみる韓国語の「결코」の例、そして本書の第9章における「밖에・しか」の文法化プロセスからも裏付けられる。

本段階における「決して」は否定極性表現として下記のような統語的な認可条件(licensing condition)を持つようになる。

(15) 「決して」　　　　　「ない/無」など
　　　[+NEG]　　　　　　　[+NEG]

否定一致(*Negative Agreement*)[4]

以上、日本語の「決して」の否定極性表現への文法化プロセスを見た。

---

4 「否定一致」に関しては朴(2023)などを見ていただきたい。

第2部　否定副詞と限定副助詞の文法化

3.2.「결코」の文法化

本節では、韓国語における否定副詞「결코」が否定極性表現として定着するまでの文法化プロセスを、3つの段階に分けて考察する。

3.2.1. 第1段階(15世紀〜)：動詞としての「決ᄒ다」

우리말의 뿌리를 찾아서：한국어 어원사전(2006)、한국어 어원사전(2012)、국립국어연구원(オンライン版)などによると、「결코」の源流は動詞の「決ᄒ다」であるとされる。興味深いことに、このことは3.1.1節でみた「決して」の場合と類似する。以下の例をもって確かめる。

(16) a.　太子와 ᄒ야 그 위예 決ᄒ라 가려 ᄒ더니

(釈譜6：24, 1449年)

　　 b.　有德한 사ᄅᆞ 믈셰여 받 ᄂᆞᆫ호기를 決게 ᄒ니.

(釈譜9：20, 1449年)

　　 c.　외니 올ᄒ니 決홇 사ᄅᆞ미 업서.

(月釈1：45, 15世紀中期)

　　 d.　혼 히를 決티 몯ᄒ야 王ᄭᅴ 술온대.　(宣賜内訓3：20)

ただし、日本語の「決す」との相違点は両者が取る目的語の類にある。「決す」は(12)で分かるようにその目的語が「勝負、勝事、雌雄」などのような「対決」がイメージされる語を取る傾向があったのに対し、韓国語の「決ᄒ다」は(16)でも分かるようにこのような傾向

はあまり見られない。単に「何かを決める・決着をつける」のような意味合いである。しかし、両言語ともその源流が動詞であることに注目されたい。

3.2.2. 第2段階(19世紀後期〜20世紀前期)：副詞としての「결코」

本書が調査したところ、副詞としての「결코」が初めて現れたのは19世紀後期である。意味的には判断、推定がほぼ決定的と信じられる時の、その決定的な気持を表す。以下の例文を見られたい。

(17) a. '위징과 서무공이 죽고 또 로장이 도라왓스니 <u>결코</u> 설원 수가 죽도다.' 하시고. (셜명산99, 19世紀)
(국립국어연구원(オンライン版))
b. 소인은 은근한 독희를 <u>결코</u> 밧짓사오니 그걸을 엇지 한 든 말 슴이오. (강상촌, 1912年)

本段階における「결코」は「必ず」の意味を持ち、肯定述語と主に呼応している。興味深いことに、3.1.2節で見た副詞としての「決して」の文法化現象と非常に類似している。ただし、日本語との大きな相違点もある。というのは、第一に、本段階における「결코」の例は「決して」と異なり、ほとんど見つからないことである。「결코」の第1段階と第3段階の場合と比べると、少数に過ぎない。実際に、허재영(2002)は前述したように「결코」が初めて文献上現れた

のは19世紀~20世紀であるが、その時点から否定極性表現として用いられたと指摘する。言い換えると、「결코」は本段階のような働きはなかったと言っているのである。しかし、本書の調査の結果少数ではあるが、(17)のような例から「결코」も第2段階の働きが存在していたと考えられる。ただし、何らかの理由で本段階における「결코」はほぼ飛ばされ、第3段階に移った可能性がある。第二に、「결코」は「決して」の場合と違って第2段階と第3段階の段階的インターバルがほとんどない。「결코」の第3段階の時期は次節でも分かるように、第2段階とほぼ重なっているようである。これに対し、「決して」は第2段階と第3段階の間には凡そ半世紀の段階的インターバルが存在しているのである。このことは前述した第一の理由に起因していると考えられる。すなわち、「결코」は第2段階の文法化がほぼ飛ばされ、第3段階にそのまま移ったため第2段階と第3段階の段階的インターバルがほとんどない。よって、第2段階の例もあまり見られないと考えられる。以上で述べた本書の説明は当時の「결코」の類義語である「결단코」との文法化現象からも強く支持される。「결코」と「결단코」の相関関係については興味深い研究成果が得られている(朴(2022c)を参照)。より詳細な内容は別稿で論じることとする。

3.2.3. 第3段階(19世紀後期～)：否定極性表現としての「결코・決코」

本書の調査の結果、「결코」が否定極性表現として初めて用いられたのは19世紀後期である。本段階以来、「결코」は否定極性

第5章　否定副詞の文法化Ⅰ:「결코/決して」の使用変遷

表現として用いられ、肯定述語と呼応する用法はまったく見当たらない。また、意味的に否定的判断や禁止命令を決定的に下す時の、その決定的な気持ちを表わす。以下の例文をもって確かめる。

(18) a. 살녀줄 사롬 잇스면 힝홀지라도 남의 원악한 일을 결코 아니ᄒᆞ는 사롬이니 형은 뜻을 혜아려 보시고 올흔 뜻으로 힝ᄒᆞ소셔.　　　　　　　(쇼학ᄉᆞ전20, 19世紀)
　　b. 決코 道밧게 先生의 命令을 順從하거나 法밧게 敎主의 規則을 밧고저 안는者이다.
　　　　　　　　　　　(동학농민혁명사료총서1, 19世紀後期)
　　c. 此國情의 如何와 程度의 順序를 鑑ᄒᆞ야 決코 其空想에 浮虛치 勿ᄒᆞ고.　　　　　　(황성신문, 1907年)
　　d. 小數人 能力으로란 決코 世界를 左右ᄒᆞ고 大勢를 乾旋키 不能홀지라.　　　　　(황성신문, 1909年)
　　e. 붓쳐님 갓흔 작은아씨나 그 꼴을 례사로 보시지 제가 만일 그 쳐디를 당힛더면 결코 그 꼴은 보지 안켓슴니다.
　　　　　　　　　　　　　　　　　　　(현미경, 1912年)

このような「결코」の文法化は3.1.3節で見た「決して」と非常に類似する。また、「결코」は(18c)のように現代韓国語では見られない働き、すなわち語彙否定辞の「不~」と呼応しているものが目立つ。このことも3.1.3節でみた「決して」の場合と一致する。他方、開花期以来出版されたデータにおいて(18b,c,d)のように「決코」の

141

第2部 否定副詞と限定副助詞の文法化

形(→混用体的表記)で用いられるものが多く見られる。このことは以下の例文からもさらに伺える。

(19) a. 汝等의 子女 中에 如何히 難避의 事가 有홀지라도 <u>決코</u> 外国人과 結婚치 <u>말</u>지라. 至古로 異国人 間에 結婚한 国家<u>논</u>.　　　　　　　　　　(태극학보18, 1908年)
b. 그러나 그 処女들은 <u>決코</u> 文浩의 親旧가 <u>아니</u>러라. 文浩는 방에 들어가 以前 앉던 자리에 앉았다.
　　　　　　　　　　　　　　　(소녀의 비애, 1917年)
c. 今日 吾人의 所任은 다만 自己의 建設이 有할 뿐이오, <u>決코</u> 他의 破壊에 在치 <u>안</u>이하도다.(독립선언서 1919年)
d. 이런 말이 <u>決코</u> 밖으로 새여 나가지는 <u>안</u>케한다.
　　　　　　　　　　　　　　　　(오감도, 1934年)

このような「결코」の形態的特徴は20世紀中期以降のデータではあまり見当たらない。このことから、当時のいわゆる「国漢文混用体(国漢文混用体)」の使用に起因すると考えられる。本段階における「결코・決코」は否定極性表現として下記のような統語的な認可条件を持つようになる。

(20)　「결코・決코」　　「-아니/말/불/못」など
　　　　[+NEG]　　　　　　　[+NEG]

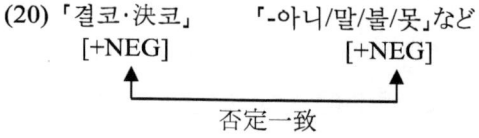

否定一致

以上、韓国語の「결코」の否定極性表現への文法化プロセスを論じた。本節と前節の内容から両者は第1段階 > 第2段階 > 第3段階の文法化プロセスが非常に類似していることが分かった。具体的に述べると、両者は(ⅰ)範疇的変遷：動詞>副詞>副詞・否定極性表現、(ⅱ)意味的変遷：具体的領域>抽象的領域、(ⅲ)否定極性への変遷：肯定述語と呼応 > 肯定・否定述語と呼応 > 否定述語とのみ呼応において類似する。このような類似性は偶然ではなく、次節で述べるように、文法化理論における普遍的な原理とメカニズムによって説明される。

3.3. 原理とメカニズム

本節では3.1節と3.2節において見た「결코」と「決して」の否定極性表現への文法化プロセスの類似性は文法化理論のどのような原理とメカニズムによって説明できるのか見てみる。

まず、両者の意味的変遷(具体的領域＞抽象的領域)及び範疇的変遷(語彙的範疇 > 文法的範疇)はいわゆる一方向性仮説(unidirectionality)によって説明できる。一方向性仮説とは、第1章でも述べているように文法化の進行方向はある一定の方向に向かって起こり、逆行することはないということである。本書の第8章はBybee et al.(1994)を引用し範疇的・意味的・音韻的変遷は(21)のように一定の方向に向かって起こっていると指摘する。

 (21) a. 範疇的変遷：語彙的範疇 > 文法的範疇

第2部　否定副詞と限定副助詞の文法化

　　　　b. 意味的変遷：具体的意味 ＞ 抽象的意味
　　　　c. 音韻的変遷：自立的音韻 ＞ 依存的音韻

　また、「결코」と「決して」の範疇的変遷は下記の文法化理論における「範疇性の漸次変容(Change in a cline of categoriality)」のプロセスと一致する。

　(22) 範疇性の漸次変容
　　　　メジャーカテゴリー：動詞・名詞 ＞ 中間的カテゴリー(副詞・形容詞)) ＞ マイナーカテゴリ-(否定極性表現・前置詞・助詞など)
　　　　　　　　　　　　　　　　　(Hopper & Traugott(2003)を一部改変[5])

　Hopper & Traugott(2003)によると、人間言語における文法範疇は(22)のような文法化プロセスを普遍的に経ると主張する。また、このことは脱範疇化(decategorization)というメカニズムからも説明できる。脱範疇化とは、内容語の持っている形態的及び統語的特徴を失い、文法語の特性を持つようになるということである。「결코」と「決して」も(22)の内容語(動詞、副詞)から文法語(否定極性表現)への転成が目立つ。韓日両言語における否定極性表現「밖에」と「しか」でも同様の現象が見られる。詳細は本書の第11章を参照。

---

[5] Hopper & Traugott(2003)はマイナーカテゴリーに否定極性表現は入れていない。しかし、否定極性表現はもっとも文法化された項目として扱われるためマイナーカテゴリーに入れるのは当然であると考えられる。否定極性表現の文法化については本書の第11章を参照されたい。

また、「결코」と「決して」の意味的変遷は「類推(analogy)」によって説明できる。「類推」とは、積極的にその気持ちや様子を読み取って具象から抽象への写像について考えるという認知能力を働かせることを指し示す(高橋(2010))。つまり、第1段階において「결코」と「決して」の「決着をつける」という具体的な領域が第2・3段階においては「決定的な気持ち」という抽象的な領域に転成されたのである。このことはある領域の事物を、類似性の連想に基づいて、別の領域の物事に例えて理解するという「メタファ-(metaphor)」とも関係している。以上で述べた「類推・メタファ-」による文法化は他の否定極性表現の文法化でもよく伺える。例えば、フランス語の否定極性表現である「pas(→源流は「一歩」)」、そして韓日両言語の否定極性表現「밖에・ほか(→源流は「外」)」の場合が挙げられる。詳細はそれぞれHopper & Traugott(2003)、第11章を参照されたい。

　以上より、本章の主張(11)すなわち、「「결코」と「決して」の否定極性表現への文法化プロセスは文法化理論における普遍的原理と認知的メカニズムによって説明できる」が支持されることが明らかとなった。

4. おわりに

　本研究では、先行研究において十分に論じられてこなかった韓

第2部　否定副詞と限定副助詞の文法化

　日両言語における否定極性表現「결코」と「決して」の文法化プロセスを共時的および通時的観点から明らかにした。従来、両表現は陳述副詞や程度副詞など、さまざまなアプローチによって分類されてきたが、現代語においてはいずれも否定文にのみ出現するという共通の文法的特性を有しており、通称「否定副詞」として扱われている。

　しかしながら、本研究が明らかにしたように、「결코」と「決して」が否定副詞として文法化されたのは近代以降であり、韓国語では19世紀後期、日本語では18世紀後期ごろからである。具体的には、それ以前の時代においては、両表現が肯定文にも用いられていたことが確認される。管見の限り、両言語におけるこれらの表現の文法化を言語対照的に分析したのは先行研究には見られず、本研究はその空白を補うものである。

　本研究の主張は以下の4点にまとめられる。

（ⅰ）両表現における否定副詞への文法化プロセスは、第1段階→第2段階→第3段階という点で、概ね共通していること

（ⅱ）両者の範疇的変遷は文法化理論における「範疇性の漸次変容」という枠組みに合致すること

（ⅲ）これらの文法化は「一方向性仮説」「脱範疇化」「類推・メタファー」といった原理およびメカニズムによって説明可能であること

（ⅳ）一方で相違点として、(a)「결코」には第2段階に相当する用例がほとんど見られないこと、すなわち第2段階が何ら

第5章 否定副詞の文法化Ⅰ：「결코/決して」の使用変遷

かの理由により省略された可能性があること、(b) 第1段階において「決して」の語源である動詞「決す」は「勝負」「勝事」「雌雄」など「対決」を想起させる名詞を目的語とする傾向があるのに対し、韓国語の「결코」の語源「決하다」にはそのような傾向は明確には認められないことである。

今後の課題としては、特に「결코」における第2段階の不在が何に起因するのかという点について、さらなる資料の検討と理論的考察を通じて明らかにする必要がある。この点については、今後の研究において改めて検討する予定である。

以上の議論を踏まえ、次章では否定副詞の文法化に関するさらなる事例として、韓日両言語における「전혀/全然」の意味変化を取り上げ、その発展過程をより詳細に検討することとする。

第6章

否定副詞の文法化 II：
「전혀/全然」の意味変化

第6章 否定副詞の文法化 II:「전혀/全然」の意味変化

1. はじめに

　韓日両言語における副詞「전혀」と「全然」は下記のような統語環境において必ず否定文に現れなければならない(以下、両者には下線を引くことにする)。

　　(1)　a.　그 사건에 대해서 철수는 <u>전혀</u> 말하지 않았다.
　　　　a'.　*그 사건에 대해서 철수는 <u>전혀</u> 말했다.
　　　　b.　その事件について太郎は<u>全然</u>言わなかった。
　　　　b'.　*その事件について太郎は<u>全然</u>言った。
　　(2)　a.　나는 그 두 사람의 관계를 <u>전혀</u> 몰랐다.
　　　　a'.　*나는 그 두 사람의 관계를 <u>전혀</u> 알았다.
　　　　b.　私はその二人の関係を<u>全然</u>知らなかった。
　　　　b'.　*私はその二人の関係を<u>全然</u>知った。

　(1a)と(2a)における韓国語の「전혀」と(1b)と(2b)における日本語の「全然」はそれぞれ否定文に現れ自然な文になる。これに対し、(1a')と(2a')における韓国語の「전혀」と(1b')と(2b')における日本語の「全然」はそれぞれ肯定文に現れ不自然な文になる。「전혀」と「全然」は上記のような統語的特徴から従来否定極性表現として取り扱われてきた。よって、多くの先行研究において、両者はほぼ同一の表現として捉えられてきた。
　しかしながら、「전혀」と「全然」は下記のような統語環境において相違点が見られる。

151

第2部　否定副詞と限定副助詞の文法化

(3)　a.　A：このスープ、おいしくないでしょう。
　　　　　B：そんなことない。これ、<u>全然</u>おいしいよ。

(庵(2014：129))

　　　b.　A：이 스프 맛있지 않죠?
　　　　　B：그렇지 않아요. 이거 *<u>전혀</u> 맛있어요

「全然」は(3a)のような肯定文において用いられるのに対し、「전혀」は(3b)で分かるように用いられない。ここで次のような疑問点が挙げられる。

・疑問点：
　① 日本語の「全然」は否定極性表現なのにどのようなメカニズムで(3)のような肯定文において用いられるのか。「全然」は本当に否定極性表現として分類されていいのか。
　② 韓国語の「전혀」と日本語の「全然」は先行研究の指摘のように、互いに対応しているのか。

　本章は上述した疑問点は「전혀」と「全然」の否定極性表現への文法化を探ることで解決できると提案する。本章の目的は上述した疑問点を踏まえ、両者の文法化の様相を明らかにすることである。従来、両者の対照研究は行われてきたが、上述した両者の相違点、すなわち疑問点①と②について行われた対照研究は管見のかぎりにおいて存在しない。

2. 先行研究の概観と問題のありか

金(2015)は「日本国語大辞典第二版」から「全然」を下記のように引用している。

・ぜんぜん[全然]
Ⅰ. [形動タリ] 余すところのないさま。まったくそうであるさま。
Ⅱ. [副] ① 残るところなく。すべてにわたって。ことごとく。すっかり。全部。　　　　　　　　　　　　　　　(初出1823)
② (下に打消を伴って)ちっとも。少しも。　(初出1905)
③ (口頭語で肯定表現を強める)非常に。　(初出1950)

若田部(1991)、梅林(1994)、新野(1997)、佐野(2012)などは「全然」をその呼応表現の種類によって「否定辞」、「伝統形」、「革新形」という3種類に分類している。これは(4)をもって確かめる。

(4)　「全然」の呼応表現による分類
　　　否定辞あり　「否定辞」(例：~ない、~ず)
　　　否定辞なし　ⅰ. 否定的内容「伝統形」(例：違う、だめ)
　　　　　　　　　ⅱ. 肯定的内容「革新形」(例：大丈夫、いい)
　　　　　　　　　　　　　　　　　　　(佐野(2012：35))

また、庵(2014)は上記のような3分類については述べていないが、肯定と呼応する「全然」のメカニズムについて以下のように述べ

第2部 否定副詞と限定副助詞の文法化

ている。

> 「全然」は基本的には「-ない」と呼応しているものの、肯定形の述語とも呼応しているようです。この場合の肯定形の述語には「違う」「だめだ」「他人だ」などの否定的な意味を持つものと、「平気だ」「いい」などの否定的な意味を持たないものに分かれます。
>
> （ⅰ）この答えは<u>全然</u>違う。(＝この答えは<u>全然</u>同じでは<u>ない</u>。)
> （ⅱ）私はどんなことを言われても<u>全然</u>平気だ。
>
> このうち、前者は意味的に否定を含んでいるので、「全然」が呼応することはそれほど不自然ではありません。一方、(ⅱ)の「平気だ」も「困らない」という意味で否定を含んでいます。これに対し、(ⅲ)のBには否定の要素がありません。こうした用法の許容度は、文脈がない場合はあまり高くありませんが、(ⅲ)のように相手の意見に反論するような文脈ではかなり高くなります。
>
> （ⅲ）A：このスープ、おいしくないでしょう。
> 　　　B：そんなことない。これ、<u>全然</u>おいしいよ。
>
> この場合、相手の意見に反論するということは「そうでは<u>ない</u>」ということですからやはり否定が含まれています。こうして見てくると、(ⅲ)のBのような「全然＋肯定形」という表現は「全然＋否定形」という規範が用法を自然に拡張してきた結果できたものと言えます。
>
> 　　　　　　　　　　　　　　　　(庵(2014：129)を一部改変)

すなわち、庵(2014)は(4)の「革新形」も否定的な意味を含めていると指摘する。

このような庵(2014)の指摘は北原編(2004)においても同じく指摘されている。

第6章　否定副詞の文法化 II：「전혀/全然」の意味変化

【質問】「全然いい」「全然平気だ」などの言い方をよく聞きますが、「全然」を肯定表現に使うのは間違いなのでしょうか。

【答え】…(中略)…しばしば議論になる、「全然いい」とか「全然平気だ」などが、「とても」「非常に」という意味で普通に使われるようになっているのかどうかという点です。多くの国語辞典において、こういう用法が「俗語」として挙げられていますが、それが程度を表す副詞として、単に「とても」「非常に」という意味で使われているかというと、かなり疑問です。若者が「全然いい」という言い方をよくするといっても、たとえば、たまたま顔を合わせたときに、「きょうは全然いい天気だねえ。」などと言うでしょうか。相手が天気を心配しているときに、自分がすでに天気予報を確認していて、「きょうは全然いい天気だよ。」と言ったり、自分の服装に自信が持てず、気にしている相手に対して、「その服全然似合っているよ。」と言ったりするように、否定的な状況あるいは心配な状況・懸念をくつがえし、まったく問題がないという場合に用いるのが普通でしょう。「大丈夫？」と聞かれて、「全然平気！」と答えるのも同様です。私の勤務校で、この「全然」について使用の実態をレポートにまとめた学生がいましたが、「あなたが思っていることとは違って」という限定で使うのだと書いてあり、大変優れた着眼だと感心しました。こうした「全然」は、「まったく問題なく」という意味を表すもので、単に程度を強調する「とても」や「非常に」とは明らかに異なるものだと言えるでしょう。…(中略)…いずれにしても、若者が「全然」を肯定表現に使っているからといって、それがすぐに間違いだと決めつけるのは問題でしょう。どのように使っているのか、その使用

第2部　否定副詞と限定副助詞の文法化

　　　　状況をきちんと観察してから、その正誤・適否を判断したい
　　　　ものです。　　　　　　　　　　　　　　(北原編(2004：17-20)

　要するに、北原編(2004)と庵(2014)の分析をまとめると肯定と
呼応する「全然」は意味的に否定が含まれている場合に限って用
いられるのである。
　次は、「전혀」について見ていく。「우리말 큰사전(1992)」は「전
혀」を下記のように述べている。

・[전혀]
　(부사) '도무지', '아주', '완전히'의 뜻으로, 부정하는 낱말과
　함께 쓰이어 그 내용을 강조하는 말. (漢) 全ー.

　金(2015)は서정수(2006)、양지혜(2008)を引用し「전혀」は下
記のように否定及び肯定表現と呼応すると述べる。

　　(5)　a.　그 두 사람의 말은 <u>전혀</u> 안 같다.
　　　　b.　그 두 사람의 말은 <u>전혀</u> 다르다・틀리다
　　　　c.　그 두 사람의 말은 <u>전혀</u> 이상하다
　　　　　　　　　　　　　　　　　　(金(2015)を一部改変)

　(4)の用語を借りて述べると「전혀」は(4a)の「否定辞」、(4b,c)の
「伝統形」を持っているわけである。また、양지혜(2008)と金
(2015)は「전혀」と「全然」の意味用法に注目し対照研究を行って

第6章　否定副詞の文法化 II：「전혀/全然」の意味変化

いる。これらの研究は両言語に興味深い言語現象を与えてくれたという点で意義深い研究であると考えられる。

　以上、先行研究を概観したが、次の研究課題は未解決のまま残されている。第一に、両言語の否定極性表現への文法化プロセス、第二に、「전혀」と「全然」の相違点が挙げられる。特に、「전혀」の歴史的変遷過程に関しては従来行われたことがない点で本章は今後の研究の活性化に貢献できると考えられる。本章では従来のアプローチと違って両言語の否定極性表現への文法化に注目し両者の性質を明らかにする。

3. 考察

　本節では、「전혀」と「全然」の否定極性表現としての文法化過程を整理し、両者の共通点と相違点を明らかにする。まず、本章における主張を以下のように示す。

(6)　a.　「전혀」と「全然」は下記のような文法化プロセスを経ている。

第2部　否定副詞と限定副助詞の文法化

(ⅰ)「전혀」の否定極性表現への文法化プロセス

項目＼段階	第1段階	第2段階
ⅰ．時期	15C中期~20C中期	20C中期~21C前期
ⅱ．範疇的変遷	副詞	副詞・否定極性表現
ⅲ．意味的変遷	抽象的領域	抽象的領域
ⅳ．否定極性への変遷	肯定・否定述語と呼応	否定述語とのみ呼応
ⅴ．形態的変遷	(ⅰ) 전혀/全혀・전혀(15C中期~20C中期), (ⅱ) 전연(20C前期~20C中期)/全然(20C前期~20C中期)	(ⅰ) 전혀, (ⅱ) 전연

項目＼段階	第3段階
ⅰ．時期	21C(2010年代)~
ⅱ．範疇的変遷	副詞・否定極性表現
ⅲ．意味的変遷	抽象的領域
ⅳ．否定極性への変遷	否定述語・否定を含意した肯定述語とのみ呼応
ⅴ．形態的変遷	전혀

(ii)「全然」の否定極性表現への文法化プロセス

項目＼段階	第1段階	第2段階
ⅰ．時期	江戸後期~大正後期	大正後期~昭和中期
ⅱ．範疇的変遷	副詞	副詞・否定極性表現
ⅲ．意味的変遷	抽象的領域	抽象的領域
ⅳ．否定極性への変遷	肯定・否定述語と呼応	否定述語とのみ呼応
ⅴ．形態的変遷	全然[6]	全然

項目＼段階	第3段階
ⅰ．時期	昭和中期~
ⅱ．範疇的変遷	副詞・否定極性表現
ⅲ．意味的変遷	抽象的領域
ⅳ．否定極性への変遷	否定述語・否定を含意した肯定述語とのみ呼応
ⅴ．形態的変遷	全然

b. 類似点：

(ⅰ) 両者は上述した第1段階-第3段階のように非常に類似した文法化プロセスを経ている。

(ⅱ) 特に、第3段階において肯定述語と呼応する場合必ず否定が含意されなければならない。

c. 相違点：

(ⅰ) 第3段階において「전혀」は「全然」と異なり、あまり文

---

[6] ただし、佐野(2012)などによると、「全然」は明治前期ごろまではその読み方が「ぜんぜん」ではなく、「そっくり」、「すっかり」、「まるきり」、「きっぱり」、「まるで」などのようであったとされる。詳細は3.2.1節で述べる。

法化が進んでいないようである。よって、「전혀」は大概「全然」と違い否定を含意した肯定述語と呼応しにくいのである。

(ii) 文献上、「전혀」のほうが「全然」より4世紀以上早く出現したのにも関わらず第2段階及び第3段階への移行時期が非常に遅い。

(iii) 「전혀」は上記で分かるようにさまざまな異形態が存在した。特に、「전연」は何らかの理由で20世紀前期初めて現れ、「전혀」とまったく同様の振る舞いを示す。興味深いことに、第2段階に移る際にも両者は同様の振る舞いを示す。つまり、これらの表現は異音同義語である。

本節以降では、以上の主張(6)が妥当かどうかを、実際の用例を通じて検証していく。

3.1. 「전혀」の文法化

本節では「전혀」の第1段階-第3段階における文法化の様相を例文を中心に見ていく。

3.1.1. 第1段階(15C中期〜20C中期)：肯定・否定述語と呼応

本節では第1段階における「전혀」の文法化を見る。「전혀」は下記で分かるようにハングルの制定された初期の段階からさまざまな形式で用いられていた。例えば、「全혀」、「전혀」、「전연」、「全

第6章　否定副詞の文法化 II:「전혀/全然」の意味変化

然」などがそれである。これらの表現は第1段階において肯定及び否定述語と呼応可能であった。以下で詳細な内容を見てみる。

3.1.1.1.「전혀(15C中期~)/全혀(15C中期~20C中期)/젼혀 (15C中期~20C中期)」

まず、「전혀」が肯定述語と呼応する例を見ると以下のとおりである。

[肯定述語と呼応]
(7)　a.　甚히 기픈 第一義諦를 <u>전혀</u> 니르리니 즉자히 金台예 ᄂ
　　　려 부텨의 礼数ᄒᆞᆸ고 合掌ᄒᆞ야 世尊을 讃嘆ᄒᆞᄫᆞ리
　　　니.　　　　　　　　　　(1459 월인석보8 : 52a)
　　b.　가시야 히니 솔와 대는 멀오 도로 프르도다. 一柱 <u>全혀</u>
　　　당당이 갓가오니 高唐을 다시 디나가디 몯ᄒᆞ리로다.
　　　　　　　　　　　　　(1481 두사언해(초간)14 : 38a)
　　c.　그러나 ᄯᅩ 自然한 道理 아로ᄆᆞᆯ 브터 다ᄉᆞ려 닷고미 업슨
　　　젼ᄎᆞ로 닐오ᄃᆡ <u>젼혀</u> 어긔니라하고 시혹 処를 조차 므ᅀᆞ
　　　ᄅᆞᆯ 간ᄉᆞᄒᆞ야...　　(1522 법집별행록, 32a)

(7a)は「전혀」、(7b)は「全혀」、(7c)は「젼혀」が肯定文に現れている例文である。ちなみに、本書の調査によると、「전혀」の異形態である(7b)の「全혀」と(7c)の「젼혀」の第1段階の用法は20C中期まで用いられたと推定される。その上、両者は第2段階が現れる20世紀中期ごろには何らかの理由でその姿が消えてし

161

第2部　否定副詞と限定副助詞の文法化

まったのである。

次は、「젼혀/全혀/젼혀」が否定述語と呼応する場合を見る。以下の例文をもって確認する。

[否定述語と呼応]

(8) a. 쏘 四大骨肉을 낫나치 ᄌ셰히 츄심ᄒ야 보건댄 <u>젼혀</u> 貪嗔 痴를 아디 <u>몯</u>ᄒᄂ니 그럴식 貪嗔煩悩 아ᄂ 거시 이 仏性이로다.　　　　　　　　(1522 법집별행록, 14b)
b. 国中 孩嬰의 父母가 <u>全혀</u> 知識이 <u>無</u>한 時ᄂ 其 国의 衰微 홈이 此ᄅ 職由홈인 則 国家의...

(1895 서유견문, 315)
c. 思郎을 ᄉ자 ᄒ니 思郎 폴 니 뉘 이시며 離別을 프ᄌ ᄒ니 離別ᄉ 리 <u>젼혀</u> <u>업</u>다. 思郎 離別을 폴고 ᄉ 리 업ᄉ니 長思郎 長離別인가 ᄒ노라.　　(1713 악학습령, 999)

(8a)は「젼혀」が二重下線部の統語否定辞「몯」と、(8b)は「全혀」が二重下線部の語彙否定辞「無」と、(8c)は「젼혀」が二重下線部の統語否定辞「업」とそれぞれ呼応している。

3.1.1.2.「젼연(20C前期~20C中期)/全然(20C前期~20C中期)」

以下では、20C世紀前期ごろに現れたと推定される「젼혀」の異形態「젼연/全然」が肯定述語と呼応する場合について見る。

[肯定述語と呼応]

(9) a. 남편의 죽음을 혼자 서러워하는 체, 남편이 살아서 자기

第6章　否定副詞の文法化 II：「전혀/全然」の意味変化

를 싫어한 것은 <u>전연</u> 내 탓이라 나를 조소하고 힐난을 했으나....　　　　　　　　　(1941 천맥(최정희), 10)
b. 聯邦政府에 委任흘 事 第五 聯邦 殖民地間의 貿易通商은 <u>全然</u> 自由로 흘 事 此 議会는 右의 発議흠을 採用ㅎ야 憲法을 制定ㅎ고....

(1897 대조선독립협회회보 제11호)

(9a)は「전연」、(9b)は「全然」が肯定述語と呼応する例文である。ちなみに、本書の調査によると、「전혀」の異形態である(9a)の「전연」と(9b)の「全然」の第1段階の用法はおよそ20C中期まで用いられたと推定される。その上、「全然」は第2段階が現れる20世紀中期ごろには何らかの理由でその姿が消えてしまったと推定される。

次は、「전연/全然」が否定述語と呼応する場合を見る。以下の例文をもって確かめる。

[否定述語と呼応]

(10) a. 그 편지가 진담이든지 장난이든지 온종일을 지내는 동안에는 아무리 어젯밤에 우리와는 <u>전연</u> <u>모르는</u> 사람에게 가서 갔다 하더라도..　(1926 유서(염상섭), 255)
b. 羊毛織造工業이 平壤을 中心으로 大規模의 것은 없으나 満洲事変 後 活躍하며 羊毛工業은 <u>全然</u> <u>없</u>다.

(192X 조광, 088)

163

第2部　否定副詞と限定副助詞の文法化

　(10a)は「전연」が二重下線部の統語否定辞「모르는」と、(10b)は「全然」が二重下線部の統語否定辞「없」とそれぞれ呼応している。

　以上、第1段階(15C中期~20C中期)における「전혀」とその異形態である「全혀/젼혀/전연/全然」が肯定及び否定述語と呼応する場合について見た。次節では、第2段階(20C中期~21C前期)における「전혀」について述べる。

3.1.2. 第2段階(20C中期~21C前期)：否定述語とのみ呼応
　20世紀の中期になると、「전혀」は統語的に否定述語とのみ呼応するようになる。すなわち、この時期から「전혀」は真の否定極性表現として振る舞い始めるのである。本章はこのような文法化の段階を第2段階と呼ぶ。第2段階においては「전혀」とその異形態の「전연」が用いられていた。詳細な内容を以下で見てみる。

3.1.2.1.「전혀」
　この段階における「전혀」は下記の(11)のような統語環境において否定述語とのみ呼応する。

　　[否定述語とのみ呼応]
　　(11) a. 모두 땅을 내놓을까 하고 의심을 품게 되어, 매매가 <u>전혀 안</u>될 우려가 있기 때문이었다.
　　　　　　　　　　　　　　　　　(1954 카인의후예(황순원), 186)

第6章　否定副詞の文法化 II:「전혀/全然」の意味変化

b. 그런데 안 형은 자기의 지면에 대해 <u>전혀</u> 그런 아량을 지니려 하지 <u>않</u>았다. 내키지 않는 사람들에겐 처음부터 지면을 나누려... (1968 매잡이(이청준), 043)

(11a)は「전혀」が二重下線部の統語否定辞「안」と、(11b)は「전혀」が二重下線部の統語否定辞「않」とそれぞれ呼応している場合である。本書の調査によると、本段階における「전혀」が肯定述語と呼応する例は見つかっていない。

3.1.2.2.「전연」(20C中期~21C前期)
20世紀の中期になると、「전연」は次の(12)のように否定述語とのみ呼応する。

[否定述語とのみ呼応]
(12) a. 종류도 대단히 많은 데다가 그 조선에 있어서의 분포에 관해서는 지금까지 <u>전연</u> 조사가 되어 있지 <u>않</u>으므로 저 같은 사람이... (1951 화상보(유진오), 274)
b. 그 저주 같은 소리가 들려왔다. 벌써 칠 년을 두고 들어와도 <u>전연</u> <u>모를</u> 그 어떤 딴 사람의 목소리... (1959 오발탄(이범선), 141)

(12a)は「전연」が二重下線部の統語否定辞「않」と、(12b)は「전혀」が二重下線部の統語否定辞「모를」とそれぞれ呼応している。本書の調査によると、本段階における「전연」が肯定述語と呼応す

165

第2部　否定副詞と限定副助詞の文法化

る例は発見されていない。

　以上、第2段階(20C中期~21C前期)における「전혀」とその異形態である「전연」が否定述語とのみ呼応する場合について見た。次節では、第3段階(2010年代~)における「전혀」について見てみる。

3.1.3. 第3段階(21C(2010年代)~)：否定述語・否定を含意した肯定述語とのみ呼応

　第3段階における「전혀」は、日本語の「全然」とは異なり、否定を含意した肯定文においてはほとんど用いられない。以下の例を見てみよう。

(13) a.　A：이 스프 맛있지 않죠?
　　　　B：그렇지 않아요. 이거 *전혀 맛있어요.　　(=(3b))
　　　(cf.) A：このスープ、おいしくないでしょう。
　　　　　 B：そんなことない。これ、全然おいしいよ。

　　　　　　　　　　　　　　　　　　　　　　　　(=(3a))
　　b.　A：이거 별로 안 좋은 것 같아요
　　　　B：그렇지 않아요. *전혀 좋은데요.
　　　(cf.) A：これあまりよくないと思いますよ。
　　　　　 B：そんなことない。全然いいですよ。

　上記の(3)ですでに述べたように、(13)のような統語環境において「전혀」は用いられないのに対し、「全然」は用いられる。このとき

166

第6章　否定副詞の文法化 II：「전혀/全然」の意味変化

「全然」が用いられるのは2節でも述べたように「あなたが思っていることとは違って」という否定の意味が含まれているからである。少なくとも現代韓国語の「전혀」においてはこのような「全然」の用法は存在しないわけである。ただし、興味深いことに「전혀」は2010年代に入り、次のように否定を含意した肯定文においては用いられる場合がある。

(14) a. 안구정화를 넘어 이건 개안술과 맞먹는 것이다. "괜찮니?" 대뜸 반말이지만 <u>전혀 괜찮다</u>. 추하게 넘어진 것이 창피해서 그렇지...　　　(2012 기쁨의 섬(박주미))
　　b. "그냥 누워계십시오.... 마침 제가 근처에 있어서 들린 것이니 너무 불편해하지 않았으면 좋겠습니다"...."아닙니다. <u>전혀 괜찮습니다</u>."
　　　　　　　　　　　　(2015 아마존주술사(김광현), 8))
　　c. "무엇이 미안하다는 말씀입니까?" "여동생에 대해서..." "<u>전혀 괜찮습니다</u>. 일이 고되.."
　　　　　　　　　　　　(2015 살마르의 사랑(다홍나비))

(14a-c)における「전혀」は自然な文であるが、これらの文には次のような共通点が存在する。というのは、これらの文における「전혀」は「괜찮다(大丈夫だ)」という述語と共起しているのである。要するに、「전혀」はなぜか肯定述語の中で「괜찮다」という述語に限って呼応している。このことは日本語の「全然」と異なっている振る舞いを示す。その理由として「전혀」の第3段階が日本語と異なり

167

まだ進んでいないからであると考えられる。しかし、なぜ「괜찮다」という述語とは呼応するのかという疑問はまだ未解決のままである。このことは今後の課題にしておく。

　以上より、第3段階(2010年代〜)における「전혀」は否定述語および否定を含意した肯定述語「괜찮다」とのみに共起するという限定的な挙動を示す。この使用は「전혀」が真の否定極性表現として文法化された上で、語用論的拡張を部分的に受け入れ始めたことを意味している。

3.2.「全然」の文法化

　本節では、「全然」の文法化における第1段階から第3段階までの変遷を具体的な例文を通じて考察する。

3.2.1. 第1段階(江戸後期〜大正後期)：肯定・否定述語と呼応

　この時期の「全然」は肯定述語および否定述語のいずれとも呼応する特徴を示す。『日本国語大辞典第二版』や佐野(2012)によれば、「全然」は近世後期に中国の白話小説から導入された語であり、「まったく」などのルビを付けて使用されていた。また、明治期に入ってからも「すっかり」「そっくり」「まるで」「まるきり」などのルビが添えられることが多かったという。漢語としての「ぜんぜん」が広く一般化するのは明治30年代から40年代にかけてである。

　以下の用例はこの時期における「全然」が肯定・否定の両述語と呼応していたことを示している。

第6章　否定副詞の文法化 II :「전혀/全然」の意味変化

[肯定・否定述語と呼応]
(15) a.　利子と結髪の一条の如きは、<u>全然</u>破談なりと思ふてくれ
　　　　　よ。　　　　　　　　　(1886 諷誡京わらんべ(坪内逍遥))
　　　b.　僕は<u>全然</u>恋の奴であったから。
　　　　　　　　　　　　　　　　(1901 牛肉と馬鈴薯(国木田独歩))
　　　c.　<u>全然</u>似寄ら<u>ぬ</u>マドンナを双幅見せろと超ると同じく。
　　　　　　　　　　　　　　　　(1905 吾輩は猫である(夏目漱石))
　　　d.　そこで三人が<u>全然</u>翻訳権を与次郎に委任する事にした。
　　　　　　　　　　　　　　　　(1908 三四郎(夏目漱石))

　(15a, b, d)における「全然」は肯定述語と呼応する例文であり、(15c)における「全然」は二重下線部の統語否定辞「ぬ」と呼応する例文である。興味深いことに、(15c, d)は両方とも同一の作者による作品であり、発行年もあまり変わらないのにも関わらず、「全然」は肯定述語とも、否定述語とも呼応している。よって、以上のようなデータから第1段階(江戸後期〜大正後期)における「全然」は肯定・否定述語の両方とも呼応することが分かる。

3.2.2. 第2段階(大正後期〜昭和中期) : 否定述語とのみ呼応
　大正後期ごろになると、「全然」は統語的に否定述語とのみ呼応するようになる。つまり、この時期から「全然」は真の否定極性表現として振る舞い始めるのである。本書はこのような文法化の段階を第2段階と呼ぶ。詳細な内容を以下で見てみる。

(16) a. 先生自身の意見と云ふものは、全然ない。

(1916 手巾(芥川竜之介))

b. 全然そんな心当たりがないのです。

(1922 不良児(葛西善蔵))

c. 自分が俳優としての経験を全然持たないのだから。

(1927「チロルの秋」上演当時の思ひ出(岸田国士))

d. 小説書きはとても駄目で使つても残るといふ見込みは全然ないから。　　(1946 ヒンセザレバドンス(坂口安吾))

(16)におけるデータすべては二重下線部の統語否定辞「ない」と呼応している。本書の調査によると、第2段階における「全然」は統語的に否定述語とのみ呼応している。ちなみに、本段階が見られた時期は大正後期~昭和中期である。

次節では、第3段階(昭和中期~)における「全然」について見てみる。

3.2.3. 第3段階(昭和中期~)：否定述語・否定を含意した肯定述語とのみ呼応

昭和中期以降になると、「全然」は否定述語との呼応[7]の他にも、否定を含意した肯定述語と呼応する用法が現れるようになる。次の例文をもって確認する。

---

[7] 本段階における「全然」の否定述語との呼応の例文は1節の(1b)(2b)を参照されたい。

第6章　否定副詞の文法化 II：「전혀/全然」の意味変化

(17) a.　アプレゲールは<u>全然</u>エライよ。

(1950 田園ハレム(坂口安吾))

b.　あの人の云いかたは、<u>全然</u>やさしいんだぜ。

(1952 君の名は(菊田一夫))

c.　A：このスープ、おいしくないでしょう。

B：そんなことない。これ、<u>全然</u>おいしいよ。

(＝(3a))

(17)における「全然」は主に形容詞と共起する例文であるが、いずれも肯定述語と呼応する場合である。ただし、2節でも指摘したように、すべての肯定述語と呼応するわけではなく、否定を含意した肯定述語に限るのである。

上記の2節において佐野(2012)は「全然」の呼応表現による分類を下記のように3種類、つまり「否定辞」、「伝統形」、「革新形」にしていると述べた。

(18)「全然」の呼応表現による分類(佐野(2012))

否定辞あり　「<u>否定辞</u>」(例：～ない、～ず)

否定辞なし　ⅰ．否定的内容「<u>伝統形</u>」(例：違う、だめ)

　　　　　　ⅱ．肯定的内容「<u>革新形</u>」(例：大丈夫、いい)

(＝(4))

加えて、佐野(2012)は「全然」の呼応表現別経過年変化を下記の(図1)のように示している。

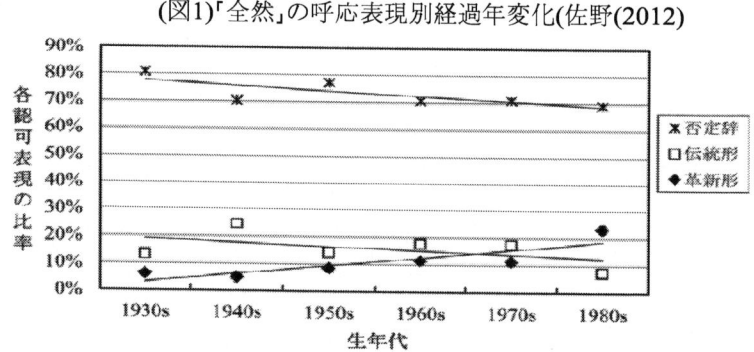

(図1)「全然」の呼応表現別経過年変化(佐野(2012))

(図1)から時間が経過するにつれ「全然」の「革新形」としての用法が徐々に増加しているのに対し、「否定辞」及び「伝統形」は徐々に減少している言語現象が見られることが分かる。

3.3.「전혀」vs.「全然」の文法化

本節では3.1節と3.2節の研究結果に基づき、「전혀」と「全然」の文法化の類似点と相違点について記しておく。

3.3.1.「전혀」と「全然」の文法化の類似点

第一に、3節の(6)で提示した表にも示されているように、両者は否定極性表現への発達過程において、第1段階から第3段階にかけて非常に類似した文法化のプロセスをたどっている。特に、範疇的変遷・意味的変遷・否定極性への変化の面で強い共通性が認められる。

第二に、第3段階において両者が肯定述語と共起する場合、すべての肯定述語と呼応するわけではなく、否定的含意を有する肯定述語に限られるという点でも一致している。

3.3.2.「전혀」と「全然」の文法化の相違点

第一に、第3段階における用法を見ると、「전혀」は「全然」と比べて文法化があまり進行していないように見受けられる。そのため、「전혀」は否定的含意を持つ肯定述語とすら共起しにくい傾向がある。

第二に、文献上の初出時期において、「전혀」は「全然」よりも4世紀以上早く現れているにもかかわらず、第2段階および第3段階への移行時期は顕著に遅いという、文法化の時間的乖離が見られる。

第三に、3.1節で述べたように、「전혀」には複数の異形態が存在する。とりわけ「전연」は20世紀前期に初めて登場し、「전혀」とほぼ同様の文法的振る舞いを示す。興味深いことに、第2段階への移行においても両者は同様の用法を共有しており、異音同義語(allomorphs)であると考えられる。

さらに、両言語における「伝統形」への文法化プロセスにも相違が見られる。本書の調査によれば、日本語では「伝統形」が第1段階の後期に初めて現れるのに対し、韓国語では第2段階の初期に登場している。この点を含め、韓国語における第2段階および第3段階の展開は日本語との言語接触の影響による可能性が高いと

考えられる。これについての詳細な検討は別稿に譲る。

以上、3.1節から3.3節までの分析を通して、本章の主張(6)の妥当性が実証された。「전혀」と「全然」の文法化の類似点および相違点は文法化理論の観点から見ても、極めて興味深い言語現象を示しており、今後さらに深い考察が求められるであろう。

4. おわりに

本章では、韓日両言語における否定極性表現「전혀」と「全然」の文法化の様相を明らかにし、両者の文法化プロセスにおける類似点と相違点を考察した。詳細については、本章の主張(6)を参照されたい。

両者の文法化には多くの共通点が見られる一方で、とりわけ第3段階において顕著な相違が観察される。こうした相違により、第1節で述べた(3)のような対照的現象が生じるのである。言い換えれば、日本語の場合、韓国語とは異なり、第3段階の文法化が進行しているために、(3)のような用法が許容されるのである。

本章の分析を通じて、「전혀」と「全然」はいずれも否定極性表現として位置づけ得ることが示された。ただし、その適用範囲や肯定述語との共起メカニズムについては、なお検討の余地が残されている。

今後の課題としては、(ⅰ)言語接触の観点から見た「전혀」の文

第6章　否定副詞の文法化 II：「전혀/全然」の意味変化

法化の進展過程、(ⅱ)統語論および文法化理論の枠組みに基づくさらなる分析を通じて、両者が第3段階において肯定述語とどのようなメカニズムで共起し得るのかを解明する必要がある。

　以上のように、否定副詞の文法化を検討してきたが、否定と呼応する表現は副詞に限られない。韓日両言語には、否定述語との共起を通じて限定的な解釈を生み出す「밖에/ほか」「(이)외에/以外」などの除外表現が存在する。次章では、これら除外表現の文法化過程を取り上げ、その類型論的特徴を明らかにする。

第7章

除外表現の文法化

第7章 除外表現の文法化

1. はじめに

韓日両言語における代表的な除外表現として次のような「밖에」と「ほか」が挙げられ、両者は互いに対応し共通の意味及び用法を持つ(以下、除外表現には下線を引くことにする)。

[範囲外の要素]
(1) a. 그 밖에 질문이 있습니까?
    b. そのほかに質問がありますか。
(2) a. 이 밖에(도) 위임장이 필요합니다.
    b. このほかに(も)委任状が必要です。

[概念の範囲外]
(3) a. 뜻밖에 좋은 성적을 얻었다.
    b. 思いのほか良い成績を挙げた。
(4) a. 제주도는 생각밖에 추웠다.
    b. 済州島は思いのほかに寒かった。

[否定辞との共起(否定極性)→限定的用法]
(5) a. 교실에는 철수밖에 없다.
    a'. *교실에는 철수밖에 있다.
    b. 教室には太郎のほか(誰も)いない。
    b'. *教室には太郎のほか(誰も)いる。
(6) a. 포기할 수밖에 없었다
    a'. *포기할 수밖에 있었다
    b. あきらめるほかなかった。
    b'. *あきらめるほかあった。

第2部　否定副詞と限定副助詞の文法化

　(1)と(2)において「밖에」と「ほか」は「範囲外の要素」を、(3)と(4)において両者は「概念の範囲外」を示している。また、(5)と(6)のような構文環境において両者は統語的に否定述語とのみ共起し、意味的には限定の解釈を持つ[1]。他にも、韓日両言語には「(이)외에」と「以外」のような除外表現が存在し、互いに類似した振る舞いを示す。

[範囲外の要素]
(7)　a.　그 외에 질문이 있습니까?
　　 b.　それ以外に質問がありますか。

[概念の範囲外]
(8)　a.　그 뜻이 의외에 간단하다.　　　　　　　(양주동(1998))
　　 b.　以ての外[2]においしい。

[否定辞との共起(否定極性)→限定的用法]
(9)　a.　　교실에는 철수 외에 (아무도) 없다.
　　 a'.　*교실에는 철수 외에 (아무도) 있다.
　　 b.　　教室には太郎以外(誰も)いない。
　　 b'.　*教室には太郎以外(誰も)いる。

1　こういうわけで、多くの先行研究においてこれらの表現は「除外表現」と呼ばれているのである。厳密には、(5)と(6)のような限定用法に絞った場合、「限定表現」という用語が本章にとってよりふさわしいかもしれない。しかし、本章の研究対象は(5)と(6)のような用法だけではない点、また「(이)외에」と「以外」を含め、他言語の除外用法を持っている表現も取り扱うので以下では「除外表現」と呼ぶことにする。

2　ただし、このときは「もってのほか」のように読まれるが、高島(2003)によるとその源流は「以外」にあるとされる。これに関しては3.2節で詳しく見ることにする。

本書が通時的データ[3]を基に両言語の除外表現の文法化を調べた結果、興味深いことに両言語の除外表現の文法化過程がかなり一致することが分かった。さらに、他の言語、例えば英語、ドイツ語、オランダ語における除外表現の文法化プロセスも韓・日語と非常に類似している。

　本章の目的は、（ⅰ）韓日両言語における除外表現の文法化を言語類型論的観点から明らかにすること、（ⅱ）そこで働いている文法化理論の原理とメカニズムを明らかにすることである。管見の限りにおいて、従来このような研究は行われたことがない。

2. 除外表現における文法化の特徴

　本節では、第1節で提示した「밖에」と「ほか」などの除外表現がいかにして現代の否定呼応的な文法形式へと変化したのか、その

---

[3] 本章における韓国語と日本語の歴史的データは主に以下の資料から収集されている。
・韓国語：[コーパス] 21세기세종계획한국어코퍼스
　　　　　[文学作品など] 小説・新聞記事など17点
　　　　　[辞書類] a. 우리말 어원사전(한글학회：1995)
　　　　　　　　　 b. 17세기 국어사전(한국정신문화연구원：1995)
・日本語：[コーパス] a. 現代日本語書き言葉均衡コーパス
　　　　　　　　　　b. テキストエディタ「秀丸」
　　　　　　　　　　c. 青空文庫
　　　　　[文学作品など] 小説・新聞記事など32点
　　　　　[辞書類] a. 日本国語大辞典(小学館：2001)
　　　　　　　　　 b. ロドリゲス大文典(文化書房博文社：1969)

第2部　否定副詞と限定副助詞の文法化

文法化過程の特徴に焦点を当てる。

「밖에」や「ほか」はもともと「外に/外で」など物理的空間を表す名詞または副詞であったが、通時的な変遷を経て、次第に非物理的空間(例：「範囲外」「期待外れ」など)を表すようになり、最終的には除外や否定呼応という意味を担う機能語へと転成した。このような意味的・範疇的変化は文法化理論における「具象から抽象への移行」「語彙範疇から文法範疇への移行」といった典型的な変化パターンと一致する。

実際、現代語における「밖에」は否定述語との共起なしには文法的に不自然であり、典型的な否定極性表現として機能している点が特徴的である。一方、「ほか」や英語・ドイツ語・フランス語の対応表現は必ずしも否定極性表現限定されず、否定なしの文脈でも用いられる。また、これらの表現は意味的には「唯一の要素」「排他的選択肢」といった限定的解釈を伴うようになっており、使用される文脈も制限されている。

このような除外表現の文法化は、日本語や韓国語に限らず、英語(例：but, except)、ドイツ語(außer)、フランス語(sauf, que)などにも類似の現象が見られ、普遍的な文法化パターンの一例であることが示唆される。ただし、これらの表現は「밖에」と異なり、否定との共起によって部分的に機能語化したが、必ずしも完全な否定極性表現化には至っていない。

本章では、こうした通時的・共時的変遷を文献資料とコーパスデータに基づき実証的に明らかにし、除外表現に特有の文法化

のメカニズムを明確にすることを目的とする。

3. 考察

まず、本章の考察の結果を下記のように示しておく。

(10) [本章の考察]
  a. 韓日両言語における除外表現はそれぞれ下記のような同一の文法化過程を経る。
    （ⅰ）意味的変遷(semantic change)：
        物理的空間 > 非物理的空間 > 除外
    （ⅱ）範疇的変遷(categorical change)：
        名詞 > 副詞 > 副助詞・否定極性表現
  b. 上の(ⅰ)と(ⅱ)の文法化は脱範疇化(decategorization)と一方向性仮説(unidirectionality)という原理とメカニズムによって説明できる。
  c. このような韓日両言語の文法化は他言語(英語・ドイツ語・オランダ語)の除外表現においても見られる普遍的な現象である。

以下では本章の考察(10)が正しいかどうか一つずつ検証していく。

第2部　否定副詞と限定副助詞の文法化

3.1.「밖에」と「ほか」の文法化

本節では「밖에」と「ほか」の文法化について見る。まず、両者の文法化過程を見る前に、両者の形態的特徴について見る。両者の形態的源流は以下のように「外・他」という語に基づいている。

(11) a. 「밖에」= 밖(外・他) + 에(場所格マーカー(locative marker))
b. 「ほか」= ほか(外・他) + (に[4])

本書では上記に見られる「外/他」という共通の語彙要素に着目する。これから検討するように、「밖에」と「ほか」は三段階の文法化過程を経るが、この「外/他」の語彙的要素は両者の文法化メカニズムを探る上で重要な手がかりとなる。

3.1.1. 第一段階:物理的空間(physical space)/名詞 〉副詞

まず「밖에」の場合からみる。「밖에」は「밧[5] > 밧긔 > 밧게 > 밖에」のような形態的変遷過程を経るとされる(우리말 어원사전, 17세기 국어사전)。「밖에」が文献上初めて現れたのは「용비어천가」であり、このときは「밧긔」の形をしている。

---

[4] ただし、現代語において「밖에」は場所格マーカーが常に伴われるのに対し、「ほか」の場合伴われても伴われなくても良いが、伴われない形式のほうがよく用いられる。
[5] 通常、「밧 > 밨/밧ㄱ/밧 > 밖」のような変遷過程を経るとされている(우리말 어원사전、17세기 국어사전)。

184

(12) a. 城 밧긔 브리 비취여 十八子ㅣ救ᄒᆞ시려니 가라 한ᄃᆡᆯ 가
시리잇가.　　　　　　　　(용비어천가 제69장)
b. 東門(동문) 밧긔 독소리 것그니 聖人(성인) 神功(신공)
이 쏘 엇더ᄒᆞ시니.　　　　(용비어천가 제89장)

「용비어천가」は15世紀の中期に作られたもので、このときの「밧긔」は「外に」という範囲外の具体的地点の用法しか持っていなかった。他の作品においてもこれと同様の用法が多く見られる。次の例文を見てもらいたい。

(13) a. 주인이 문 밧긔 보내여 再拝하고.　(家礼3：16b, 17C)
b. 다 盛服ᄒᆞ고 門 밧긔 니르러 東面ᄒᆞ야 셔되.
(家礼3：8a, 18C)

このような「밖에」の振る舞いは「ほか」にも同様に見られる。「ほか」が文献上初めて現れたのは8世紀後半の「万葉集(17・3975)」であり、このときは漢字の「保加に」の形をしている。(14a)をもって確かめる。

(14) a. 我が背子に恋ひすべながり葦垣の保加に嘆かふあれし悲
しも。　　　　　　　　　(万葉集(17・3975))
b. かう、しめのほかには、もてなし給はで。(源氏物語, 11C)

(14b)における「ほかに」は11世紀の作品に出ているもので、

(14a)のと同様に範囲外の具体的地点を示している。また、両者は最初は「外」という名詞として用いられたが、場所格マーカーが付き副詞として用いられるようになった。

以上のように、「밖에」と「ほかに」は文献上の初出時期には約7世紀のずれがあるものの、以下の点で共通していることが確認される。

（ⅰ）いずれも当初は「外に」という物理的空間を示す語であったこと

（ⅱ）場所格マーカーが付加された形態であったこと

（ⅲ）名詞に後接して副詞的用法を持つようになったこと

ただし、名詞に後接する構造において、日本語の「ほかに」では属格マーカー「の」が出現するのに対し、韓国語の「밖에」では属格マーカー「의」は通常現れない。この違いは韓国語においては名詞と名詞の結合時に属格マーカーが脱落可能であるという形態統語的特性に起因すると考えられる[6]（詳細は서종학(1996)、김목한(2001)などを参照)。

3.1.2. 第二段階：非物理的空間(non-physical space)/副詞

本節では、「밖에」と「ほか」に見られる第二段階の文法化、すなわち物理的空間から非物理的空間への意味拡張(semantic extension)

6　実際に中世韓国語には次のように属格マーカー(「ㅅ」)に後接する「밧ㄱ」の例もみられる。
　　（ⅰ）城郭ㅅ 밧ㄱ. (두초7, 3)

について考察する。両者は本来、実際の物理的な範囲や場所を示していたが、時代の進行とともに、より抽象的な認知領域へとその指示対象が変化した。

以下の例文を見てみよう。

(15) a. 싱각 <u>밧긔</u> 수이오니 大守도 일뎡 깃비 너기시올쇠.
　　　　　　　　　　　　　　　　　(捷解初5：10b, 17C)
　　b. 오늘은 싱각 <u>밧긔</u> 술술이 ᄆᆞᄎ 大慶이옵도쇠.
　　　　　　　　　　　　　　　　　(捷解初4：5a, 17C)
(16) a. 思ひの<u>外</u>にらうたげならむ人の閉ぢられたらむこそ。
　　　　　　　　　　　　　　　　　(源氏物語, 11C)
　　b. いまはただ心の<u>ほか</u>にきく物をしらずがほなるおぎのうは風。
　　　　　　　　　　　　　　　　　(新古今集：1309, 13C)

これらの例に見られるように、「밖에」と「ほか」は、それぞれ「생각(思考)」や「心」などの抽象的な概念に付属し、否定的な含意を伴いながら「予想外に」「意外にも」といった意味を帯びている。このような意味の変化は語の指示対象が「物理的空間」から「非物理的空間(認知的空間)」へと拡張されたことを示している。

また、この段階においては、両語とも文中で副詞的に機能しており、文全体の意味に対して限定的かつ評価的なニュアンスを加える役割を果たしている。

したがって、「밖에」および「ほか」のこの用法は単なる位置や範囲を表す語から、話者の評価や予想外性を表現する副詞へと機

第2部　否定副詞と限定副助詞の文法化

能的に変化したことを意味し、これは明確な文法化の進展として捉えることができる。

3.1.3. 第三段階:除外・限定/副助詞・否定極性表現

第三段階において、「밖에」と「ほか」は除外や限定の意味を帯び、否定述語と呼応する構文要素、すなわち否定極性表現としての性質を獲得するようになる。

まず、「밖에」から見てみよう。「밖에」は20世紀前期に「밧게」の形が定着して以降、否定述語との共起が顕著となり、否定極性表現として機能し始める。以下の例文を参照されたい。

(17) a. 그네들의 의지할 곳은 오직 군의 품 <u>밧게</u> <u>업다</u>.
　　　　　　　　　　　　　　　　└───┘ 否定一致
　　　　　　　　　　　　　　　　　　(탈출기, 1925年)

b. 가르치시는 대로 할 <u>밧게</u> <u>업다</u>는 마음으로.
　　　　　　　　　└───┘ 否定一致
　　　　　　　　　　　　(서화담젼, 1920年)

c. 엄마는 이 만흔 사람중에 나 하나<u>밧게</u>는 보고 십흔 사람이 <u>업는</u>가 보다.
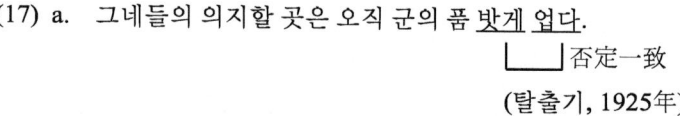
　　　　　　　　　　　　　　否定一致
　　　　　　　　　(寿岩이의 일긔 몟절, 1932年)

この時から否定述語と呼応し、前接する要素を除外する意味を持つようになる。例えば、(17a)においては名詞に、(17b)においては動詞に、(17c)においては数量詞に後接し、それぞれのもの

第7章　除外表現の文法化

を除外し結局限定の意味を持つ。また、この段階から「밖에」は副助詞的に振る舞うようになり、文中での位置や機能において独立性が増している。言い換えると、第一・二段階において「밖에」は(12)(13)(15)のように名詞にしか後接できなかったが、下記のように徐々にさまざまな後置詞に後接できるようになる。

(18) a.　내게는 다만 실없은 사람들로 밖에 보이지 않는.
　　　　　　　　　　　　　　　　　　(날개, 1936年)
　　 b.　안전을 도모하는데까지 밖에는 궁리가 뚫리지 못한 것은.　　(민족의 죄인, 1948年)

このような用法は日本語の「ほか」にも見られる。近世に入ると、「ほか」は否定述語との共起が顕著となる。

(19) a.　あの医者は毒もるとほかおもはれぬ。
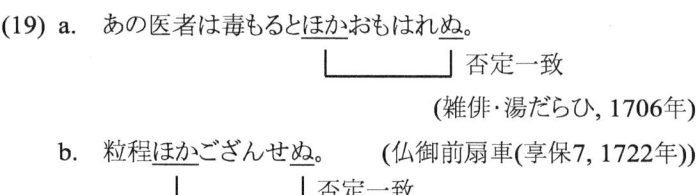
　　　　　　　　　　　　(雑俳・湯だらひ, 1706年)
　　 b.　粒程ほかござんせぬ。　(仏御前扇車(享保7, 1722年))
　　　　　　└─────┘ 否定一致

(19)における「ほか」が後接している要素に注目すると、引用標識「と」及び「副助詞」に付いていることが分かる。この段階に用いられている「ほか」は名詞または動詞だけではなく、さまざまな要素に後接できるようになる。また、本段階における「ほか」は名詞/数量

189

第2部 否定副詞と限定副助詞の文法化

詞に後接する時、属格マーカー「の」が伴われていない。次の例文を見てもらいたい。

(20) a. おまえの名<u>ほか</u>出ませぬ。(心中宵康申(享保7), 1722年)
  b. 持チ合が十九両<u>しか</u>ないのさ。
        (洒落本 南門鼠(寛政12), 1800年)

この事実は「ほか」が名詞としてではなく副助詞として機能することになったことを傍証する。加えて、明治-大正期になると「ほか」の副助詞としての性質がより明確になってくる。次の例文を見てもらいたい。

(21) a. 此方へ能塩梅に朋友が一人<u>外</u>には誰も居ません。
        (団団珍聞：525, 1886年)
  b. どれ程緻密に表現する言語を有もつてゐたかは、粗雑な、概括的な発想<u>ほか</u>することの出来ない。
        (古語復活論, 1912年)
  c. こういう芸術品<u>ほか</u>持得ない感銘の活々とした歓喜を以て。 (野上弥生子様へ, 1921年)
  d. 東京から<u>ほか</u>来ぬ。/ 筆で<u>ほか</u>書かれぬ。/ 京都まで<u>ほか</u>行かない。   (山田(1922))
  e. 金は取りあげてしまってただ一冊帳面をあてがう所のように<u>ほか</u>思われていないので。 (貧しき人々の群, 1916年)

(21a)で見られるように「ほか」は数量詞に直接承接し、同一節内

で他の否定極性表現「誰も」との共起が許容されるようになる。(21b)と(21c)から「ほか」が名詞に後接する場合、明治-大正期においても属格マーカー「の」は伴われないことが分かる。また、「ほか」は(21d)においてさまざまな後置詞に、そして(21e)のように副詞にも承接できるようになる。

　ここで不思議な点が一つ挙げられる。というのは、現代日本語における「ほか」は(20)と(21)のような用法を備えていないのである。すなわち、現代日本語における「ほか」は名詞と動詞にしか後接できず、また名詞に後接する場合、属格マーカー「の」が必ず伴われなければならないのである。このことは韓国語の「밖에」と対照的である。なぜなら「밖에」は現代語においても「ほか」と異なり後置詞などさまざまな要素に後接できるからである。この理由に関しては大変興味深い結果が得られている。つまり、「ほか」は何らかの理由で第四段階というもう一つの段階の文法化が存在し、実はその文法化が現在も進行中である。ただし、このことは本書の考察の対象から外れる[7]ため、深入りせず別稿に譲る。

　以上の「밖에」と「ほか」の文法化過程をまとめると次のようで

---

[7] 実は、もう一つ不思議な点が存在し「ほか」は第三段階において「밖에」と異なり、よりさまざまな要素に後接できる点が挙げられる。例えば、「ほか」は上記の(21d)で見たように様々な後置詞に後接できるのに対し、「밖에」はこのような振る舞いを示さない。すなわち、本書の調査の結果、「밖에」が起点を表すマーカー「부터/에서」に後接する例は20世紀の中期までには一切見られなかったことが分かったのである。加えて、(21e)のように副詞に後接する例も見られなかった。この理由に関しても興味深い結果が得られ、両言語の文法化の度合いの違いからこのような現象が生じることが分かった。詳しい内容は本書の第4部を参照されたい。

第2部　否定副詞と限定副助詞の文法化

ある[8]。

(22) a.　[밖에]
　　・段階：　　　　第一段階＞　第二段階＞　　第三段階
　　・時代：　　　　15世紀中期　17世紀　　　　20世紀前期～
　　・意味的変遷：　物理的空間　非物理的空間　除外/限定[9]
　　・範疇的変遷：　名詞　　　　副詞　　　　　副助詞/否
　　　　　　　　　　　　　　　　　　　　　　　定極性表現
b.　[ほか]
　　・段階：　　　　第一段階＞　第二段階＞　　第三段階
　　・時代：　　　　8世紀後期　　11世紀　　　　18世紀～
　　・意味的変遷：　物理的空間　非物理的空間　除外/限定
　　・範疇的変遷：　名詞　　　　副詞　　　　　副助詞/否
　　　　　　　　　　　　　　　　　　　　　　　定極性表現

3.2.「(이)외에」と「以外」の文法化

本節では、「(이)외에」と「以外」に関する文法化の様相を検討

8　これらの表現の文法化過程のより詳細な検討は、本書第11章に譲ることとする。

9　厳密には、「밖에」と「ほか」の文法化過程において「除外」のほうが「限定」より先に現れ、「除外＞限定」が正しい表し方であろう。しかし、第三段階の範疇的変遷との並行的な表示を考慮し、便宜上「除外」と「限定」を同段階に入れることにする。これに関する詳細な内容は本書の11章で述べることにする。ちなみに「除外」の用法の「밖에」と「ほか」の例は下記の通りである。
　　（ⅰ）이 밧긔 나믄 병 가지고 달의 논들 엇더리. (고상별곡 제6절, 17C)
　　（ⅱ）備中守殿の御頚ばかりこそみえさせ給ひ　候つれ。其外(ほか)はそんぢやうその頚(中略)。

　　　　　　　　　　　　　　　　　　　　　　　　　　　(平家物語, 13C)

第7章　除外表現の文法化

する。「(이)외에」および「以外」は、それぞれ「밖에」および「ほか」の漢字語表現と捉えることができ、その語源は共通して「外」に求められる。意味的にも、空間的範疇の外部を指示する点において共通性を有している。

　現代韓国語における「(이)외에」は、3.1.2節で示した「非物理的空間」の用法と、3.1.3節で見た「除外/否定極性」の用法の両方に見られる。以下の例文に示すように、「(이)외에」は「밖에」と置き換えが可能であり、両者の意味的および統語的類似性が確認できる。

(23) a.　예상<u>외에</u> 문제가 쉽게 출제되었다.
　　 b.　예상<u>밖에</u> 문제가 쉽게 출제되었다.
(24) a.　결국 철수<u>외에</u> (아무도) 오지 않았다(*왔다).
　　 b.　결국 철수<u>밖에</u> (아무도) 오지 않았다(*왔다).

　事実、「(이)외에」は18世紀の文献の例から18世紀頃すでに除外の用法を備えていたことが分かる。以下の例文で確認する。

(25) 즈뎨 비장 반인<u>외예</u> ᄒᆞ나토 갈지 말고.

(일동장유가, 1763年)

　「以外」も前述した「(이)외에」と類似した振る舞いを示す。本書の調査の結果、「以外」は下記の(26a)のように中世以来[10]「もって

193

第2部　否定副詞と限定副助詞の文法化

のほか(以ての外)」の意味としてよく用いられ、この用法は現代日本語においても強く残っている。

(26) a. <u>以外</u>にふすぼたる持仏堂　にたてごもり、おそろしげなるこゑ。　　　　　　　　　　　　　　　　(平家物語, 11C)
b. 太郎{<u>以外</u>/<u>のほか</u>}(誰も)来なかった(*来た)。

また、「以外」は(26b)で見られるように現代日本語において「ほか」と同じく「否定述語との呼応」の用法を持つ。このことは以下のような「ロドリゲス日本大文典」の説明からでも「ほか」と「以外」が江戸時代からかなり類似した表現であることが示唆される。

(27) FOCA　大二。Yori foca[11]は名詞か動詞かの後ろに置かれて、以外にはといふ意を表し、その後に否定動詞が続くのが普通である。　　(ロドリゲス日本大文典・二・後置詞の構成)

以上のように、「(이)외에」と「以外」は「밖에」や「ほか」と同様に除外的意味と否定呼応の性質を有するが、いずれも第三段階における「副助詞化」までは至っていないという共通点を持つ。この

---

10 「日本書紀」においても「以外」は見られるが、宮地(2007)によるとこれは「ほか」の後代の訓読であるとされている。
11 江戸時代の前期まで否定極性の用法を持っていた「ほか」は「より」を伴い、常に「よりほか」の形で使われたが、江戸時代の後期以降、「より」が落とされ、「ほか」だけの形として用いられるようになったとされる。詳細は山口(1991)と李(2000)を参照。

理由として、本節では語形成におけるブロッキング(blocking)現象が関与していると考える。ブロッキングとは、Aronoff(1976)によって提唱された概念で、ある意味や形態をもつ新たな語が生成される際に、既に存在する同義または同音の語によってその生成が阻害される現象である。すなわち、「(이)외에」や「以外」は「밖에」や「ほか」という先行する強力な否定極性表現がすでに存在しているため、それ以上の文法化、特に副助詞的用法への進展が阻止されているのである。

3.3. 他言語における除外表現の文法化

本節では、3.1節および3.2節で考察した韓日両言語の除外表現の文法化が他言語においても類似した様相を示すことを明らかにする。特に本書では、英語における除外表現「but」を中心に論じる。

英語において代表的な除外表現は以下のような「but」である。

(28) a. I love nobody but you.
b. I have nothing but this car.

「but」は(28)のように除外の用法を持ち、前置詞としての振る舞いを示している。(28)における「but」は下記のように韓日両言語の「밖에/외에」、「ほか/以外」に置き換えられる。

第2部　否定副詞と限定副助詞の文法化

[韓国語]
(29) a. 나는 당신 <u>밖에</u> <u>아무도</u> 사랑하지 않는다.
　　 a'. 나는 당신 <u>외에</u> <u>아무도</u> 사랑하지 않는다.
　　 b. 나는 이 차 <u>밖에</u> <u>아무것도</u> 갖고 있지 않다.
　　 b'. 나는 이 차 <u>외에</u> <u>아무것도</u> 갖고 있지 않다.

[日本語]
(30) a. 私は君の<u>ほか</u><u>誰も</u>愛していない。
　　 a'. 私は君<u>以外</u><u>誰も</u>愛していない。
　　 b. 私はこの車のほか<u>何も</u>持っていない。
　　 b'. 私はこの車<u>以外</u><u>何も</u>持っていない。

次に、「but」は反語文(adversative predicate)[12]においても問題なく許容され、このことは韓日両言語の除外表現においても同様である。次の例文をもってこのことを確かめる。

[英語]
(31) Who <u>but</u> John could think of something like that?
[韓国語]
(32) a. 철수 <u>밖에</u> 누가 또 그런 생각을 할 수 있겠어?
　　 b. 철수 <u>외에</u> 누가 또 그런 생각을 할 수 있겠어?
[日本語]
(33) a. 太郎の<u>ほか</u>誰がそんなこと考えられるのか。
　　 b. 太郎の<u>以外</u>誰がそんなこと考えられるのか。

12　反語文における否定極性表現の統語的認可(syntactic licensing)に関しては朴(2010)をぜひ参照してもらいたい。

第7章　除外表現の文法化

　加えて、現代英語における「but」は下記のようにさまざまな要素に前接できる。

(34) a. This car has been nothing <u>but</u> **trouble**[13].
　　 b. She's one of those guests who does nothing <u>but</u> **complain**.
　　 c. He decided nothing <u>but</u> **to succeed**.
　　 d. There is no hope <u>but</u> **by** prayer.

　除外表現「but」は(34a)において名詞句に、(34b)では動詞句に、(34c)において不定詞に、(34d)では前置詞に前接している。これらの例文から現代英語における「but」は前置詞として文法化され機能していることが分かる。通常「but」がOld Englishの文献に初めて現れたのは9世紀であり、10世紀頃から徐々に除外の用法が見られたとされる(cf.Hoeksema(1996))。言い換えると、9世紀当時の「but」には除外用法が見当たらず、(34)のような前置詞としての文法化もまだ進んでいなかったわけである。また、これらの英語・韓国語・日本語の除外表現にはもう一つ興味深い共通点がある。というのは、これらの表現は限定的用法を持つということである。韓・日語の場合においてはすでに1節でみたが、英語の「but」も下記のように限定的用法を示し「only」のような意味を持つ。

13　これらの例文はCollins Cobuild(English Language Dictionary：1987)とCambridge(International Dictionary of English：1995)から抜粋したものである。

197

第2部　否定副詞と限定副助詞の文法化

(35) a.　This is <u>but</u> one of the methods used to try and get alcoholics to give up drink.
　　 b.　Napoleon and Marie Antoinette, to name <u>but</u> two who had stayed in the great state rooms.

(Collins Cobuild(1987))

　以上のような現代英語の「but」の振る舞いは前節でみた韓日両言語の「밖에」/「ほか」と非常に類似する。実は、英語の「but」の形態的源流を探ってみると興味深い結果が得られる。「but」の語源を示すと(36)のようである。

(36)　[「but」の語源]
　　　būtan = be (by) + utana (out)　　　　(Cambridge(1995))

　「but」の語源は(36)でみられるように「būtan」であり、これは「by」と「out」が結合されたものである。本書はこのことに注目する。このことは上記の(11)でみた「밖＋에」と「ほか＋(に)」の語源と非常に似ている。ただし、英語の場所格マーカー「by」は韓日両言語の場合と異なり「out」の前に出ているが、英語は第3章でも述べているように主要部前置型言語(head-first language)であるのに対し、韓日両言語は主要部後置型言語(head-final language)であることを考えると前述した英語と韓日語の非対称性はうまく説明できる。前述した英語・韓国語・日本語の除外表現の語源を分かりやすくま

第7章　除外表現の文法化

とめると次のようである。

 (37) a.　英語：　　by- ＋ out　　　⇒ būt(an)
    b.　韓国語：-에 ＋ 밖/외　　⇒ 밖/외에
    c.　日本語：-に ＋ ほか/以外　⇒ ほか/以外(に)

　英語・韓国語・日本語の除外表現の語源は「外(the out)」と場所格マーカーが結合されたものであるという点で共通している。実際に、スコットランド語には下記のように「外に(outside)」の意味を持つ「but」の用法がまだ残っている。

 (38) Away but the hoose and tell me whae's there. [スコットランド語]
            (Collins Cobuild(1987))

　Hoeksema(1996)によると、「but」も最初は除外の用法は見られず具体的な外部空間を表す用法しかなかったが、文法化が進むにつれ除外の用法が現れるようになったとされる。これと共にその範疇的変遷も「名詞＞副詞＞前置詞」のような過程を経ている。これと関連してもう一つ興味深い現象が挙げられる。というのは、(ⅰ)ドイツ語の除外表現「auβer」と現代オランダ語の「buiten」も上述した韓国語・日本語・英語と同様の現象が見られること、(ⅱ)その用法の根幹には「外((the out))」があるということである。以上の考察の結果から、下記のような一般化が提示できると考えられる。

199

(39) 人間言語における除外表現は下記のような普遍的な意味的変遷と範疇的変遷を通じ、文法化が行われる可能性が高い。
　　（ⅰ）意味的変遷：物理的空間副詞 > (非物理的空間) > 除外
　　（ⅱ）範疇的変遷：名 > 副 > 接置詞(前・後置詞), 副助詞/否定極性表現

3.4. 原理とメカニズム

本節では上述した(39)の意味的変遷と範疇的変遷が文法化理論においてどのような原理とメカニズムで説明できるのか明らかにする。

まず、「名詞 > 副詞 > 接置詞(前・後置詞), 副助詞/否定極性表現」のような範疇的変遷はいわゆる「脱範疇化(decategorization)」により説明される。「脱範疇化」とはHopper(1991)により初めて論じられた文法化理論の主な原理の一つで、ある形式が語彙形式から文法形式に文法化するとき、それは名詞や動詞といった主要な文法的範疇に認められるような形態論的・統語論的特徴を失う現象のことである。Hopper & Traugott(2003)はその範疇性の漸次変容(cline of categoriality)として次のように示し、この現象は人間言語において普遍的に見られると述べる。

(40) 名詞・動詞 > 形容詞・副詞 > 前置詞・接続詞・助動詞・代名詞・指示代名詞

本書は(40)の下線部の「名詞 > 副詞 > 前置詞」に注目する。こ

の図式は本書が提示した「名詞 ＞ 副詞 ＞ 接置詞(前・後置詞)」と一致する。

次に、「物理的空間 ＞ 非物理的空間 ＞ 除外」という意味的変遷に関して述べる。このような変遷は「一方向性仮説(unidirectionality)」という文法化の原理によって説明可能である。この仮説はBybee et al.(1994)によって体系的に整理されたものであり、文法化が一度始まると、その変化は時間の経過とともに一定の方向性を持ち、逆行することはほとんどないとするものである。

さらに、意味的変遷のプロセスにおいては「具体的なもの ＞ 抽象的なもの」という傾向が顕著であり、そこにはメタファー(metaphor)による意味拡張のメカニズムが関与している。つまり、「物理的空間」という具体的な意味が「非物理的空間」、さらには「除外」という抽象的意味へと拡張される現象である。こうしたメタファーによる意味拡張は、他の言語における文法化研究においても広く観察される普遍的な現象である。

以上の考察により、3.1節から3.4節にかけて論じてきた分析を通じて、本章の主張(10)が妥当であることが確認されたと言えよう。

4. まとめ

本章では韓日両言語における除外表現の文法化現象を言語類型論的観点から明らかにした。韓国語の「밖에/외에」、日本語の

第2部　否定副詞と限定副助詞の文法化

「ほか/以外」、さらには英語の「but」、ドイツ語の「außer」、オランダ語の「buiten」といった除外表現はいずれも、その語源において「外(the out)」の概念を核に持つことを確認した。

　また、これらの表現は、意味的には「物理的空間　＞(非物理的空間)＞ 除外」という変遷をたどり、範疇的には「名詞 ＞ 副詞 ＞ 前置詞・後置詞， 副助詞/否定極性表現」という共通の文法化過程を示すことを明らかにした。このような意味的・範疇的変遷は文法化理論における一般的な原理と照らしても十分に説明可能であり、具体的には「脱範疇化」および「一方向性仮説」という二つの理論的枠組みによって位置づけられることを論じた。

　以上のように、本章の考察は従来の研究には見られなかった視点から多言語における除外表現の文法化を比較対照的に分析したものであり、今後の文法化理論および言語類型論的研究に新たな視座を提供し得ると考えられる。とりわけ、本章で明らかにした「밖에/ほか/외에/以外」などの除外表現の文法化は副助詞的要素が否定表現とどのように結びつき、限定や排他的な解釈を生み出すかを示す具体的な一例である。次章では、同じく副助詞の領域に属する表現を取り上げ、その機能の変遷と統語的制約を通して文法化のさらなる側面を明らかにする。

第8章

副助詞の文法化 I：
機能の変遷と統語的制約

第8章　副助詞の文法化Ⅰ：機能の変遷と統語的制約

1. 問題提起

本章の目的は韓日両言語における副助詞の文法化の様相を言語類型論的観点から明らかにすることである。

『日本国語大辞典』(2004)によると、副助詞とは、助詞の一種であり、用言に関係する語に付いて、その用言の意義を限定する機能を持ち、格助詞に上接・下接のいずれも可能な助詞であるとされている。この「副助詞」という用語は山田孝雄(1908)によって初めて命名されたものであり、その定義は次のように示されている。

(1) 副助詞は格に関係せず。既に述べし如く上に来る語の意義の下なる語に対しての関係を修飾すること西洋語の副詞に似たるものあり。　　　　　　　　　　　　　　　(山田(1908))

日本国語大辞典(2004)は副助詞の種類として、文語では「だに」「すら」「さへ」「のみ」「ばかり」「まで」「など」が、口語では「まで」「ばかり」「だけ」「やら」「ほど」「くらい」「など」「きり」などを挙げている。一方、山田(1936)は「ばかり」「まで」「など」「やら」「だけ」「ぐらい」を副助詞として、「は」「も」「こそ」「さえ」「でも」「ほか」「しか」を係り助詞として分類する。また、現代日本語学において上記のものは取り立て助詞と呼ばれている(江口(2007)、沼田(2009)など)。本書ではこれらの助詞のことを便宜上、「副助詞」と呼ぶことにする。

韓国語においても日本語の副助詞に対応するものがあり、韓国

第2部　否定副詞と限定副助詞の文法化

語では補助助詞または特殊助詞と呼ばれている。허웅(1983)は補助助詞の定義を次のように提示している。

(2) 토씨가 말 사이의 관계를 표시해 주지 않고, 말의 뜻을 정밀히 표현해 주는 문법적 방법을 '도움법'이라 하고, 도움법을 나타내는 토씨를 도움토씨라고 한다. 도움토씨는 뜻을 정밀히 해 줌이 특색이므로, 임자씨에만 붙는 것이 아니라 어찌씨나 풀이씨 따위에도 붙을 수 있는 것이 특이하다.

(허웅(1983))

韓国語の補助助詞も学者によって分類がさまざまである。例えば、최현배(1948)は「가운데」「까지」「나」「나마」「는」「도」「든지」「라도」「로」「로서」「마다」「마자」「만」「밖에」「부터」「서껀」「안으로」「야」「야말로」「인들」「조차」「치고」「커녕」を、홍사만(2002)は「는」「만」「나」「야」「라도」「나마」「도」「조차」「까지」「마저」「밖에」などを補助助詞として捉えている。

本章では、これらの補助助詞の中でも「밖에」「조차」「마저」に注目し、日本語の「ほか」「さえ」「まで」などとの対照を通じて、両言語における文法化の過程が類似していることを示す。以下では、韓国語の「밖에」「조차」「마저」も日本語との対応を意識し、便宜的に「副助詞」と呼ぶことにする。

従来、韓国語と日本語の副助詞の文法化の研究は盛んに行われている。まず、日本語の代表的な研究として宮地(2007)(2010)

第8章　副助詞の文法化Ⅰ：機能の変遷と統語的制約

(2011a)(2011b)、江口(2007)、李(2011)などが挙げられる。韓国語においては고영근(1997)、이정민(2011)などが挙げられる。これらの研究は主に通時的・共時的アプローチから興味深い主張を行っている。これらの研究はそれぞれ異なる副助詞を対象としているが、次のような点においては共通の認識を示している。それは副助詞の語彙的起源は日本語においては主に名詞に、韓国語においては主に動詞にあることである[1]。興味深いことはこのような文法化現象は韓日両言語のみでなく、他の言語でも見られる点である。Hopper & Traugott(1993：104)はインド・ヨーロッパ言語における前置詞などはその語源が名詞または動詞にあると主張し、その文法化プロセスを(3)のように提示する。

(3)　Change in a cline of categoriality(範疇性の漸次変容)
　　　major category(メジャーカテゴリー：名詞・動詞)(> intermediate category(中間的カテゴリー：形容詞・副詞)) > minor category
　　　(マイナーカテゴリ-：前置詞・接続詞など)
　　　　　　　　　　　　　　　　　　　(= 第5章, (22)を一部改変)

　上述した韓日両言語の副助詞の語源は韓日両言語とも(3)のメジャーカテゴリーから文法化が始まっていることが分かる。しかしな

---

[1] ただし、日本語の「ばかり・きり」は動詞「はかる・きる」の連用形「はかり・きり」が名詞化した形式であるとされる。서종학(1997)などによると、韓国語の「부터(빌(附)+어=비터>부터)」や「나마(남(余)+아=나마)」などを含め後でみる「조차」と「마저」はすべて動詞から派生されてきたとされる。

がら、管見の限りにおいて今まで韓日両言語における副助詞の文法化プロセスを上記の(3)のプロセスに照らし合わせて行った研究はない。本章では韓日両言語における副助詞の文法化プロセスもインド・ヨーロッパ言語の場合と類似していることを明らかにする。ちなみに本章では、日本語は「だけ」「くらい」「きり」「ほか」を、韓国語は「밖에」「조차」「마저」を取り扱うことにし、例文もそれぞれの時代において一つずつ挙げる。

2. 考察

まず、本章の主張を次のように示しておく。

(4) a. 韓日両言語の副助詞の文法化プロセスは下記のように上記の(3)の範疇性の漸次変容と非常に類似している。メジャーカテゴリー(名詞・動詞) (> 中間的カテゴリー(形容詞・副詞)) > マイナーカテゴリー(副助詞など)
b. 否定極性の用法を持った副助詞は副助詞としての文法化が進めば進むほど否定極性表現としての文法化も強くなる。また、逆に副助詞としての文法化が衰退すると、否定極性表現としての文法化も共に衰退する。要するに、両者は文法化において密接な関係を持つ。
c. よって、韓日両言語のマイナーカテゴリーに「否定極性表現」をも新たに追加すべきである。

以下では、通時的及び共時的視点から本章の主張(4)が正しいかどうか検証を行う。

2.1. 日本語の場合
2.1.1.「だけ」
日野(2008)によれば、「だけ」の語源である「たけ」は、平安時代には以下のように人物の「身長」や物理的な「高さ」を表す語であった。

(5) 筒井つの井筒にかけしまろがたけ過ぎにけらしな妹見ざるまに。　　　　　　　　　　　　　　　　(伊勢物語, 951年)

中世紀に入ると、「たけ」は物理的な長さにとどまらず、心理的な範囲や限定された心の領域を意味するようになる。次の例文にその用法が見られる。

(6) もの思ふ心のたけぞ知られぬる夜な夜な月をながめ明かして。　　　　　　　　　　　　　　　　(山家集・中, 1190年)

江戸期から「たけ」は「だけ」の形で副助詞として徐々に定着し、明治以降になると(7)のように限定の用法を持った「だけ」が広まる(日本国語大辞典(2004))[2]。

2　日本国語大辞典(2004)によると、江戸期には「だけ」より「ばかり」のほうがよく

(7) 下駄さへも年玉だけで扁木にのる。

(雑俳・住吉みやげ, 1708年))

以上の「だけ」の文法化プロセスをまとめると(8)のようになり、メジャーカテゴリー(名詞)からマイナーカテゴリー(副助詞)に変化することが分かる。

(8) 「だけ」の文法化(日本国語大辞典(2004)、宮地(2010)、宮地(2011a,b)、日野(2008)など)
   a. 時期：　　　　　　　　平安　　～　中世　　～
   b. 範疇的変遷(categorical change)：たけ(名詞)　>　たけ(名詞)
   c. 意味的変遷(semantic change)：物理的長さ　　心理的範囲
     時期：　　　　　　　　江戸中期～
     範疇的変遷：　　　　>　だけ(副助詞)
     意味的変遷：　　　　>　限定

2.1.2.「くらい」

日野(2008)によれば、「くらい(位)」は平安時代には主に皇位など、身分に基づく「地位」を意味する語として用いられていた。以下の例文にその用法が確認される。

(9) 身の病重きにより、おほやけにも仕うまつらず、くらゐをも返し奉りて侍る。　　　　　　　　　　(源氏物語, 1001年)

用いられたとされる。

第8章　副助詞の文法化 I：機能の変遷と統語的制約

その後、鎌倉・室町時代には「芸道における到達段階」、すなわち芸能的な「位(芸位)」を意味するように用法が拡張されていく。

(10) 堪能のたしなまざるよりは、終に上手の<u>位</u>にいたり。
(徒然草150段, 1330年ごろ)

副助詞としての「くらい」の用法は古代には「ばかり」、中世には「ほど」に主に担われていたが、江戸時代初期からは次第に「くらい」も程度を表す副助詞として使用されるようになるとされる(日本国語大辞典 2003)。以下はその一例である。

(11) 尤手前も、勤<u>ぐらい</u>はたて引をするかくごでもあろふが。
(酒落本・傾城買二筋道, 1798年)

以上のように、「くらい」の文法化過程は以下のように整理でき、語彙的名詞から副助詞への範疇的変遷を経ていることが分かる。

(12) 「くらい」の文法化(日本国語大辞典(2004), (日野(2008)など)
 a.　時期：　　　　平安　　～　中世　　～　江戸初期～
 b.　範疇的変遷：くらゐ(名詞)＞　くらい(名詞)＞　くらい(副助詞)
 c.　意味的変遷：地位　　　＞　芸位　　　＞　程度

このように「くらい」の文法化は先に述べた「だけ」と同様に、Hopper & Traugott(1993)が提唱する「範疇性の漸次変容」の理論

211

第2部　否定副詞と限定副助詞の文法化

に合致する。また、意味的変遷においても「具体的な地位」から「抽象的な程度」への拡張が認められ、意味の抽象化という文法化の特徴が明確に表れている。

2.1.3.「きり」

「きり」は中世から近世にかけて名詞として空間的・時間的区切りや限界などを表したとされる。下記の例文を見てもらいたい。

(13) チヤウドキリヲシテ、其中ニ専一ニ寸陰分陰ヲ惜テ修行スルゾ。　　　　　　　　　　　　　　(勅規桃源抄, 中世紀)

19世紀前期になると、「きり」は副詞的に用いられるようになり、数量や範囲を限定する用法が出現する。

(14) 丸ツきり喰倒した所が、たかゞしれてある。
　　　　　　　　　　(東海道膝栗毛五編追加, 1802-1822年)

19世紀中期からは副助詞としての用法と共に否定極性の用法も見られ始める。このことは(15)をもって確かめる。

(15) 今回の震災はこの安政の江戸大地震に比較すると、実に十倍強の惨死者を出した事になるから、其災害は実に想像以外と云ふきりない。　　　　　　　　(東京灰燼記, 1923年)

第8章　副助詞の文法化Ⅰ：機能の変遷と統語的制約

このような変遷をまとめると、以下のような文法化のプロセス[3]が確認でき、すでに提示した範疇性の漸次変容と類似する構造を持つことが分かる。

(16)「きり」の文法化(日本国語大辞典(2004)、(宮地(2011a)、Park(2023))
    a. 時期：　　　中世　　　～19世紀前期～　19世紀中期～
    b. 範疇的変遷：きり(名詞)　＞　きり(副詞)　＞　きり(副助詞・NPI)
    c. 意味的変遷：空間・時間的＞　　限定　　　＞　限定
    　　　　　　　区切り・限界

このように「きり」もまた、名詞から副詞・副助詞への範疇的変化を経て、意味的にも抽象化・一般化が進行している。特に否定との共起により否定極性表現へと展開する点は、後述する韓国語の「마저」「조차」などとの比較において重要な指標となる。

2.1.4.「ほか」

宮地(2007)によれば、「ほか」はもともと名詞として用いられ、物理的空間における「範囲外の具体的地点」を指す語であった。以下の例文はその初期用法を示している。

3　「きり」の文法化過程のより詳細な検討は、本書第11章に譲ることとする。

(17) 我が背子に恋ひすべながり葦垣の保加に嘆かふあれし悲しも。　　　　　　　　　　　(万葉集(17・3975), 平安時代)

中世紀に入ると、「ほか」は物理的空間の外側という意味から、抽象的空間、すなわち「心の外」など心理的・認識的な空間へと意味が拡張される。これは文法化における意味抽象化の典型例である。

(18) いまはたゞ心のほかにきく物をしらずがほなるおぎのうは風。
　　　　　　　　　　　　　　　　　(新古今集：1309, 13C)

江戸後期からは副助詞としての文法化が進むと共に、否定極性の用法が見られるようになる。(19)をもって確かめる。

(19) おまえの名ほか出ませぬ。　　　(心中宵康申, 1722年)

このような変遷は、「ほか」がメジャーカテゴリーである名詞から出発し、中間カテゴリーである副詞的用法を経て、最終的にマイナーカテゴリーである副助詞・否定極性表現へと文法化されていく過程を示すものである。その全体像は以下のようにまとめられる。

第8章　副助詞の文法化 I：機能の変遷と統語的制約

(20) 「ほか」の文法化
 a.　時期：　　　平安　　～　中世　　～　江戸後期～
 b.　範疇的変遷：ほか(名詞) ＞ ほか(に)(副詞)＞ ほか(副助詞・NPI)
 c.　意味的変遷：物理的空間 ＞ 心理的範囲 ＞ 限定

「ほか」の文法化においても、語彙的起源が名詞である点、意味の抽象化とともに文法的機能が拡張される点、否定極性との結びつきが見られる点などは前節までに見た「だけ」「くらい」「きり」と共通しており、日本語の副助詞全体に見られる文法化パターンの一端を示している。

2.2. 韓国語の場合

2.2.1. 「밖에」

「밖에」は上述した日本語の「ほか」の文法化の様相と非常に類似しているとされる。韓国語においても、「밖에」はもともと名詞として用いられ、物理的な「範囲外の地点」を意味していた。以下の例文はその初期用法を示している。

(21) 城 밧긔 브리 비취여 十八子ㅣ 救ᄒ시려니 가라 한ᄃᆡ 가시리 잇가.　　　　　　　　　　(용비어천가69장, 15C)

その後、「밖에」は文法化に伴い、物理的空間から心理的・抽

215

第2部 否定副詞と限定副助詞の文法化

象的な空間へと意味が拡張され、副詞としての機能を帯びるようになる。この用法は以下に見られる。

(22) 싱각 밧긔 수이오니 大守도 일뎡 깃비 너기시올쇠.
(捷解初5：10b, 17C)

20世紀前期に入ると、「밖에」は副助詞としての機能が明確化し、否定表現と共起することによって否定極性表現としても機能するようになる。以下の文例はその典型である。

(23) 가르치시는 대로 할 밧게 업다는 마음으로.
(서화담젼, 1920年)

このように「밖에」の文法化は語彙的起源である名詞から出発し、副詞的用法を経て副助詞として定着し、さらに否定極性表現としての機能を獲得している。その変化の過程はHopper & Traugott(2003)が提唱する文法化の範疇的変遷(major > intermediate > minor category)に合致するものである。以下にその変化をまとめる。

(24)「밖에」の文法化
    a. 時期：　　　　15世紀中期～　17世紀　　～　20世紀前期
    b. 範疇的変遷：밧(名詞)　>　밧긔(副詞)　>　밧게(副助詞・NPI)
    c. 意味的変遷：物理的空間　>　心理的範囲　>　限定

第8章　副助詞の文法化Ⅰ:機能の変遷と統語的制約

　　　時期:　　　　20世紀中期
　　　範疇的変遷:＞　밖에(副助詞・否定極性表現)
　　　意味的変遷:＞　限定

　このような文法化の道筋は日本語における「ほか」の発展と極めて並行的であり、両言語における副助詞の語用的・機能的発達が共通の類型論的基盤に立脚していることを示唆するものである。

2.2.2.「조차」

　「조차」の源流は下記のように動詞にあるとされる(이승녕(1961)、허웅(1989)、한용운(2003)、신윤희(2005)、남미정(2011)、이정민(2011)など)。例えば、以下の例文に見られるように、「조차」は本来、動詞「従う」または「兼ねる」の意味で用いられていた。

　(25) a.　그 ᄯ리 쏘 <u>조차</u> ᄲᅡ뎌 주ᄆᆞ니라.
　　　　　　　　　　　(동국신속삼강행실도 6：23, 17C前期)
　　　 b.　여희호ᄆᆡᆺ 슬후미 <u>조차</u> 잇도다.
　　　　　　　　　　　　　(두시언해 중간본 22：36, 17C)

　(25a)における「조차」は動詞「従う」の意味として用いられ、(25b)の「조차」は動詞「兼ねる」の意味として使われている。また、このとき「조차」の他にも、「조쳐」の形が存在し、それぞれは動詞「좇-」と「조치-」に語尾「-아(=조차)/어(=조쳐)」が結合された活用

217

第2部　否定副詞と限定副助詞の文法化

形であるとされる[4]。

　一方、17世紀まで「조차」は(25)のように肯定述語と共起していたが、18世紀からは(26)のように名詞に後接し否定述語と呼応する用法が徐々に現れる。要するに、この時代から副助詞と否定極性表現としての用法が見られ始めるのである。

　　(26) 버무릴 막대 조차 쏘 ᄒ나히 업다.
　　　　　　　　　　　　　(중간노걸대언해 29, 18C前期)

　また、18世紀後期になると、次のように反語構文にも用いられるようになる。

　　(27) 그 아비 비록 역적이즐 그 ᄌ식 조차 엇디 역적이 되리 잇가.
　　　　　　　　　　　　　(闡義昭鑑4：18b, 18C後期)

　20世紀中期以降、「조차」は現代韓国語において下記のように格助詞や複合助詞とも結合するようになり、文法的な柔軟性が一層高まっている。

　　(28) a.　그는 언제나 적을 생각하고 있었고, 그래서 잠자리에서 조차 무기를 놓지 않고 있었다.
　　　　　　　　　　　　　(국제열차살인사건1, 1987年)

4　ただし、「조차」の語源は学者によって異なる認識を示している。

第8章　副助詞の文法化Ⅰ：機能の変遷と統語的制約

b. 임역관에겐 말할 나위 없는 것이고 구세주처럼 우러러 보던 왜인에 대해서 조차 차한에 부재 아니었으니.

(토지2부3권, 1974年)

このことから現代韓国語において「조차」は副助詞及び否定極性表現として文法化がさらに進んでいることが分かる。以上の「조차」の文法化プロセスをまとめると(29)のようになり、このような文法化プロセスは(3)と似ている。

(29)「조차」の文法化(신윤희(2005), 이정민(2011), 남미정(2011))
 a. 時期： 15世紀 ～ 16世紀～20世紀前期
 b. 範疇的変遷：조차(動詞)　>　조차[5](動詞・副助詞・NPI)
 c. 意味的変遷：従う・兼ねる　>　限定
  時期：   20世紀中期 ～
  範疇的変遷：>　조차(副助詞・NPI[6])
  意味的変遷：>　限定

---

5 厳密に、この時期における「조차」は「조차 > 좇아 > 조차」のような形態的変遷を経る。
6 이정민(2011)など多くの先行研究は現代韓国語における「조차」はほぼ否定極性表現として文法化されたと述べるが、このことについては再考の余地があると考えられる。以下の例文を見てもらいたい。
 (ⅰ) a. 그 그리움은 쏜살같이 나의 내부를 휘저어놓았다. 그토록 무섭게 느껴 지던 거리감조차 그리워졌다. (외딴 방, 1995年)
   b. 그것조차 운명인 것처럼 그는 생각하려 했었다. (고등어, 1994年)
(ⅰ)は「조차」が用いられた文であるが、肯定文に現れている。では「どのような統語環境において「조차」が肯定文に現れるのか」が疑問として残される。これに関しては別稿に譲る。

第2部　否定副詞と限定副助詞の文法化

2.2.3.「마저」

허웅(1995)、고영진(1997)、홍사만(2002)、이정민(2011)などは「마저」が終結の意味を持った動詞「몾-」から由来したと述べている。15世紀になると、この「몾-」が語尾「-아」と結合し副詞「모즈」として用いられるようになる。(30)をもってこのことを確かめる。

(30) 울흘 즈슴처 블러 나맛는 잔을 모즈 머구리라.
(초간두시언해 권22 : 6, 15C)

(30)における「모즈」は「残さず全部」の意味として用いられている。17世紀になると、現代韓国語の「마저」が持つ副詞の用法が見られる。

(31) 쏘 남은 반을 모자 담아 젼쳐로 다은 후의.
(新伝煮硝方 5b, 17c)

同時に、(32)のように副助詞的な用法も見られるようになる。特にこの時期、「모즈」は固有名詞に後続し、「-までも/すら」といった意味合いを帯びてくる。

(32) 내 팔즈又치 사오나온 팔지 어듸 잇스오링까 덕공이 죽고 틱보기모즈 죽게 되엿스오니. (진주하씨 묘 출토간찰, 17C)

(32)における「모즈」は名前の固有名詞に後接した用法であり、

第8章　副助詞の文法化Ⅰ：機能の変遷と統語的制約

この場合は「残さず全部」の意味ではなく、「-までも/すら」の意味として用いられる。また、17世紀から20世紀前期の間、当該表現は「ᄆᆞᆺ＞ᄆᆞ자＞마저」のような形態論的な変化が行われる。

이정민(2011)によると、「마저」は20世紀になると(33a)のように述語の主体を示す用法に加え、1960年代からは(33b)のように述語の対象を限定する用法をも現れると指摘されている。

    (33) a.　이제는 1회용 카메라마저 등장했고 그 사용량이 해가 바뀔수록 크게 늘어나고 있다.
        b.　눈물마저 아름답게 느끼려고 한다.

(이정민(2011))

以上の「마저」の文法化プロセスをまとめると(34)のようになり、メジャーカテゴリー(名詞)＞中間カテゴリー(副詞)＞マイナーカテゴリー(副助詞)のような文法化プロセスを経る。

    (34)「마저」の文法化(신윤희(2005)、이정민(2011)、남미정(2011))
      a.　時期：　　　　15世紀　　～　17世紀　　～　20世紀前期
      b.　範疇的変遷：못-+-ᄋᆞ　＞　ᄆᆞᆺ(副詞)　＞　마저(副詞/副助詞)
              (動詞)
      c.　意味的変遷：残さずに全部＞　限定
        時期：　　　　　　20世紀中期～
        範疇的変遷：＞　마저(副助詞)
        意味的変遷：＞　限定

以上、2.1節および2.2節における事例分析を通して、本章の主張(4a)、すなわち「韓日両言語における副助詞の文法化には範疇的変遷と意味的変遷において共通する傾向が認められる」が支持される結果となった。もちろん紙幅の都合上、韓日両言語の全副助詞を網羅的に扱うことはできなかったが、韓国語における서종학(1997)、김수정(2002)、홍사만(2002)などの議論、および日本語における日本国語大辞典(2004)、日野(2008)、宮地(2011a,b)などの知見を併せて考察することで、主張(4a)に示された一般化は一定の妥当性をもつと考えられる。

2.3. 副助詞への文法化と否定極性表現への文法化

否定と呼応する用法を持った「きり」「ほか」「밖에」「조차」そして本章では概観していないが「しか」の場合、次のような共通の言語現象がみられることが分かった。

第一に、副助詞への文法化が進行する時期と、否定極性表現への文法化が定着する時期がほぼ一致するという点である。この点は先に提示した通時的データの分析結果からも裏づけられる。

第二に、副助詞としての文法化が深化すればするほど、それに対応して否定極性表現としての機能も強化される。逆に、副助詞としての文法的地位が衰退すると、それに連動する形で否定極性表現としての機能も低下していく。つまり、両者は相関的・同調的に文法化または脱文法化のプロセスを経る傾向がある。

この点を裏づける事例として、以下のような例文を挙げることが

できる。

(35) a. 東京から<u>ほか</u>来ぬ。
 b. 筆で<u>ほか</u>書かぬ。 (山田(1922))

(36) a. あの山はここから<u>きり</u>見えない。
 b. これは東京で<u>きり</u>売っていないと思う。

(日本文法大辞典(1971))

「ほか」と「きり」は大正時代に入ると副助詞としての文法化がさらに進み(35)と(36)のようにさまざまな格助詞に後接するようになる。また、否定極性表現としての文法化も定着し肯定呼応の用法はみられない。しかしながら、これらの表現は昭和時代に入ると、「しか」との競合関係において「しか」に負けてしまい、名詞としての脱文法化が今も進んでいる。同時に準否定極性表現として脱文法化も行われている(cf.Park(2023[7]))。本書では文法化において副助詞と否定極性表現は何らかの形で同様のカテゴリーとして連動していると考える。これは非常に興味深い現象であるが、先行研究において指摘されたことはない[8]。今まで、このことが注目されなかった理由はインド・ヨーロッパ言語において副助詞のような機能を担う前置詞や接辞などの中では否定極性表現としての機能を持っている

---

7 「きり」の脱文法化に関する詳細な内容はPark(2023)を参照されたい。
8 ただし、李(1999)は「しか」と「ほか」が持つ限定と否定の関連性について本書と類似した指摘をしている。

のが存在しないからであると考えられる。

　以上により、本章の主張(4b) および (4c)、すなわち、「副助詞と否定極性表現は文法化において相関的に進行する」および「否定極性表現はマイナーカテゴリーに含めるべきである」は、十分に妥当性を有するものと結論づけられる。

　次節では、このような副助詞と否定極性表現の文法化現象がどのような理論的原理とメカニズムによって説明されうるのかを考察する。

3. 原理とメカニズム

　本節では、これまでに観察されてきた範疇的変遷が文法化理論においてどのような原理とメカニズムによって説明されうるのかを論じる。

3.1. 一方向性仮説及び脱範疇化

　まず、一方向性仮説(unidirectionality)が挙げられる。前章においても述べているようにこの仮説は文法化の過程が一定の方向に沿って進行し、基本的には逆方向への変化(脱文法化)は生じにくいという原理を指す(Bybee et al. 1994)。この仮説のもとでは、意味的・音韻的・範疇的な変化は以下のように説明される。

第8章　副助詞の文法化Ⅰ：機能の変遷と統語的制約

(37) a.　意味的変遷：具体的意味 ＞ 抽象的意味
　　 b.　音韻的変遷：自立的音韻 ＞ 依存的音韻
　　 c.　範疇的変遷：語彙的範疇 ＞ 文法的範疇

　本書で取り上げた(3)のような範疇的変容は(37c)の範疇的変遷によって説明できると考えられる。
　次に、脱範疇化(decategorization)の概念が重要となる。これは語彙的性質をもつ語が統語的および形態的特徴を次第に失い、文法的機能を担う語へと変化する過程を指す(Hopper 1991)。この観点から見ると、(3)のような変遷は、Hopper and Traugott(2003)が提案した下記のモデルを具体化したものとみなせる。

(38) content word(内用語) ＞ grammatical word(文法語) ＞ clitic(接辞) ＞ inflectional affix(屈折接辞)
　　　　　　　　　　　　　　　　　　　　(Hopper and Traugott(2003))

　文法化の定義として「内容語または語彙項目(lexical item)が文法語または機能語(functional words)に変化していく言語現象である」というのが一般に受け入れられている。ここで内容語というのは、第1章でも述べているように文字通り語彙項目としての意味がまだ残っているものでメジャーカテゴリーの名詞と動詞、そして中間的カテゴリーの形容詞と副詞が挙げられる。これに対し、文法語というのは語彙項目としての意味はほとんど残っておらず句と句などを関連づけるものでマイナーカテゴリーの前置詞や接続詞など

が挙げられる。このような「内容語＞文法語」の変遷過程を経た項目はさらに文法化が進み、(38)のように「接辞＞屈折接辞」の変遷過程を経り依存的項目として文法化が行われる。このことを「形態素化(morphologization)」と呼ぶ。

　以上でみた一方向性仮説と脱範疇化は従来人間言語において普遍的にみられる文法化の原理として受け入れられている。以下では、現代英語の接続詞「while」の場合をもってこのことを確かめる。「while」は現代英語において(39)のように時間を表す接続詞として用いられる。

　　(39) While I was napping, I had a strange dream.
　　　　「和訳[9]：昼寝をしている間に変な夢をみた。」

　このような「while」は古英語(Old English)においては(40a)のように名詞の「hwil(space of time)」として用いられていた。(40a)における「seo」は名詞の前に付く冠詞であり、このことから「hwil」が名詞として使われていたことが分かる。実際に、現代英語において(40b)のように名詞用法の残存物として「for a while(しばらく)」が残されている。

　　(40) a.　[古英語] Wæs seo hwil micel.
　　　　　　　　　　was the time great

---

[9] 以下の和訳は筆者が適宜施したものである。

第8章　副助詞の文法化 I：機能の変遷と統語的制約

「和訳：すてきな時間だった。」

(Hopper and Traugott (1993))
b. [現代英語] I will take a vacation for a <u>while</u>.
「和訳：私はしばらく休暇を取ります。」

このように、「while」もまた韓日両言語における副助詞や限定表現と同様に、「名詞 ＞ 接続詞」という範疇的変遷を経た語であるといえる。

3.2. 再分析及び類推

文法化における意味拡張、すなわち(37a)に見られた具体的意味から抽象的意味への変化は再分析(reanalysis)と類推(analogy)という二つの主要なメカニズムによって促進されるとされる(Hopper and Traugott 2003)。

まず、再分析とは、聞き手が話し手の本来の意図とは異なる形で言語表現を解釈することにより、新たな構文や意味が派生する現象である。これにより、ある構造が新たな統語的・意味的機能を担うようになる。次に、類推とは、もともと限定的に適用されていた言語規則や構造が、他の類似の事例にも拡張され、普遍的・生産的な構文として一般化されるプロセスを指す。

Hopper and Traugott(2003) はこの二つのメカニズムの典型例として、英語の「hamburger」の変化を挙げている。本来「hamburger」は「Hamburg(ドイツの都市)から来た食べ物」という意味を持つ語

であり、語源的には「ham(ハム)」とは無関係である。しかし、多くの話者はこれを「ham(ハム)」と「burger(バーガー)」に分解して解釈した。この誤解に基づく解釈が再分析である。

さらに、この新たな解釈が他の構成要素にも適用され、「cheese burger」「fish burger」「veggie burger」などの語が派生するに至った。これは先行する構造に基づいて他の語彙が拡張的に用いられる類推の結果である。

加えて、再分析および類推を促進する補助的メカニズムとして、メタファー(metaphor)の存在も指摘されている。メタファーとは、ある領域の事象を別の領域の事象に照らして理解する認知的過程であり、意味拡張の一端を担うものとされる(河上 1996)。

これらの再分析および類推は先に見た韓日両言語における副助詞の文法化にも共通して観察される現象である。たとえば、日本語の「きり」「ほか」、韓国語の「밖에」「마저」などがそれぞれ元来持っていた意味や用法から、限定や否定との呼応を表す副助詞へと変化していく過程では、再分析的な構文解釈と既存構造との類推が大きく寄与したと考えられる。

なお、同様のメカニズムは未来の意味を表す英語の助動詞「be going to」や「will」の文法化プロセスにも認められるが、これについては紙幅の都合上、別稿において詳述することとしたい。

4. まとめと今後の課題

本章では言語類型論的観点から韓日両言語における副助詞の文法化の様相を明らかにすることを目的とし、共時的・通時的な分析を通じて、以下のような知見を得た。

(41) a. 韓日両言語の副助詞の文法化プロセスは下記のようなインド・ヨーロッパ語の範疇性の漸次変容と非常に類似する。
メジャーカテゴリー(名詞・動詞)　(＞　中間的カテゴリー(形容詞・副詞))＞　マイナーカテゴリー(副助詞・前置詞・接続詞など)
b. 否定極性の用法を持った副助詞は副助詞としての文法化が進めば進むほど否定極性表現としての文法化も強くなる。また、逆に副助詞としての文法化が衰退すると、否定極性表現としての文法化も共に衰退する。要するに、両者は文法化において密接な関係を持つ[10]。
c. よって、韓日両言語のマイナーカテゴリーに「否定極性表現」をも新たに追加すべきである。
d. 上述した文法化の過程は、一方向性仮説、脱範疇化そして再分析、類推という文法化の原理とメカニズムによって説明できる。

興味深いことに、本章で明らかにした韓日両言語における副助

---

10 この言語現象に関しては、後の11章で詳細に取り扱うことにする。

第2部　否定副詞と限定副助詞の文法化

詞の文法化プロセス(41a)はこれらの副助詞、特に限定を表す副助詞における上接語句の文法化プロセス(42)とも対応している。このことは、副助詞自身のみならず、それに先行する要素もまた、メジャーカテゴリー(名詞・動詞)から中間的カテゴリー(形容詞・副詞)を経てマイナーカテゴリー(後置詞・副助詞など)へと推移するという、文法化の共通パターンが存在する可能性を示唆している(詳細は次章で詳述する)。

(42) [限定副助詞における上接語句の文法化プロセス]
　　　メジャーカテゴリー(名詞・動詞)(＞ 中間的カテゴリー(形容詞・副詞)) ＞ マイナーカテゴリー(後置詞・副助詞など)

　今後の課題としては、このような副助詞と否定極性表現、さらにはその上接語句の文法化がどのように連動しながら進行するのかについて、統語論的・意味論的な側面だけでなく、語用論的要因や言語接触史的要因を含む理論的かつ総合的な観点から検証を深めていく必要がある。

第9章

副助詞の文法化 II：
上接語句における形式変化

第9章　副助詞の文法化 II：上接語句における形式変化

1. はじめに

　前章では、副助詞そのものの機能的変遷と否定極性表現との関係に焦点を当て、その文法化過程が範疇的変遷と密接に連動することを明らかにした。これを踏まえ、本章では視点を副助詞からその上接語句に移し、副助詞がどのような語句に後接し得るのか、その歴史的変遷と統語的制約を考察する。このために、まず助詞全般の分類と機能を概観し、副助詞が助詞体系の中でどのような位置を占めるかを整理しておきたい。

　現代日本語における助詞の分類は学者によってさまざまであるが、通常、(1)のような国立国語研究所(1951)、橋本(1969)などによる八分類が一般的であろう。

(1) 　a. 格助詞：それのつく語に与えられる資格・意味。
　　　b. 副助詞：つけ加えられる意味。
　　　c. 係助詞：課題の提示(提題)のしかた。話題の場をどんな意味合いのものとして設定するか。
　　　d. 接続助詞：前件と後件との関係。
　　　e. 並立助詞：ならべ方。
　　　f. 準体助詞：その語の意味。
　　　g. 終助詞：その語の意味。話し手の表現・発言の態度・気持ち。
　　　h. 間投助詞：その語のニュアンス。つなぎとしての性質。

第2部　否定副詞と限定副助詞の文法化

　前章では副助詞そのものの機能的変遷を扱ったが、本章では改めて副助詞に注目し、それが付属する上接語句にどのような形式変化をもたらしてきたのかを考察する。すなわち、副助詞自体の変遷と、その上接語句の変遷との相互関係を解明することが、本章の課題である。また、梅原(1989)と糸井(2002)は助詞の機能についてそれぞれ以下のように定義している。

　　　助詞は、より正確には、各々の助詞が固有の意味を持ち、それを上接語句に付け加える働きを持つとともに、関係構成の機能を持つことのある語だと考えられる。　　　(梅原(1989：304))

　　　文という意味的まとまりを構築する上で「関係」機能を明示することをもっぱら担う語が必要とされたとき、助詞という語は生まれてきたのだと考えられる。　　　(糸井(2002：26))

　梅原(1989)と糸井(2002)が述べるように助詞が持つ重要な統語的機能は上接語句に付け加える働きを持つことであろう。国立国語研究所(1951)においてもこのような助詞の承接機能は強調されている。(1)に挙げられている助詞は通常、名詞、動詞、副詞、句、文などに後接できる。
　本章は(1)の助詞の中で、(1b)の副助詞に注目する。副助詞は山田(1908)によってはじめて命名され、次のように定義されている。山田(1908)によると、副助詞は「態度資格の如何に関せず、唯其意義を化裁するのみ」がその働きとみなし、「用言の上にあり

第9章　副助詞の文法化 II：上接語句における形式変化

て其れに関係する意義を奨定する」と定義する。特に、副助詞はさまざまな要素に付き、それらの語にある意味を添えて下の用言や活用連語の意味を限定する働きを持っている。このような理由で現在はとりたて詞という用語もよく用いられる。本書が特に副助詞に注目するのは、上記のような副助詞の統語的特徴に起因する。実際に、副助詞は下記の例のようにさまざまな要素に後接できる。

(2)　a.　[名詞＋副助詞]
　　　　りんご<u>だけ</u>食べた。
　　b.　[動詞＋副助詞]
　　　　勉強する<u>ほか</u>方法がない。
　　c.　[副詞＋副助詞]
　　　　ゆっくり<u>さえ</u>登れば、いまだにかなりの山にも登れるものです。
　　d.　[一次後置詞[1]＋副助詞]
　　　　あの山はここから<u>きり</u>見えない。（日本文法大辞典(1971)）
　　e.　[二次後置詞＋副助詞]
　　　　ソフトウェアに関して<u>しか</u>分からない。

---

[1] 日本語の後置詞は、英語などヨーロッパ語の文法の前置詞prepositionに対応するものであるが、名詞に対する位置が逆なので、後置詞postpositionとよばれる(鈴木(1972：500))。また、一次後置詞(primary postposition)には「-で/まで/から/と/に」などが、二次後置詞(secondary postposition)には「-てから/について/に関して/において」などが挙げられる。二次後置詞は一次後置詞の場合と異なり、二つの項目が結合され形成されたものである。例えば、「て＋から＝てから」、「に＋ついて＝について」、「に＋関して＝に関して」のような形式である。

第2部　否定副詞と限定副助詞の文法化

　本章の目的は(ⅰ)限定を表す副助詞の文法化、特に副助詞が付く上接語句の文法化の様相を通時的及び共時的アプローチで明らかにすること、(ⅱ)これまで指摘されたことのない現象を取り上げることによって、今後の文法化研究に貢献すること、(ⅲ)日本語と韓国語の副助詞の文法化における共通点を見出し、言語類型論的観点から考察することである。管見の限り、こうした上接語句の文法化という観点から副助詞を取り上げた先行研究はほとんど見当たらず、本章の試みは新たな視点の提供となることが期待される。

2. 先行研究と問題のありか

　日本語における副助詞の文法化研究は2000年代に入り旺盛に行われている。代表的な研究として、「だけ/きり」の文法化を分析した宮地(2010)と宮地(2011a)(2011b)、「なんか」の文法化を捉えた内田(2002)と李(2011)、「くらい(ぐらい)/ばかり/だけ」の文法化を分析した日野(2008)、「しか/ほか」の文法化を捉えた朴(2012b, c)とPark(2014)などが挙げられる。これらの研究は主に通時的・共時的アプローチから興味深い主張を行っている。これらの研究はそれぞれ異なる副助詞を対象としているが、次のような点においては共通の認識を示している。それは前章でも述べているように日本語における副助詞の語彙的起源は名詞にあるということであ

第9章 副助詞の文法化 II：上接語句における形式変化

る[2]。興味深いことはこのような文法化現象は日本語のみならず、他の言語にも見られる点である。Lehmann(1985)は名詞は下記のように接置詞(adposition)を経て接辞(affix)になっていくと主張している。

(3) relational noun(関係名詞[3]) > secondary adposition(二次後置詞) > primary adposition(一次後置詞) > agglutinative affix(膠着の接辞) > fusional case affix(屈折の格接辞)

(Lehmann(1985：304))

ここでいう「relational noun」というのは、「場所(location)」や「方向(direction)」などの特定の意味範疇に属する名詞のことを指し示す。また、Hopper & Traugott(2003)はLehmann(1985)が主張した(3)を発展させ、前章でも見たように下記のようなプロセスを新たに提案している。

(4) Change in a cline of categoriality(範疇性の漸次変容)
major category(メジャーカテゴリー：名詞・動詞)(> intermediate degree(中間的カテゴリー[4]：形容詞・副詞)) > minor category

---

[2] ただし、「ばかり・きり」は動詞「はかる・きる」の連用形「はかり・きり」が名詞化した形式であるとされる(日野(2008)と宮地(2010)を参照)。また、「しか」は歴史的資料不足のため、その語源が不明とされている。

[3] 本章の(3)と(4)における和訳は筆者が適宜行ったものである。

[4] より正確な和訳は「中間的程度(のもの)」になると思われるが、前後の和訳との統一性を考慮し以下では便宜上「中間的カテゴリー」と呼ぶことにする。また、この中間的カテゴリーは内容語のメジャーカテゴリーが機能語のマイ

第2部 否定副詞と限定副助詞の文法化

  (マイナーカテゴリー：前置詞・接続詞など) (=第8章, (3))

 実際に、本書の第8章は日本語の副助詞の文法化プロセスも(4)と非常に類似していると指摘する。以下の例に注目してみる。

(5) 「だけ」の文法化
  a. 時期：   平安 ～ 中世 ～
  b. 範疇的変遷(categorical change)：たけ(名詞) > たけ(名詞)
  c. 意味的変遷(semantic change)：物理的長さ 心理的範囲
    時期：   江戸中期～
    範疇的変遷：   > だけ(副助詞)
    意味的変遷：   > 限定

                (=第8章, (8))

 (5)は副助詞「だけ」の文法化プロセス、特に「だけ」の範疇的変遷と意味的変遷を示したものである。日野(2008)によると、平安時代における「たけ」は(6)のように人の「身長」を表した。

(6) 筒井つの井筒にかけしまろがたけ過ぎにけらしな妹見ざるまに。   (伊勢物語, 951年)

また、中世紀になると「たけ」は心理的に限られた心の範囲を表

ナーカテゴリーに変遷するに当たって中間的段階のもので、随意的(optional)であるとされる。

第9章　副助詞の文法化 II：上接語句における形式変化

すようになる。以下の例文を見てもらいたい。

(7)　もの思ふ心のたけぞ知られぬる夜な夜な月をながめ明かして。
　　　　　　　　　　　　　　　　　　　　(山家集・中, 1190年)

　以上でみた「だけ」の範疇的変遷に注目すると、(4)で示された文法化プロセスと非常に類似することが分かる。以下でみる副助詞「くらい」も上記の「だけ」と同様の文法化プロセスを示している。まず、「くらい」の範疇的及び意味的変遷を示すと(8)のようである。

(8)　「くらい」の文法化(日野(2008))
　　　a.　時期：　　平安　　～　中世　　～　江戸初期 ～
　　　b.　範疇的変遷：くらゐ(名詞) ＞ くらい(名詞)＞ くらい(副助詞)
　　　c.　意味的変遷：地位　　＞　芸位　　＞　程度

　　　　　　　　　　　　　　　　　　　　(＝第8章, (12))

　日野(2008)によると、「くらい」は平安時代までは皇位など、身分にもとづく「地位」を表したとされる。以下の例文を見てもらいたい。

(9)　身の病重きにより、おほやけにも仕うまつらず、くらゐをも返し奉りて侍る。
　　　　　　　　　　　　　　　　　　　　(源氏物語, 1001年)

239

第2部　否定副詞と限定副助詞の文法化

また、鎌倉・室町時代になると、芸道上の到達した境地(芸位)を表すようになるとされる。

(10) 堪能のたしなまざるよりは、終に上手の位にいたり。
　　　　　　　　　　　　　　　　　(徒然草150段, 1330年ごろ)

次は副助詞「ほか」についてみる。

(11) 「ほか」の文法化
　　a. 時期：　　　　平安　　　～　中世　　　～　江戸後期～
　　b. 範疇的変遷：ほか(名詞)＞　ほか(副詞)＞　ほか(副助詞)
　　c. 意味的変遷：物理的空間＞　心理的範囲＞　限定

　　　　　　　　　　　　　　　　　　　　　(＝第8章, (20))

　本書の第8章によれば、「ほか」は最初は「外(the　out)」という物理的空間を表す用法しか持っていなかったが、徐々に「思いのほか」のような心理的範囲を表し、江戸後期には限定の用法を持つようになる。詳細は第8章を参照されたい。

　以上のように、副助詞の文法化を取り扱った先行研究は副助詞の範疇的及び意味的変遷に基づき各々の副助詞の文法化を明らかにしている。本書の第8章は上記でみた日本語の副助詞の意味的変遷はそれぞれ異なっているが、範疇的変遷においては以下のように共通の文法化プロセスを経ると指摘する。

(12) 日本語の副助詞の文法化プロセスの一般化
　　　メジャーカテゴリー(名詞・動詞)(>中間的カテゴリー(副詞・形容詞)) > マイナーカテゴリー(副助詞など)

(＝第8章, (42)を一部改変)

　(12)は上記の(4)でみた文法化プロセスと一致し、人間言語の副助詞の範疇的変遷は(12)のようなプロセスを経る可能性が非常に高いと考えられる。
　以上のような先行研究の成果は助詞などに関する文法化研究において大きな貢献を果たしているといえる。しかしながら、従来、副助詞がどのような要素に後接してきたのかについてはあまり注目されず、これに関連した研究も管見の限りない。前節で助詞が持つ重要な統語的機能は上接語句に付け加える働きを持つことであると述べた。そのため、副助詞の上接語句がどのように文法化されるのかを明らかにするのは文法化理論の構築に貢献できると考えられる。よって、本章は副助詞が付く上接語句の文法化に注目し、このことを明らかにする。

3. 考察

　まず、本章の主張を以下のように示しておく。

(13) 本章の主張：限定を表す副助詞が付く上接語句の文法化の一般化
    a. 日本語の副助詞が付く上接語句は下記のような文法化プロセスを経る。
       メジャーカテゴリー(名詞・動詞)(＞ 中間的カテゴリー(形容詞・副詞)) ＞ マイナーカテゴリー(後置詞など)
    b. このようなプロセスは2節の(12)でみた副助詞自身の文法化の範疇的変遷の過程とかなり類似している。
    c. 以上のような文法化現象は韓国語の副助詞の場合とも一致する。

以下では、韓日両言語において代表的な限定的副助詞、すなわち、日本語における「だけ」「きり」「ほか」「しか」、および韓国語における「밖에」を取り上げ、それぞれの副助詞が後接する語句の範疇的変遷を実例とともに検討する。これにより、本章の主張(13)が実証的に支持されることを明らかにしたい。

3.1.「だけ」

副助詞「だけ」は、その上接語句においても、時間の経過とともに明確な範疇的変遷を示す点で注目に値する。以下では、歴史的な例文を通して、「だけ」がどのような品詞に後接してきたのかを時系列に沿って整理し、本章の主張(13)を実証的に検証する。

まず、「だけ」は当初、名詞に後接して用いられていた。

第9章　副助詞の文法化 II：上接語句における形式変化

(14) [名詞＋だけ]
 a.　身のたけ八丈なり[5]。　　　　　　（神皇正統記, 1339年）
 b.　潮干になれば洲崎の砂の腰だけ、踵には蛤踏み。
           （平家女護嶋, 1719年）

ついで、「だけ」は動詞に後接するようになる。

(15) [動詞＋だけ]
 a.　てんぽ物するだけの徳なり。　　（新色五巻書, 1698年）
 b.　こらへるたけと包めども咽びふくろび泣きゐたり。
           （けいせい反魂香, 1708年）

また、江戸中期以来、形容詞に後接する例文(16)のような用法が見られる。

(16) [形容詞＋だけ]
 a.　御苦労なだけ腹立もきつゐ。　　（伽羅先代萩, 1777年）
 b.　モどふ言ても若いだけ。　　　　　　　　　　　（同）

明治期に入り、下記のように後置詞に後接する用法が目立つようになる。

5　本章の歴史的データは（ⅰ）テキストエディタ「秀丸」、（ⅱ）青空文庫(www.aozora.gr.jp)、（ⅲ）日本国語大辞典、（ⅳ）先行研究から収集されたものである。

(17) [後置詞+だけ]
    a. 食わ、食わせへんさかい、けども、食うとだけ言うてもらえんか。　　（二代目桂春団治「十三夜」『青菜』, 明治期）
    b. 雨が座敷にだけ漏らない。　　（日本口語文典, 1906年）

その後、大正期以来「だけ」は格助詞やさまざまな用法の後置詞などに後接するようになる。以下に例文を提示する。

(18) [格助詞+だけ]
    a. 顧ふに、十九世紀前半までの芸術は、先づ自然をだけ克服したのだと観れば観られる。（詩に関する話, 1930年）
    b. 何の食ひものやよりも、早く、店をあける重宝さをだけいへばいゝ。　　（浅草の喰べもの, 1948年）

(19) [で+だけ]
    a. あまくないのはお前の考への中でだけだ、不遜な頭の中でだけだ。　　（谷丹三の静かな小説, 1934年）
    b. 女の昔からの習慣的な或る身ごなしの面でだけとられている傾きがあります。　　（身ぶりならぬ慰めを, 1937年）

(20) [から+だけ]
    a. 母親は片方の眼からだけ涙をポロ／＼出しながら、手荷物一つ持って帰ってきた娘にきいた。
　　　　　　　　　　　　　　　　　（争われない事実, 1931年）
    b. ごく主観的に自分の気持というものを自分の気持の内からだけ書いた感想のようなものが多いことも。
　　　　　　　　　　　　　　　（新女性のルポルタージュより, 1940年）

第9章 副助詞の文法化 II：上接語句における形式変化

(21) [に+だけ]
 a. 僕はもうあの頃から支那人にだけはなりすましていた。
            (第四の夫から, 1924年)
 b. おそらくはまた終りまで、ボオドレエルにだけ、ただ、かれにだけ、聞えよがしの独白をしていたのではないのか。
            (碧眼托鉢, 1936年)

(22) [と+だけ]
 a. 眠元朗はおのれの妻である女と、そして娘とだけを眺めてくらした。   (みずうみ, 1923年)
 b. お前はわしから最も親身な心配と助力とだけを期待していいのだよ。   (ベートーヴェンの生涯, 1938年)

　(18)は「だけ」が格助詞「を」に、(19)-(22)においては一次後置詞「で/から/に/と」に後接した場合である。昭和以降になると、以下のように二次後置詞に後接する例もみられる。

(23) [二次後置詞+だけ]
 a. 辰夫は何事にも諦めよく深く自らを卑下してゐたが、自分の家族に就てだけは温い愛を信頼してゐた。
            (母, 1932年)
 b. 純潔ということが、異性の間の肉体的な関係に対してだけいわれるものでないことは、今日だれにでもわかっている。   (社会生活の純潔性, 1947年)

　(23a)は「だけ」が「-について」に、(23b)は「-に対して」に後接した場合である。

第2部 否定副詞と限定副助詞の文法化

　以上の例文から「だけ」の上接語句は以下のように「名詞・動詞(メジャーカテゴリー)＞形容詞(中間的カテゴリー)＞後置詞(マイナーカテゴリー)」のような文法化プロセスを経ることが明らかになった。

(24) a. 時期：　　　　　　　中世後期 ～ 江戸中期 ～ 江戸後期
　　 b. 上接語句の範疇的変遷：名詞　　＞　動詞　　＞　形容詞
　　　　時期：　　　　　　　　　～明治中期　　～大正後期
　　　　上接語句の範疇的変遷：一次後置詞　＞　二次後置詞

　興味深いことに、このような「だけ」の上接語句の範疇的変遷過程は2節で述べた「だけ」自身の範疇的変遷過程と類似する。言い換えれば、「だけ」の範疇的変遷過程は以下で見られるように「名詞(メジャーカテゴリー)＞副助詞(マイナーカテゴリー)」のようになるのである。

(25) 「だけ」の範疇的変遷過程
　　 a. 時期：　　　平安　　～　中世　　～　江戸中期
　　 b. 範疇的変遷：たけ(名詞)＞　たけ(名詞)＞　だけ(副助詞)
　　　　　　　　　　　　　　　　　　　　(=(5)を一部改変)

　次節では、副助詞「きり」の上接語句に見られる文法化の様相について考察を進めることにする。

3.2. 「きり」

本節では、副助詞「きり」の文法化における上接語句の範疇的変遷過程について考察する。前節の「だけ」と同様に、「きり」もまずはメジャーカテゴリーである名詞および動詞に後接して用いられていたことが歴史的資料から確認される。

(26) [名詞＋きり]
    a. 柿のかたびらのよごれたるに、墨染ごろものひざきりなるに。　　　　　　　　　　　　　　　　　(高野物語, 中世紀)
    b. かの人の云「惣じて色は廓きりのものなり。
　　　　　　　　　　　　　　　　　(ひとりね, 1724-26年)

(27) [動詞＋きり]
    a. 巾着に有るきり明けて御初穂と申して投ぐれば。
　　　　　　　　　　　　　　　　　(好色二代男・三, 1684年)
    b. 楊弓やで大工がきをもんでゐるきりじゃ。
　　　　　　　　　　　　　　　　　(一口ばなし, 1839年)

明治後期以降になると、副詞など中間的カテゴリーに後接する用法が見られるようになる。

(28) [副詞＋きり]
    貴方のような清浄な人一妙な形容ですが私のような人間からはそうきり云えません。　　　　　　(濁った頭, 1911年)

第2部　否定副詞と限定副助詞の文法化

　また、本書の調査によると、この時期から否定辞との共起が目立ち、否定極性表現としての用法を担うようになる。以下に例文を提示する。

　　(29) a.　今回の震災は、この安政の江戸大地震に比較すると、実に十倍強の惨死者を出した事になるから、其災害は実に想像以外と云ふ**きり**ない。　　　　(東京灰燼記, 1923年)
　　　　 b.　とにかく、まる二日**きり**か**ない**のだから、夜なべもしてこしらへよう。　　　　　　　　　　　　　(浅草, 1931年)

　(29)の「きり」は、意味的には限定の解釈を持ちながら、統語的には否定辞との共起が必須である点で、「しか」との共通性を示している。

　続いて、「きり」はさらに文法化が進行し、後置詞に後接するようになる。以下はその具体例である。

　　(30) ［後置詞＋きり］
　　　　 a.　まだ16に**きり**ならない妹はもう結婚のことを。(友情, 1919年)
　　　　 b.　大阪へ**きり**行ったことがない。　(日本文法大辞典(1971))
　　　　 c.　これは東京で**きり**売っていないと思う。　　　　　(同)
　　　　 d.　あの山はここから**きり**見えない。　　　　　　　　(同)

　以上の結果に基づき、副助詞「きり」の上接語句の範疇的変遷過程は前節でみた「だけ」の場合と同様に名詞・動詞(メジャーカテ

248

第9章　副助詞の文法化 II：上接語句における形式変化

ゴリー)(＞副詞(中間的カテゴリー))＞後置詞(マイナーカテゴリー)」を経ることが分かる。

(31) a.　時期：　　　　　　中世後期　～　江戸中期　～　明治後期
　　 b.　上接語句の範疇的変遷：名詞　　　＞　動詞　　　＞　副詞
　　　　時期：　　　　　　～　大正期
　　　　上接語句の範疇的変遷：＞　一次後置詞[6]

　さらに、「きり」の上接語句における範疇的変遷プロセスは、(12)に示した副助詞自身の文法化過程とも対応している。すなわち、語彙的名詞「きり」が統語的機能を有する副助詞へと変化する過程と平行的に、上接語句も文法性の高いカテゴリーへと移行していくのである。
　次節では、副助詞「ほか」に見られる文法化の様相について検討を進めることとする。

3.3.「ほか」

　本節では、副助詞「ほか」の文法化における上接語句の範疇的変遷過程について検討する。これまで見てきた「だけ」「きり」と同様に、「ほか」もまずはメジャーカテゴリーである名詞および動詞に後

---

[6] ただし、「だけ」の場合と違い、「きり」は二次後置詞に後接する用法は見当たらなかったことが挙げられる。このことは次節でみる「ほか」の場合も同様である。これに関しては4節の今後の課題で再び取り上げることにする。

249

第2部　否定副詞と限定副助詞の文法化

接していたことが確認される。

 (32) [名詞＋ほか]
  a. 玉床の外(ほか)に向きけり妹が木枕。
         (万葉集二・二一六：柿本人麻呂, 8C)
  b. おまえの名ほか出ませぬ。 (心中宵康申, 1722年)
 (33) [動詞＋ほか]
  a. 思ほさざる外に、卒上たりと聞こし食し。
           (政事要略二六, 1002年)
  b. 独りで笑ふほかまづ仕様が無い。
        (浮雲<二葉亭四迷>二七, 1887年)

大正初期になると、「ほか」は中間的カテゴリーに属する副詞に後接するようになる。

 (34) [副詞＋ほか]
  a. 僅かほか残つて居ない。   (山田(1922))
  b. それも飛び飛びにほか覚えていなかった。
           (日は輝けり, 1917年)

さらに、「ほか」は一次後置詞に後接する用法も示すようになる。

 (35) [一次後置詞＋ほか]
  a. 京都までほか行かない。
  b. 筆でほか書かれぬ。
            (山田(1922))

第9章　副助詞の文法化 II：上接語句における形式変化

以上、「ほか」の上接語句の範疇的変遷をまとめると次のようであり、この文法化プロセスは(12)でみた副助詞自身の文法化プロセスと類似する。

(36) a. 時期：　　　　　　～中世後期～　大正初期～大正中期～
    b. 上接語句の範疇的変遷：名詞 ＞ 動詞 ＞ 副詞 ＞ 一次後置詞

3.4.「しか」

本節では、副助詞「しか」の文法化における上接語句の範疇的変遷過程について検討する。「しか」は他の副助詞とは異なり、初期の出現時点においてすでに副助詞としての文法的地位を獲得していたとされており、その起源や初期形態に関しては未詳の部分が多い。先行研究(山口(1991)、宮地(2007))によると、「しか」は江戸後期の文献に突如登場し、それ以前の使用例や起源についての明確な証拠は確認されていない[7]。

実際、江戸後期に出現した「しか」は以下のように数量詞や一次後置詞に後接する形で用いられており、その時点で既に否定極性表現としての性質を有していたことがうかがえる。

(37) [数量詞＋しか]
    持チ合が十九両しかないのさ。　　(洒落本 南門鼠, 1800年)

---

7 「しか」の文法化プロセスのより詳細な検討は、本書第11章に譲ることとする。

第2部　否定副詞と限定副助詞の文法化

(38) ［一次後置詞＋しか］
　　a. 左様して見りやア、六七八と三月にしかならねへ。
　　　　　　　　　　　　　　　　　　　(春告鳥, 1836年)
　　b. 和郎一人にしか誰にも見せんから。
　　　　　　　　　　　　　(明治大正落語集成/鉄拐, 1895年)

　また、この例文における「しか」は否定辞との共起が目立ち、この時点から否定極性表現及び副助詞としての文法化がかなり進んでいたことが分かる。よって、現時点では「しか」が初期メジャーカテゴリーに後接したかどうか調べられる客観的なデータはない。ただし、後置詞への後接における変遷は客観的な資料が存在し、(38)と(39)から分かるように「一次後置詞への後接　＞　二次後置詞への後接」という文法化プロセスを経る。

(39) ［二次後置詞＋しか］
　　a. 技術乃至技術学に基いてしか発達しないのだが。
　　　　　　　　　　　　　　　　　　　(科学論, 1935年)
　　b. 虚偽の克服の上に於てしか成り立たない。
　　　　　　　　　　　　　　　　(認識論とは何か, 1937年)

　以上の例文に基づき、「しか」の上接語句における範疇的変遷は以下のように整理される。

(40) a. 時期：　　　　　江戸後期 ～　明治中期 ～　昭和初期 ～
　　 b. 上接語句の範疇的変遷：数量詞　＞　一次後置詞＞　二次後置詞

　なお、数量詞がメジャーカテゴリーに属するのか中間的カテゴリーに属するのかについては意見が分かれるところではあるが、「しか」が「メジャー/中間的カテゴリー ＞ マイナーカテゴリー」という文法化の一般的な方向性に沿って変遷していることは確かである。
　次節では、韓国語における対応表現「밖에」の上接語句の範疇的変遷について検討を進める。

3.5. 韓国語の場合：「밖에」

　本節では日本語の副助詞「しか」「ほか」「きり」に対応するとされる韓国語の「밖에」の文法化過程、とりわけその上接語句における範疇的変遷を検討する。
　結論から述べると、「밖에」の文法化はこれまでにみた日本語の限定副助詞と同様に、「メジャーカテゴリー ＞ 中間的カテゴリー ＞ マイナーカテゴリー」という段階を経て進行しており、言語類型論的に見ても類似の傾向が観察される。
　初期において「밖에」は以下のように名詞に後接していた。

(41) [名詞＋밖에]
　　 城 밧긔 브리 비취여 十八子ㅣ 救ᄒᆞ시려니.
　　　　　　　　　　　　　　　(용비어천가 제69장, 1445年)

第2部　否定副詞と限定副助詞の文法化

　本書の調査によると、「밖에」はおよそ19世紀後期まで主に名詞に後接していたが、20世紀前期ごろから否定辞との共起が目立ち下記のように動詞に後接するようになる。

　(42)　[動詞＋밖에]
　　　　가르치시는 대로 할 밧게 업다는 마음으로.
　　　　　　　　　　　　　　　　　　　(서화담젼, 1920年)

　このような変化を経て、「밖에」は否定極性表現として文法的地位を確立するに至る。さらに20世紀中期以降は、以下の例に見られるように、一次および二次後置詞への後接も進むようになる。

　(43)　[一次後置詞＋밖에]
　　　　안전을 도모하는데까지 밖에는 궁리가 뚫리지 못한 것은.
　　　　　　　　　　　　　　　　　　　(민족의 죄인, 1948年)
　(44)　[二次後置詞＋밖에]
　　　　?이것은 다수결에 의해서 밖에 결정할 수 없습니다[8].

　以上の結果を踏まえると、「밖에」が付く上接語句の範疇的変遷は以下のように整理される。

8　二次後置詞に後接する場合、「밖에」は(44)で見られるように、(39)の「しか」と異なり許容度が落ちる。この理由は本書の第13章で述べられているように「しか」の文法化が「밖에」より進んでいるからであると考えられる。詳細な内容は第13章を参照されたい。

(45) 時期：　　　　　　　15C～20C初期～20C中期～現在進行中
　　　上接語句の範疇的変遷：名詞＞動詞＞一次後置詞＞二次後置詞

　なお、Park(2014)は「밖에」自身の文法化過程においても、「メジャーカテゴリー＞中間的カテゴリー＞マイナーカテゴリー」という類似のプロセスを示していると論じている。この点は、本節で述べた上接語句の範疇的変遷とも一致し、さらに日本語の「だけ」「きり」「ほか」「しか」の文法化傾向とも並行的である。
　次章では、これまでの議論を踏まえ、限定副助詞とその上接語句の文法化現象における言語類型論的意義について総括的に考察する。

4. まとめと今後の課題

　本章では限定を表す副助詞の文法化の様相について、通時的および共時的観点から考察を行った。とりわけ、従来ほとんど注目されてこなかった「副助詞が付く上接語句の文法化プロセス」に焦点を当て、その変遷過程が当該副助詞自身の文法化パターンと類似するという点を明らかにした。韓日両言語を対象とした本章の考察は、言語類型論的観点からも両言語に共通する文法化傾向を示すものであり、次のような主張に帰着する(詳細は(13)を参照)。

第2部　否定副詞と限定副助詞の文法化

　すなわち、名詞や動詞といったメジャーカテゴリーから出発し、副詞などの中間的カテゴリーを経て、最終的に後置詞などのマイナーカテゴリーへと至る「範疇的変遷」のプロセスが副助詞の上接語句と副助詞自身の両方において観察されるという点である。さらに、この現象は類推(analogy)という文法化メカニズムによって説明可能であると考えられるが、これについては別稿において論じる予定である。
　一方、今後の課題として3節で検討した日本語の副助詞の文法化には、特筆すべき現象がある。それは、「しか」とは異なり、「だけ」「きり」「ほか」の三者においては、現代日本語において一次後置詞や二次後置詞に後接する用法がほとんど認められないという点である。たとえば、「だけ」に関しては(19)-(23)、「きり」は(30)、「ほか」は(35)に示したような構文がかつて存在したにもかかわらず、現代語では許容度が著しく低い。また、これらの副助詞が二次後置詞に後接する用法は歴史的にも確認されていない。この点は、文法化理論の中核概念の一つである一方向性仮説(Unidirectionality Hypothesis)に照らして注目に値する。この仮説は本書の第5章でも述べているように文法化における意味変化や構文拡張は一定の方向(一般には「語彙的→文法的」や「文法的→より文法的」)に沿って進行し、逆行は生じにくいとするものであり、多くの言語において普遍的傾向として報告されてきた。したがって、「だけ」「きり」「ほか」が示す、ある段階を経た後に後置詞との結合が制限されていく現象は、一方向性仮説に反するようにも

第9章 副助詞の文法化 II：上接語句における形式変化

見え、文法化研究において重要な再検討課題となる。本書ではその要因として、以下の三点が関与している可能性を示唆した。

　（ⅰ）「しか」との競合関係(functional competition)

　（ⅱ）機能の専門化(specialization)による役割分化

　（ⅲ）方言接触(dialect contact)による言語変化の影響

これらの点については、今後の課題として別稿で詳しく検討していくこととしたい。

　以上のように、第2部では否定副詞および限定副助詞に焦点を当て、その文法化過程を具体的に分析してきた。しかし、これらの考察は個別的な現象にとどまらず、文法化理論における普遍的な課題や多様性の問題とも密接に関わっている。次部では、この点を踏まえ、日本語副助詞研究を起点に理論的課題を再検討し、文法化研究の展望を提示することとする。

第3部

理論的課題と文法化の多様性

第10章

日本語副助詞の文法化研究の展望と今後の課題

第10章　日本語副助詞の文法化研究の展望と今後の課題

1. はじめに

　本章の目的は日本語における副助詞の文法化現象を言語類型論的観点から捉え、当該テーマに関心をもつ大学院生および研究者に向けて、(ⅰ)これまでの研究動向の整理と主要文献の概観、(ⅱ)現段階で残されている課題と方法論的問題点、(ⅲ)今後の研究の方向性と展望を提示することにある。本節ではまず、本研究における中心概念である「日本語副助詞」、「文法化理論」、そして「言語類型論」について簡潔に定義した上で、本テーマを考察対象とする意義を明らかにする。

　現代日本語の助詞は研究者によって分類に若干の違いが見られるものの、一般的には格助詞、副助詞、係助詞、接続助詞、並立助詞、準体助詞、終助詞、間投助詞の8種類に大別される。これらの助詞はそれぞれ独自の統語的機能を担っており、その接続対象も異なるが、名詞・動詞・副詞・後置詞といった上接語句に接続しうるという点においては共通した性質を有する。中でも副助詞は、接続対象の多様性という特徴を有し、他の助詞とは異なる構文的柔軟性を示す点に注目すべきである。

　副助詞に関する定義としては、沼田(1991：159)による「文中のさまざまな要素(自者)を取り立て、それに対する他の要素(他者)との論理的関係を示す語」という記述が広く参照されている(홍사만(2002：17)による引用)。具体的な副助詞の例としては、「だに」「すら」「さへ」「のみ」「ばかり」「まで」「など」「だけ」「やら」「ほど」「くら

第3部　理論的課題と文法化の多様性

い」「きり」「しか」などが挙げられ、いずれも多様な文脈において接続先を変化させながら用いられている。

　本章が副助詞の文法化に着目する理由は、このように多様な上接語句に対して柔軟に接続可能な点に加え、文法化のプロセスを観察する上で、副助詞が他の助詞よりも豊富な資料を提供するからである。第2部で扱った否定副詞や限定副助詞の実証的分析が示した個別形式の文法化過程を踏まえつつ、本章ではそれらを基盤として、より広範な理論的課題と日本語副助詞研究の今後の展望に焦点を移す。

　次節で述べるように、日本語副助詞の文法化について、言語類型論の観点から系統的に考察した先行研究は決して多くない。しかしながら、文法化理論に基づくアプローチは、2000年代後半以降、一定の広がりを見せつつあり、関連研究の蓄積も徐々に進んでいる。これは文法化理論および言語類型論が日本語学界に本格的に導入された時期が1990年代から2000年代初頭であったことと密接に関係している。この点を踏まえるならば、日本語副助詞の文法化に関する研究が近年になってようやく注目されはじめたこともむしろ自然な流れであると考えられる。

　以上より、日本語副助詞の文法化を言語類型論的観点から再検討することは今後の日本語学研究に対して多角的な視点を提供するものであり、本テーマの学術的意義と発展可能性は極めて大きいといえる。

2. 研究動向および推薦論文集の概観

　前節で述べたように、言語類型論的観点から日本語の副助詞の文法化を論じた先行研究は、それほど多くない。ただし、朴(2011c)(2012b)(2012c)(2014b)(2014c)(2014d)(2015d)(2019a)(2021)(2023)やPark(2012)(2014)(2015)(2018)(2023)においては、韓国語・日本語を英語やその他のヨーロッパ諸語と対照することで、文法化に共通する普遍的原理を探る試みが見られる。

　一方で、言語類型論の視点からではないが、文法化理論に依拠した副助詞の研究は2000年代以降着実に蓄積されている。ただし、文法化理論それ自体が言語横断的に見られる普遍的な原理とメカニズムを基盤としている点を考慮すれば、「類型論的観点ではないが文法化理論に基づく研究」という言い方は読者に誤解を与える可能性もあるだろう。しかしながら、本書では、これまでの研究の多くが主に日本語という一言語内で完結しており、比較対照的視点が必ずしも十分に採用されていないことに着目し、あえてそのように述べたことを、ここであらかじめ断っておきたい(詳細は第3節および第4節参照)。

　また、副助詞の歴史的変遷に着目した研究は比較的多く蓄積されており、本節ではこの後者に属する研究を中心に、これまでの研究動向を整理する。なお、共時的アプローチによる副助詞研究は本章の主張とは方向性を異にするため、ここでは扱わない。

2.1. 歴史的変遷に注目した研究

まず、日本語副助詞の歴史的変遷に注目した先行研究として、山田(1908)を嚆矢とし、国立国語研究所(1951)、此島(1966)、橋本(1969)、洪(1988)、山口(1991)、李(1992)(1999)(2000a)(2000b)(2001a)(2001b)(2002a)(2002b)(2003)(2005)(2008)、桑田(2001)、沼田・野田(2003)、宮地(2000)(2007)、衣畑(2011)、山田(2011)などが挙げられる。

とりわけ山田(1908)は「副助辞」という用語を初めて提唱し、副助詞の定義について以下のように述べている。

(1) 副助詞は格に関係せず。既に述べし如く上に来る語の意義の下なる語に対しての関係を就職すること西洋語の副詞に似たるものあり。　　　　　　　　　　　　　　　(山田(1908))

これらの先行研究は研究対象とする副助詞に違いはあるものの、一般的には次のような問いに答えることを目的としている。

(2) a. 副助詞の語源は何か。
　　 b. 各時代における音韻的・形態的変遷はどのようなものか。
　　 c. 各時代における意味的変遷はどのようなものか。
　　 d. 副助詞として定着する時期はいつか。その用法的・統語的変遷は？
　　 e. どのような語に上接・下接するようになったか。またその歴史的時期は？

f. 上接用法と下接用法のうち、どちらが先に現れるのか。

2.2. 文法化理論に基づく研究

次に、日本語副助詞に文法化理論を適用した先行研究としては、Kim(1997)、内田(2002)、青木(編)(2007)、日野(2008)、宮地(2010a)(2010b) (2011a) (2011b)(2014)、李(2011)、竹内(2013)などが挙げられる。

これらの研究でも、扱う副助詞はさまざまであるが、共通して以下のような問いを中心に論じられている。

(3) a. 副助詞の文法化過程はどの理論的原理(例：一方向性仮説、階層化、専門化、脱範疇化など)によって支えられているか。
 b. どのようなメカニズム(例：隠喩、類推、換喩、一般化など)によって文法化が進行するか。
 c. 範疇的・意味的変化の経路はどのように描けるか。
 d. 語源となる品詞は何であり、その変化はどのように理論化されるか。

紙幅の都合上、上記(2)(3)の問いに対し、各研究がどの副助詞を対象とし、いかなる主張を行っているかといった詳細な分析はここでは省略し、本書末尾の参考文献を参照されたい。

第3部　理論的課題と文法化の多様性

2.3. 推薦論文集の紹介

　最後に、日本語副助詞の歴史的変遷に関する研究および文法化理論の枠組みに基づく研究を集約した推薦論文集を二つ紹介したい。第一の推薦論文集は以下の沼田・野田(編)(2003)である。

(4) 沼田善子・野田尚史(編)(2003)『日本語のとりたて―現代語と歴史的変化・地理的変異―』くろしお出版(執筆者14名)

　本論文集は文法化理論や言語類型論的観点からの研究ではないが、(ⅰ)上代から現代に至るまでの日本語副助詞の歴史的変化を通時的・共時的観点から整理している点、(ⅱ)各地域の方言に見られる地理的変異にまで視野を広げ、副助詞の体系を構築している点において、副助詞の源流および体系を探る上で有用な指針となる文献であると言えよう。また本論文集は筑波大学東西言語文化の類型論特別プロジェクト研究組織によって作成された『筑波大学東西言語文化の類型論特別プロジェクト研究成果報告書平成12年度別冊　日本語のとりたて』の中から、一部の研究者の論文を再構成してまとめたものである。

　また、本論文集は、以下のように全4部構成となっている。
・第1部：特立のとりたて―「こそ」を中心に(現代日本語における特立副助詞/特立副助詞の歴史的変化[中世以前/近世以後]など)

- 第2部：極限のとりたて―「さえ」「すら」「だに」など(現代語における極限副助詞/極限副助詞の歴史的変化など)
- 第3部：限定のとりたて―「だけ」「のみ」「ばかり」など(現代語における限定副助詞/副助詞体系の歴史的変化など)
- 第4部：とりたての体系(現代語における副助詞の体系/副助詞体系の歴史的変化など)

第二の推薦論文集は、(5)の青木(編)(2007)である。

(5) 青木博史(編)(2007)『日本語の構造変化と文法化』ひつじ書房(執筆者11名)

本論文集は2005年6月に開催された関西言語学会のワークショップ「歴史的観点からみた日本語における句の諸相」および、同年7月に行われた名古屋大学国語国文学会のシンポジウム「形式名詞の文法化」において発表された内容を集大成したものである。本書は特に副助詞の文法化に焦点を当てた論考が多く収録されており、多様な視点からの研究手法を間接的に学ぶ上で有用な資料といえる。本論文集に収められている副助詞関連の論文は以下の通りその題名のみを紹介する。
- 形式名詞の文法化―名詞句としての特性から見る
- 形式名詞から形式副詞・取り立て詞へ―数量詞遊離構文との関連から―

- 付加節から取り立てへの歴史変化の2つのパターン
- 第1種副助詞と程度修飾句―程度用法の構文とその形成―
- 程度修飾をする「ほど」句の構造と機能
- 中世日本語の因果性接続助詞の消長―ニヨッテの接続助詞化を中心に―

3. 残された課題と今後の研究テーマ

　第2節では、日本語の副助詞の歴史的変遷および文法化理論の枠組みに基づいた先行研究を概観した。本節では、それに関連する未解決の問題点および研究課題について論じたい。前節で概観した先行研究からも分かるように、日本語の副助詞研究はこれまで数多くの優れた研究者によって目覚ましい業績が積み重ねられてきた。特に、日本語の文法範疇の中でも通時的・共時的、そして文法化理論という多角的なアプローチによって研究が進められてきた事例は決して多くなく、これは日本語副助詞が持つ文法的な興味深さを反映していると考えられる。しかしながら、前節でも指摘したように、先行研究の大半は日本語という個別言語の枠内で副助詞を記述するものであったため、解明されていない点、あるいはこれまで可視化されなかった問題が研究課題として残されている。その代表的な研究課題を(6)に挙げたい。

(6) 「ほか」は昭和時代初期にいわゆる脱文法化(degrammaticalization)が生じたが、なぜそのような現象が起きたのかという問いが残されている。

文法化理論においては、「一方向性仮説(unidirectionality hypothesis)」に基づき、文法化は一般的に以下のような一方向的な変化として捉えられている(이성하(1998)、Hopper & Traugott (2003)など参照)。

(7) a. 機能的変化：語彙的(より非文法的)表現 > 文法的(より文法的)表現
  b. 意味的変化：具体的意味 > 抽象的意味
  c. 形態的構造変化：統語的(自立的)構造 > 形態的(依存的)構造

実際に、「ほか」は(8)に示すように(7)の方向に沿った文法化過程を経ている。

(8) 「ほか」の三段階にわたる文法化過程(第7章の(22b)を修正・補足)
  a. 段階： 第1段階 第2段階 第3段階
  b. 時期： 8世紀後半(平安) 11世紀(中世) 18世紀(江戸後期)
  c. 意味的変化：物理的空間 > 心理的範囲 > 限定
  d. 範疇的変化：名詞 > 副詞 > 副助詞・否定極性表現

第3部　理論的課題と文法化の多様性

　言い換えれば、「ほか」は(8d)に示されたように機能的変化および形態構造の変化が観察され、また(8c)からは意味的変化が確認できる。第2節で概観した先行研究も、(7)および(8)のような記述的アプローチを通じて、それぞれの副助詞の変遷過程を明らかにしてきた。

　しかしながら、「ほか」の歴史的変遷過程をさらに追ってみると、「ほか」には次のような第4段階が存在することが確認される。

(9)　「ほか」の四段階の文法化過程(Park(2014)を修正・補筆)

区分	第1段階	第2段階	第3段階	第4段階
時期	平安時代	中世	18世紀(江戸後期)	20世紀(昭和初期)
意味的変化	空間的意味	心理的範囲	限定の意味	限定・心理的範囲の併存
範疇的変化	名詞	副詞	副助詞・否定極性表現	名詞・準否定極性表現

　「ほか」は最初に文献に現れる8世紀後半から20世紀初頭(大正時代)にかけて、副助詞および否定極性表現への文法化が一方向的に進行していたが、20世紀中葉(昭和初期)からは名詞・準否定極性表現への、いわゆる退化(retrogression)が始まる。実際、現在でも「ほか」の脱文法化は進行中である。このような「ほか」の文法化現象は副助詞全体の歴史的変遷研究および文法化研究において非常に興味深い対象であると言えよう。しかしながら、なぜ「ほか」において(9)の第4段階のような脱文法化現象が起きるのかという問いに対して、これまでの先行研究では十分な解明がな

されておらず、今後の研究課題として残されていると言っても過言ではない。この問題の解明には、日本語という個別言語研究だけでは、客観的な資料収集の困難さなどが伴い、限界があるためである。そこで、Park(2014)および朴(2012b)は上記の問題を言語類型論的アプローチによって解決しようとしている。特に、日本語と同じく膠着語に分類される韓国語、そして屈折語に分類される印欧語族の事例を比較検討し、問題の解明を試みている。結論として、(6)に対する理由について、Park(2014)および朴(2012b)は以下のように述べている。

(10) a. 上方語である「ほか」と江戸語である「しか」は、18世紀中葉ごろに初めて接触し、この時期から両者の表現には同義語衝突が生じ始めた。大正時代までは「ほか」も「しか」と同様に副助詞および否定極性表現としての文法化が進行していたが、昭和時代に入ると「ほか」は「しか」に敗北し、副助詞および否定極性表現としての地位を「しか」に譲ることとなる。
b. 「ほか」が「しか」に敗れその地位を譲った後、「ほか」は(ⅰ)副助詞から名詞相当表現へ、(ⅱ)否定極性表現から準否定極性表現へと、いわゆる脱文法化が進行中である。これに対して「しか」は副助詞および否定極性表現としての文法化がさらに進み、昭和時代に入ってからは複合助詞などの複雑な表現にも後接するようになる。

このような変化は単なる語彙の置換というよりも、言語変化全体における文法的範疇の変容を意味する重要な事象であると考えられる。このほか、これまでの日本語個別言語研究では明らかにされていなかった副助詞の文法化現象についても、(ⅰ)朴(2014b)、(ⅱ)朴(2014c)、および(ⅲ)朴(2014d)、Park(2014)(2015)はそれぞれ言語類型論的観点から以下のように明らかにしている。

(11) 朴(2014b)の主張(→本書の第8章)
 a. 日本語をはじめ、韓国語のような膠着語における副助詞の文法化過程は、印欧語族に見られる範疇性の連続変異(a cline of categoriality)と一致するとされる。すなわち、「メジャーカテゴリー(major category：名詞・動詞) ＞ 中間的カテゴリー(intermediate category：形容詞・副詞) ＞ マイナーカテゴリー(minor category：前置詞・接辞・接続詞など)」
 b. 否定極性の用法をもつ副助詞、たとえば「ほか」「きり」「しか」や「밖에」などは、副助詞としての文法化が進行すればするほど、否定極性表現としての文法化も強化される傾向がある。日本語の副助詞と否定極性との関係については、李(1999)(2000a)でも本研究と同様の指摘が見られる。また逆に、副助詞としての文法化が衰退すればするほど、否定極性表現としての文法化も同様に衰退する。要するに、韓日両言語における否定極性用法をもつ副助詞は、否定極性用法と副助詞用法のあいだに密接な関係を有していることがわかる。したがって、上記(11a)の範疇

第10章　日本語副助詞の文法化研究の展望と今後の課題

性の連続変異における小範疇には、韓日両言語において否定極性表現も加える必要があると言える。

(12) 朴(2014c)の主張(→本書の第9章)
   a. 日本語の副助詞は、その統語的特性上、さまざまな要素に後接することができるが、これらの副助詞が付く上接語は、次のような文法化の様相を示す。「メジャーカテゴリー(major category：名詞・動詞) ＞ 中間的カテゴリー(intermediate category：形容詞・副詞) ＞ マイナーカテゴリー(minor category：後置詞・副助詞・複合助詞など)」
   b. 興味深いことに、このような文法化過程は、(11a)で述べた副助詞自身の範疇性の連続変異とも類似している。
   c. (12a,b)のような文法化現象は、韓国語の副助詞の場合にも見られる。

(13) 朴(2014d)、Park(2014)(2015)の主張(→本書の第13章)
   a. 日本語と韓国語の副助詞「しか」と「밖에」は、言語類型的に同じ膠着語に属するが、文法化の進行度において次のような違いが見られる。「文法化の進行度において、韓国語は日本語よりも遅れている」
   b. 上記の仮説は、次の4つの言語現象によって裏付けられる。第一に、日本語は韓国語とは異なり、複合助詞など複雑な形態に後接することができる。第二に、日本語の使用頻度(frequency of use)は、韓国語のそれよりも高い。第三に、日本語は文法化理論における一般化(generalization)のメカニズムによって、韓国語とは異なり、より多様な要素に接続可能である。それに対して、韓国語はメジャーカテ

275

ゴリー(major category)にしか接続できない。第四に、日本語の該当副助詞の出現時期は、韓国語よりも約1.5世紀ほど早い。

　(11a)の内容は、日本語の副助詞が、同じ膠着語に属する韓国語のみならず、インド・ヨーロッパ語族の前置詞や接辞の範疇性連続変異(a cline of categoriality)とも一致することを明らかにし、範疇性連続変異が言語普遍的な原理として適用可能であることを立証している。(11b)は膠着語の副助詞に見られる特異な文法化現象であり、前置詞や接辞が否定共起表現として機能しないインド・ヨーロッパ語族とは異なることを証明した。(12)も膠着語の副助詞に見られるもう一つの注目すべき文法化現象であり、今後の文法化研究に少なからぬ貢献を成し得るものと期待される。最後に、(13)の場合、同じ言語類型に属する日韓両言語が(11)や(12)のように類似した文法化パターンを示すという予測に反し、文法化の進行度の差によって、両言語に興味深い言語現象が見られることを示唆している。さらに、(13)の主張はこれまでの先行研究で誤認されてきた「しか」の起源を正すうえでも少なからぬ貢献を果たしたと考えられる。

　以上より、本節では言語類型論の観点から日本語の副助詞の文法化を研究することによって、従来の先行研究において今後の課題として残されてきた言語現象や、これまで明らかにされてこなかった言語現象を解明できる可能性があることを示した。

4. 今後の研究展望と方向性

　第一に、言語類型論的観点からの日本語副助詞の文法化研究が今後さらに活性化すると期待される。実際、第2節で日本語副助詞の歴史的変遷過程に重点を置いた代表的な先行研究として李(1992)(2000a)(2000b)(2008)や宮地(2000)(2007)などを挙げたが、これらの研究は2010年代に入り、それぞれ李(2011)や宮地(2010a)(2010b)(2011)(2011b)(2014)などのように、文法化理論の枠組みに基づく研究へと変化してきている。日本語副助詞の研究アプローチの変遷史を本書が便宜的に区分すれば、以下のようになるだろう。

　　(14)　　第1期　　　　　　　第2期　　　　　　　第3期
　　　　歴史的変遷研究 → 文法化理論枠組による研究 → 言語類型論的観点
　　　　　　　　　　　　　　　　　　　　　　　　　　からの文法化研究

　(14)のような研究アプローチの変化は第1節でも述べたように、文法化研究が日本語学界に導入されてからそれほど長い時間が経っていないという点を考慮すれば、極めて自然な流れであると思われる。さらに、文法化理論が言語間に共通して見られる現象の言語普遍性を明らかにすることを目的としている以上、言語類型論と文法化は切っても切れない関係にあると考えられる。しかしながら、たとえ(14)のような研究史的な流れが存在するとしても、「歴史的変遷

第3部　理論的課題と文法化の多様性

研究」「文法化理論枠組による研究」そして「言語類型論的観点からの文法化研究」という三つの研究アプローチはそれぞれ独立したものではなく、常に有機的に結びつけて発展させていく必要がある。その理由は文法化研究には共時的観点からの研究ももちろん存在するが、本書の研究テーマの特性上、通時的観点からの研究方法が不可欠であるという点を考慮したとき、「歴史的変遷過程」「文法化」そして「言語類型論」が一体的に結合されて研究されてこそ、当該研究のシナジー効果を最大限に高めることができるからである。

　第二に、韓日両言語という膠着語においてのみ見られる副助詞の性質に関する研究が今後さらに活性化すると期待される。具体的な事例を挙げると、次のようなものである。(i)上方語と江戸語の方言接触による副助詞の文法化現象が挙げられる。(10)で述べたように、近世後期には上方語と江戸語の接触により、「ほか」と「しか」以外にもいわゆる同義語の衝突が多く存在したと考えられる。この時期の現象を言語類型論的観点から韓国語などと比較対照的に研究することで、日本語という個別言語の枠内では気づかなかった新たな言語現象を発見できる可能性がある。(ii)否定共起用法と副助詞との関係も注目すべきである。(11b)で述べたように、韓日両言語の副助詞は否定共起用法と連動して文法化が進行していることが明らかとなった。このような現象は文法化理論において非常に興味深く、他の副助詞の場合や異なる言語類型における同様の現象を比較することによって、その理由を解明することができれば、今後の文法化研究に大きな貢献をもたらすと期待

される。(ⅲ)副助詞が接続される上接語の類型的な文法化と、副助詞自身の文法化との関連性も研究課題として挙げられる。(12)で指摘したように、韓日両言語の副助詞は自身の文法化のみならず、それが接続される上接語の文法化過程とも一致していることが判明した。これも非常に興味深い現象であり、その理由が解明されれば、韓日両言語のみならず、人間言語における副助詞の特性解明にも大きな貢献をもたらすと考えられる。(ⅳ)韓日両言語の文法化進行度の違いによる副助詞の差異も研究課題である[1]。(13)で述べたように、韓日両言語の副助詞は「しか」と「밖에」のように統語的・意味的類似性が高いため、一見すると同一のものとして、先行研究や日本語教育の現場ではしばしば同等に扱われてきた。しかし、統語的側面からより厳密に分析すると、両言語の副助詞の間には少なからぬ相違点が存在することがわかり、その理由として文法化の進行度の違いという興味深い現象を導き出すことができる。今後は、韓日両言語の副助詞の違いに焦点を当てた精密な研究が求められるであろう。

5. おわりに

　本章では、言語類型論的観点からみた日本語の副助詞の文法

---

[1] これに関する詳細な内容は本書の第4部で扱うことにする。

化研究について概観した。本章の中核をなす第2節および第3節は紙面の制約により要点のみに集約された。したがって、本章のみを通じて言語類型論的観点からみた日本語副助詞の文法化研究の現状および残された課題等を十分に理解することは困難であろうと考えられる。本文中にも記したように、本章で言及した参考文献を通じて、より詳細な情報を補っていただきたい。また、文法化理論および言語類型論についての概説も、本章の内容のみでは不十分であると思われる。文法化理論については、이성하(2016)および Hopper & Traugott(2003)、言語類型論については Whaley(1997)および堀江・プラシャント(2009)が代表的な入門書であるため、ぜひ参照されたい。

　文法化研究は日本の日本語学界においては1990年代に入ってから、韓国の日本語学界においては2000年代に入ってから活性化されている。一方、言語類型論研究の歴史はそれよりも短く、日本の日本語学界では2000年代に入ってから本格的に活発化しているのに対し、韓国の日本語学界においてはその研究実績は未だに乏しいのが現状である。この点は韓国の言語学関連学会の研究業績からも確認することができる。すなわち、文法化に関する研究は「담화・인지언어학회(談話・認知言語学会，1991年設立)」等を通じて、韓国語およびその他の言語における文法化研究が活発に発表されてきた。一方、言語類型論研究に関しては、2010年代に入り、「言語範疇と類型学会」および「言語類型論研究会」がそれぞれ独立して活動を行っていたが、2014年4月に「韓

第10章 日本語副助詞の文法化研究の展望と今後の課題

国言語類型論学会」として統合されて以降、研究発表が盛んに行われるようになった。

　日本語の副助詞研究は日本の学界のみならず、韓国の学界においても優れた研究史と研究実績を誇る分野であるといえよう。しかし、本文でも述べたように、言語類型論および文法化理論の観点から副助詞を考察した先行研究はごくわずかにとどまっている。本書が今後の言語類型論的観点から見た日本語副助詞の文法化研究の活性化に、ささやかでも貢献できれば幸いである。さらに、本章での議論は、次章(第11章)において検討する「複数文法カテゴリーに属する形式の文法化」、すなわち機能重層性の問題を考察するための導入的役割を果たすものである。

第11章

複数文法カテゴリーに属する形式の文法化：
機能重層性の視点から

第11章　複数文法カテゴリーに属する形式の文法化：機能重層性の視点から

1. 問題提起

　本章の研究対象は韓日両言語において複数の文法カテゴリーにまたがる単一形式の文法化現象である。ここでいう「機能重層性」とは、単一の形式が複数の文法的機能を同時に保持し、それらが相関的に進展または後退する性質を指す。本章では、この機能重層性の観点から分析を進める。
　具体的には、本書の第2部で取り扱った限定副助詞の一種である日本語の「ほか」、「きり」、「しか」、および韓国語の「밖에」の4つの表現を分析対象とする(それぞれの詳細な用法に関しては第2部を参照されたい)。ちなみに、先行研究においてこれらの表現は「其他否定」の表現とも呼ばれている[1]。以下の例文を見ていただきたい(該当表現には下線を付す)。

(1)　a. こうなった以上、やるほかない(*ある)。
　　　b. この店できり買えない(*買える)。(日本文法辞典, 1971年)
　　　c. この携帯電話は10文字までしか入力できない(*入力できる)。
　　　d. 다리를 다쳐서 천천히밖에 걸을 수 없어요(*걸을 수 있어요).

　(1a)は「ほか」、(1b)は「きり」、(1c)は「しか」、そして(1d)は「밖에」が用いられた文であるが、いずれも否定文にのみ現れる。こう

1　「其他否定」の定義については朴(2009)を参照されたい

第3部　理論的課題と文法化の多様性

いうわけでこれらの表現は先行研究において否定極性表現として認められてきた。

また、(1)の下線部の4つの表現は先行研究において副助詞、または係り助詞としても分類されており、複数の文法的役割を同時に有している点に特徴がある。副助詞の定義において、本書の第8章は下記のように指摘している。

> 日本国語大辞典(2004)によると、副助詞とは助詞の一種で、用言に関係ある語に付いて、下の用言の意義を限定する助詞で、格助詞に上接も下接もするとされる。また、この用語は山田(1908)によって初めて命名され、以下のように定義されている。
> (1) 副助詞は格に関係せず。既に述べし如く上に来る語の意義の下なる語に対しての関係を修飾すること西洋語の副詞に似たるものあり。　　　　　　　　　　　　(山田(1908))
> 　　　　　　　　　　　　　　　　　　　　　　(=第8章, (1))

実際、これらの表現は体言だけでなく、(1a)のように動詞、(1b)のように後置詞、(1c)のように格助詞、(1d)のように副詞など、さまざまな構成要素に後接することができ、構文論的柔軟性を示している。

したがって、これらの表現は単一の形式が否定極性表現と副助詞という2つのカテゴリーにまたがる稀有な例である。これに対し、「誰も/아무도」、「何も/아무것도」、「決して/결코」などの一般的な否定極性表現や、「だけ/만」、「さえ/조차」などの副助詞的表現

第11章　複数文法カテゴリーに属する形式の文法化：機能重層性の視点から

は、それぞれ単一の文法カテゴリーに限定されている。この意味において、「ほか」「きり」「しか」「밖에」は、韓日両言語における文法化の観点から非常に興味深い対照対象となる。

　にもかかわらず、これらの表現に関する先行研究の多くは否定極性表現か副助詞のいずれか一方のカテゴリーにしか注目しておらず、両者の文法的役割の相関性や、共時的・通時的な変遷に関しては十分に分析されてこなかった。意味論的アプローチに立脚した先行研究(홍사만(2002)、山口(1991)、江口(2000)、茂木(2004)、沼田(2009)、宮地(2007)など)は、副助詞的用法に主眼を置いており、一方、統語論的アプローチによる研究(박승윤(1997)、시정곤(1997)、Kim(1997)、Konomi(2000)、Nishioka(2000)、Furukawa(2001)、片岡(2006)など)は、主に否定極性表現としての側面を取り上げている。

　ところが、筆者の予備的観察によれば、これらの表現における副助詞化と否定極性化の文法化プロセスはほぼ同時的かつ相互依存的に進行している。さらに、日本語の「ほか」、「きり」に関しては、昭和期以降、通時的変化の中で「副助詞 ＞ 準副助詞・名詞」への、また「否定極性表現＞準否定極性表現」への脱文法化(degrammaticalization)が生じており、この脱文法化の過程においても2つの文法的性質が同時に変化している事例が確認される(詳細は第2節以降で述べる)。

　本章の目的は、以上のような問題意識に基づき、次の2点を明らかにすることである。

(ⅰ) 韓日両言語において、「밖에/しか/きり/ほか」の持つ否定極性表現としての用法と副助詞としての用法がいかなる相関関係を持つのか。
(ⅱ) 両者の文法化プロセスがなぜ同時的・相関的に進行/後退するのか、その背景にある言語類型論的メカニズムを解明すること。

とりわけ本章では、第8章における理論的提案((41b))「副助詞としての文法化の進展が否定極性表現としての文法化を促進し、その逆も然りである」を出発点とし、本章での詳細な事例分析を通じて、この命題を実証的に支持することを目指す。そして、本書全体の主張である「文法化の言語類型論的特性と、その普遍性・固有性の共存」という視座に基づき、韓日両言語におけるマイナーカテゴリーの再定義へと議論を展開していく。

2. 本書の立場

本論に入る前に、本章における中心的な主張を以下のように提示しておく。

(2) a. 韓日両言語において、否定極性表現と副助詞という二つの文法カテゴリーの両方に属する単一形式の文法化は、

第11章　複数文法カテゴリーに属する形式の文法化：機能重層性の視点から

　　　　以下のような一般化が成立する：副助詞化と否定極性表
　　　　現化はほぼ同時的に生起する。また、これらの文法カテ
　　　　ゴリーからの脱文法化も、やはりほぼ同時的に生じる傾向
　　　　がある。
　　b.　このような現象が観察されるのは、副助詞と否定極性表現
　　　　がいずれも言語体系内における「マイナーカテゴリー
　　　　(minor categories)」に属しているためであると考えられる。
　　c.　単一の文法形式が複数のマイナーカテゴリーに属している
　　　　場合、これらのカテゴリーは統語論的に密接な性質を共
　　　　有しており、ひとまとまりのように振る舞う。したがって、マ
　　　　イナーカテゴリーへの文法化、あるいはそこからの脱文法
　　　　化が生じる際にも、連動的かつ同調的な変化が現れること
　　　　になる。

本章では、以上の主張(2a)-(2c)が妥当であるかどうかを、韓日両言語の対照分析と文法化理論の観点から検証していく。

3. 検証

3.1. 韓日両言語の否定極性表現及び副助詞への文法化プロセス

　本節では、「ほか」、「きり」、「しか」、「밖에」の各形式について、先行研究における否定極性表現および副助詞への文法化の過程を以下の観点から整理する：(ⅰ)段階的推移、(ⅱ)時期的変

遷、(ⅲ)範疇的・意味的変化のプロセス。各段階の代表的な言語データも併せて提示する。最終節3.1.5では、これらの検討を踏まえて本書が注目する言語現象を総括する。

なお、以下の3.1.1-3.1.4節で扱う内容は本書の第2部においてすでに個別に論じた分析を再掲・補足的に整理したものである。本章ではこれらを改めて俯瞰することで、(ⅰ)否定極性表現と副助詞という二重の文法カテゴリーに属する点を明確にし、(ⅱ)複数カテゴリーにまたがる機能重層性の理論的課題に接続するための基盤を提供する。

3.1.1.「ほか」の文法化

本節では「ほか」の文法化についてみる。Park(2014)は「ほか」の文法化プロセスを下記のように示す。

(3)「ほか」の文法化プロセス(Park(2014:169)を一部改変)

	a. 段階：	第1段階	第2段階	第3a段階	第3b段階	第4段階
	b. 時期：	9C	～	17C中後期	19C初中期	20C中後期
	c. <u>範疇的変遷</u>：	名[2]	＞副	＞NPI・副助Ⅰ[3]	＞N・副助Ⅱ	＞準N・準副助・名
	d. 意味的変遷：	物理的空間	＞心理的範囲・除外	＞限定	＞限定	＞心理的範囲・除外

2　(3)(表1)(5)(7)(9)の範疇的変遷における略語は次のようである。名：名詞、副：副詞、副助：副助詞、N：NPI(否定極性表現)、準N：準NPI(pseudo NPI)、準副：準副助詞(pseudo adverbial particle)

第11章　複数文法カテゴリーに属する形式の文法化：機能重層性の視点から

後の3.1.5節で詳しくみるが本書は「ほか」、「きり」、「しか」、「밖에」の「第3a段階 > 第3b段階 > 第4段階」における文法化の様相に注目する。第3a段階はこれらの表現が初めて否定極性表現及び副助詞としての統語素性がみられた段階である。Park(2014)、朴(2014b)は第3a段階、第3b段階、第4段階における否定極性表現及び副助詞としての文法化の様相の違いを下記の(表1)のように指摘する。

(表1)「第3a段階 > 第3b段階 > 第4段階」における否定極性表現・副助詞

段階＼文法カテゴリー	第3a段階	第3b段階	第4段階[4]
副助詞	メジャーカテゴリー[5]に後接する。主に、名詞/動詞に後接する→副助Ⅰ	マイナーカテゴリーに後接する。主に、一次後置詞[6]に後接する→副助Ⅱ	マイナーカテゴリーに後接する。主に、二次後置詞[7]に後接する→副助Ⅲ
否定極性表現	否定極性	否定極性がさらに強くなる	否定極性がさらに強くなる

3 「第3a段階(副助詞Ⅰ) > 第3b段階(副助詞Ⅱ) > 第4段階(副助詞Ⅲ)」の文法化プロセスは(表1)の副助詞のところを参照してもらいたい。ちなみに、本プロセスは本書の第2部で示したものをさらに掘り下げている。
4 ただし、本節の「ほか」と次節の「きり」の場合、このような第4段階のような文法化の様相はみられないことに注意されたい。詳細は後の3.1.5節で述べる。
5 以下のメジャーカテゴリー(major category)とマイナーカテゴリー(minor category)に関しては後の3.2節の(26)で詳しくみる。
6 一次後置詞(primary postposition)は「-まで/から/に/と」などが挙げられる。詳細は本書の第2部を参照されたい。
7 二次後置詞(secondary postposition)は「-について/に関して/てから/におい

(3)でみた「ほか」の文法化の各段階のデータを概観する。

(4)　a.　[第1段階]　我が背子に恋ひすべながり葦垣の<u>外</u>に嘆かふ我れし悲しも。　　　　　(万葉集17：3975)
　　　b.　[第2段階]　今はただ心の<u>外</u>に聞くものを知らずがほなる荻のうはかぜ。　　　　(新古今集14：1309)
　　　c.　[第3a段階]　おまえの名<u>ほか</u>出ませぬ。
　　　　　　　　　　　　　　　　　　　(心中宵庚申(1722/享保7)
　　　d.　[第3b段階]　京都まで<u>ほか</u>行かない。(山田(1922))
　　　e.　[第4段階]　*太郎<u>ほか</u>来なかった。
　　　f.　[第4段階] ??太郎の<u>ほか</u>来なかった。
　　　g.　[第4段階]　*このバスは新宿駅まで<u>ほか</u>行かない。
　　　　　　　　　　(Park(2014：164-165)を一部改変)

以下、これらの表現の各段階のデータに関する説明は3.1.5節でまとめて行う。

3.1.2.「きり」の文法化

本節では「きり」の文法化をみる。此島(1966)、渡辺(2002)、日本国語大辞典(2004)などにおいて「きり」の語源は動詞「限る」であると指摘される。加えて、渡辺(2002)は「きり」の語源について以下のように述べる。

て」などの複合助詞が挙げられる。詳細は本書の第2部を参照。

第11章　複数文法カテゴリーに属する形式の文法化：機能重層性の視点から

「きり」の語源については、湯沢(1936)は、「これは限りから出た語らしく(p.550)」と述べており、此島(p.254)は、動詞「きる(限る)」を語源とするとしており、根来(p.113)、倉持(p.521)は、動詞「きる(限る)」が名詞化した「きり(限り)」から転じたものであるとしている。湯沢、此島、根来、倉持は、「限」という漢字をあてる動詞「きる」、もしくは、これが名詞化したものから付属語「きり」が派生したと考えているわけであるが、近世における付属語「きり」に漢字があてられる場合には、「切」の漢字があてられる場合と「限」の漢字があてられる場合の二通が存在する。　　　　　　　　　　　(渡辺(2002：129)

本書の第2部は「きり」の文法化プロセスを下記のように示す。

(5)　「きり」の文法化プロセス(Park(2023)を一部改変)
   a.　段階：　　　第1段階　第2段階　第3a段階　第3b段階　第4段階
   b.　時期：　　　17C　　　～　　　19C中後期　20C初中期　20C中後期
   c.　範疇的変遷：動・名　＞副　　＞N・副助　＞N・副助　＞準N・準
   　　　　　　　　　　　　　　　　　Ⅰ　　　　Ⅱ　　　　副助・名
   d.　意味的変遷：空間・時間的区切り＞限定　＞限定　　＞限界・
   　　　　　　　　・限界　　　　　　　　　　　　　　　　限定

以下では、上述した「きり」の文法化の各段階のデータの中で、本書が注目する第3a段階以降のもの[8]を中心に概観する。

(6)　a.　[第3a段階] 仮令言文一致を使っても候文的な内容<u>きり</u>書けそうもない叔父や叔母への手紙は容易に

---

[8] 第2段階における「きり」のデータは3.1.5節の(16)で挙げることにする。

書けなかった。　　（大律順吉721, 1912年）
b. [第3b段階] あの山はここから<u>きり</u>見えない。

（日本文法辞典，1971年）
c. [第4段階] ??ペンが一本<u>きり</u>ない。
d. [第4段階] *あそこは3階から<u>きり</u>見えない。

(Park(2023))を一部改変)

これらの用例に見られる統語的・意味的特徴、また否定極性表現としての挙動の変化については、後述の3.1.5節にて他の表現とあわせて総合的に考察を行う。

3.1.3.「しか」の文法化

本節では日本語の限定的否定極性表現「しか」に関する文法化のプロセスについて検討する。「しか」は、否定的文脈で使用される代表的な副助詞であり、意味的には限定を表すが、常に否定述語と共起するという点で、典型的な否定極性表現である。Park(2014)は「しか」の文法化プロセスを以下のように示す。

(7) 「しか」の文法化プロセス(Park(2014：169)を一部改変)

a.	段階：	第3a段階[9]	第3b段階	第4段階
b.	時期：	18C中期	19C中期	20C中期
c.	<u>範疇的変遷</u>：	N・副助Ⅰ ＞	N・副助Ⅱ ＞	N・副助Ⅲ
d.	意味的変遷：	限定 ＞	限定 ＞	限定

第11章　複数文法カテゴリーに属する形式の文法化：機能重層性の視点から

次に、上述した「しか」の文法化の各段階のデータを概観する。

(8)　a.　[第3a段階] 夫レから金の才覚をしてみた所が持チ合が十九両しかないのさ。
　　　　　　　　　　　　　　　　(洒落本南門鼠(寛政12, 1800年)
　　b.　[第3b段階] 九時までしか待たれぬ。　　(山田(1922))
　　c.　[第4段階] これは事故原因をちゃんと解明してからしかできない。　(Park(2014：166-168)を一部改変)

　上記の用例は「しか」が名詞句に後置されて否定述語と共起する典型的な統語構造を示している。また、文法化の段階が進むにつれて、より抽象的な意味領域や条件節などにも使用可能となるなど、文法化の進行とともにその使用域が拡張している点も指摘できる。
　本章の主張(2)にも述べたように、「しか」のような否定極性表現であり副助詞でもある形式はマイナーカテゴリーの統語素性により、両機能の文法化が同時並行的に進行する傾向が強い。この傾向は韓国語の「밖에」などとも共通しており、言語類型論的に見ても特筆に値する現象である。

9　本書の第2部でも述べているように「しか」は先行研究において資料不足のため日本語の副助詞の中でその語源が不明とされる唯一の表現であるとされる。よって、第1段階と第2段階に当たる歴史的データは資料不足のため見当たらない。「しか」が最初に見つけられた文献ではすでに第3a段階の洗練された文法形式であった。ただし、第3a段階以降の否定極性表現と副助詞の文法化は他の表現と同じく一緒に行われている。

295

3.1.4.「밖에」の文法化

本節では、韓国語における限定副助詞「밖에」の文法化について考察する。「밖에」は日本語の「しか」に対応する否定極性表現であり、否定的な文脈で限定的意味を担う副助詞である。この形式もまた副助詞であると同時に否定極性表現であり、先行研究(Park 2014)では以下のような文法化の段階が提示されている。

(9) 「밖에」の文法化プロセス(Park(2014:169)を一部改変)
　　a. 段階：　　　第1段階　第2段階　第3a段階　第3b段階　第4段階
　　b. 時期：　　　15C中期　17C　　20C初期　　20C中期　　現在
　　c. 範疇的変遷：名　　＞副　　＞N·副助Ⅰ　＞N·副助Ⅱ　＞N·副助Ⅲ
　　　　　　　　　　　　　　　　　　　　　　　　　　　　　　(現在進行中)
　　d. 意味的変遷：物理的　＞心理的範　＞限定　　　＞限定　　　＞限定
　　　　　　　　　空間　　　囲·除外

このプロセスにおいて注目すべきは、「밖에」が当初は物理的空間の外側を表す名詞であったものが除外の副詞的用法を経て、限定を示す副助詞として機能するようになったという点である。その意味変化は日本語の「しか」や「きり」の変遷とよく似ており、否定との共起性が強まる中で否定極性表現としての性質をも強化していった。

以下では、第3a段階以降における代表的な使用例を概観する。

第11章　複数文法カテゴリーに属する形式の文法化：機能重層性の視点から

(10) a. ［第3a段階］또 한個 매여 달닌 것 밧게 빗치지 안는다.

(이중해방, 1922年)

　　 b. ［第3b段階］저 일신의 안전을 도모하는데까지 밖에는 궁리가 뚫리지 못한 것은.

(민족의 죄인, 1948年)

　　 c. ［第4段階］??이것은 사고 원인을 해명하고 나서밖에 (설명을) 할 수 없다.

　　 d. ［第4段階］온통 김종일이 정말로 한국에 내려온 것인가에 대해서밖에 얘기를 하지 않고 있습니다.

(천하제일 부자, 2018年)

(Park(2014：160-161)を一部改変)

　これらの例から明らかなように、「밖에」は歴史的に見て副詞的要素と副助詞的要素を兼ね備えた形式として進化し、その過程で否定との共起を前提とする否定極性表現としての機能を確立していった。とりわけ第3b段階から第4段階にかけては、意味的には変化が見られないものの、統語的位置や共起可能な述語範囲において、より抽象的で複雑な構造との結合が可能となっている。「밖에」の文法化は、意味・範疇の両側面において「しか」や「きり」の事例と極めて類似しており、韓日両言語における否定極性副助詞の文法化過程の平行的性質を裏づけるものである。

　以上、3.1.1節-3.1.4節では「ほか」、「きり」、「しか」、「밖에」の4つの表現に関して、その文法化プロセスと代表的データを概観した。次節では、これらの分析をもとに、本書が注目する理論的課

第3部　理論的課題と文法化の多様性

題と類型論的観点からの考察を進めることとする。

3.1.5. 注目されるべき文法化現象

本書は上の(3c)(5c)(7c)(9c)における下線部の範疇的変遷に注目する。

第一に、「第2段階 ＞ 第3a段階」における「ほか」、「きり」、「밖에」の範疇的変遷に注目すると副詞から否定極性表現及び副助詞Ⅰへ文法化がほぼ同時に行われる。まず、(3)でみた「ほか」の文法化プロセスから以下に再掲してみる。

(11)　「ほか」の文法化プロセス

		第1段階	第2段階	第3a段階	第3b段階	第4段階
a.	段階：					
b.	時期：	9C	〜	17C中後期	19C初中期	20C中後期
c.	範疇的変遷：	名	＞副	＞NPI・副助Ⅰ	＞N・副助Ⅱ	＞準N・準副助・名
d.	意味的変遷：	物理的空間	＞心理的範囲・除外	＞限定	＞限定	＞心理的範囲・除外

(=(3))

「ほか」は第2段階までは名詞及び副詞の統語素性しかなかったが、17C初期から否定極性表現及び副助詞としての統語素性を持ち始めるようになる。この時期に否定極性表現及び副助詞としての統語素性が一緒に現れたのである。このことをデータをもって確かめる。

第11章　複数文法カテゴリーに属する形式の文法化：機能重層性の視点から

(12) 第3a段階における「ほか」
    a.　おまえの名ほか出ませぬ。　　　　　　　　(=(4c))
    b.　あの医者は毒もるとほかおもはれぬ。

(雑俳・湯だらひ, 1706年)

(13) 第2段階における「ほか」
    今はただ心の外に聞くものを知らずがほなる荻のうはかぜ。

(=(4b))

　(12)の「ほか」は第3a段階におけるもので、(13)の「ほか」は第2段階におけるものである。(12a)の「ほか」は(13)の場合と違い、名詞に後接しているのにもかからわず属格助詞「の」が伴われない。(12b)の「ほか」は後置詞「と」に後接している。このことからこの段階における「ほか」は副助詞としての文法化が成立したことが分かる。また、(12a)と(12b)の「ほか」は否定辞「ぬ」と呼応し「限定」の意味を持つ。すなわち、この段階における「ほか」は否定極性表現としての文法化も成立したのである。

　次は、「きり」についてみる。

(14)「きり」の文法化プロセス

	a.	段階：	第1段階	第2段階	第3a段階	第3b段階	第4段階
	b.	時期：	17C	～	19C中後期	20C初中期	20C中後期
	c.	範疇的変遷：	動・名	＞副	＞N・副助Ⅰ	＞N・副助Ⅱ	＞準N・準副助・名
	d.	意味的変遷：	空間・時間的区切り・限界	＞限定	＞限定		＞限界・限定

(=(5))

第3部　理論的課題と文法化の多様性

「きり」は第2段階までは動詞・名詞及び副詞の統語素性しかなかったが、19C中後期から否定極性表現及び副助詞としての統語素性を持ち始めるようになる。また、この時期に否定極性表現及び副助詞としての統語素性が共に現れたのである。このことを例文をもって確認する。

(15) 第3a段階における「きり」
　a. 仮令言文一致を使っても候文的な内容きり書けそうもない叔父や叔母への手紙は容易に書けなかった。　(=(6a))
　b. これはねえあなた、ぼくの発明した機械で、日本に一つきりない。　　　　　　　　　　(楡家の人びと, 1962年)
(16) 第2段階における「きり」
　a. 卵塔場へ往きはいったが幼稚のうち参ったツきりだから。
　　　　　　　　　　　　　　　(七偏人・五・下, 江戸後期)
　b. ちよつくり顔をだしたぎりで，今じぶん来やアがって。
　　　　　　　　　　　　　　　(通言東至船, 江戸後期)
　　　　　　　　　　　　　　　　　　(渡辺(2002：129))

(15)の「きり」は第3a段階におけるもので、(16)の「きり」は第2段階におけるものである。(15a)の「きり」は(16)の場合と異なり、否定辞と呼応して限定の意味を持つ。つまり、「其他否定」の表現の用法をこの段階において持つようになったのである。また、(15b)のように助数詞にも後接でき、この段階において副助詞としての文法化もすでに進んでいたことが分かる。

第11章　複数文法カテゴリーに属する形式の文法化：機能重層性の視点から

次に、韓国語の「밖에」についてみる。

(17)　「밖에」の文法化プロセス
	a.	段階：	第1段階	第2段階	第3a段階	第3b段階	第4段階
	b.	時期：	15C中期	17C	20C初期	20C中期	現在
	c.	範疇的変遷：	名	＞副	＞N・副助Ⅰ	＞N・副助Ⅱ	＞N・副助Ⅲ (現在進行)
	d.	意味的変遷：	物理的空間	＞心理的範囲・除外	＞限定	＞限定	＞限定

(=(9))

「밖에」は第2段階までは名詞及び副詞の統語素性しかなかったが、20C初期から否定極性表現及び副助詞としての統語素性を持ち始めるようになる。また、この時期に否定極性表現及び副助詞としての統語素性が一緒に現れたのである。このことをデータをもって確かめる。

(18) 第3a段階における「밖에」
 a.　쏘 한個 매여 달닌 것 밧게 빗치지 안는다.　(=(10a))
 b.　술을 잔쯕 먹엇소 노릭에 졍 붓칠 것은 술 밧게 업소구려.
             (추월색, 20C前期)
(19) 第2段階における「밖에」
 천리 밧긔 걱정을 식이면 엇덜가 보니.(추사언간, 20C後期)

(18)の「밖에」は第3a段階におけるもので、(19)の「밖에」は第2

301

第3部　理論的課題と文法化の多様性

段階におけるものである。(18a)の「밖에」は(19)の場合と違い、否定辞と呼応して限定の意味を持つ。すなわち、「其他否定」の表現の用法をこの段階において持つようになったのである。また、興味深いことに、この表現は「第2段階(밧고)＞第3a段階(밧게)」のような形態的な変遷も見られる。

以上、第一点目の注目されるべき文法化現象、すなわち「第2段階 ＞ 第3a段階」における「ほか」、「きり」、「밖에」の範疇的変遷に注目すると副詞から否定極性表現及び副助詞Ⅰへの文法化がほぼ同時に行われたことを見た[10]。次に、第二点目の注目されるべき文法化現象について述べる。

第二に、「第3a段階 ＞ 第3b段階」における「ほか」、「きり」、「しか」、「밖에」は副助詞Ⅱ及び否定極性表現への文法化が行われる。3.1.1節の(表1)で述べたように、これらの表現は第3b段階において副助詞としての文法化がさらに進んでおり、下記のようにマイナーカテゴリー、主に一次後置詞に後接する場合が多くなる。

(20) a. [ほか] 京都までほか行かない。　　　　　　(=(4d))
　　 b. [きり] あの山はここからきり見えない。　　(=(6b))
　　 c. [しか] 九時までしか待たれぬ。　　　　　　(=(8b))
　　 d. [밖에] 저 일신의 안전을 도모하는데까지 밖에는 궁리
　　　　가 돌리지 못한 것은.　　　　　　　　　(=(10b))

---

10 「しか」の場合、脚注9で述べたように文献に初めて出現したとき、否定極性表現および副助詞としての統語素性が一緒に現れたのである。

第11章 複数文法カテゴリーに属する形式の文法化：機能重層性の視点から

また、否定極性表現としての文法化も前段階より進んでいた。

第三に、「第3b段階＞第4段階」において「ほか」、「きり」は否定極性表現及び副助詞Ⅱから準否定極性表現および準副助詞へ脱文法化が行われている。このとき、「否定極性表現 ＞ 準否定極性表現」および「副助詞 ＞ 準副助詞」への脱文法化はほぼ同時に行われる。他方、「しか」、「밖에」は否定極性表現及び副助詞Ⅲへ文法化が進んでいる。以上の内容をデータをもって確かめる。

(21) a. *太郎ほか来なかった。　　　　　　　　　(=(4e))
　　　b. ??太郎のほか来なかった。　　　　　　　　(=(4f))
　　　c. *このバスは新宿駅までほか行かない。　　　(=(4g))
(22) a. ??ペンが一本きりない。　　　　　　　　　(=(6c))
　　　b. *あそこは３階からきり見えない。　　　　　(=(6d))
(23) a. これは事故原因をちゃんと解明してからしかできない。
　　　　　　　　　　　　　　　　　　　　　　(=(8c))
　　　b. 技術乃至技術学に基いてしか発達しないのだが。
　　　　　　　　　　　　　　　　　　　　(科学論, 1935年)
(24) a. ??이것은 사고 원인을 해명하고 나서밖에 (설명을) 할 수 없다. 　　　　　　　　　　　　　　　　　　(=(10c))
　　　b. 온통 김종일이 정말로 한국에 내려온 것인가에 대해서 밖에 얘기를 하지 않고 있습니다. 　　　　　　(=(10d))

(21)と(22)は「ほか」と「きり」がそれぞれ「否定極性表現 ＞ 準否定極性表現」および「副助詞 ＞ 準副助詞」へと脱文法化が行われていることを示すデータである。まず、この段階における「ほか」は

(21a)のように名詞に、(21c)の後置詞に後接できない。また、名詞に後接する場合、(21b)のように属格名詞が必要である。以上の言語現象から第4段階における「ほか」は副助詞としての統語素性を失い、名詞に転じつつあることが示唆される。加えて、同時に(21b)のように否定極性表現としての統語素性も失われており、準否定極性表現へと脱文法化が行われている。このような言語現象は「きり」にも同様に見られる。「きり」は(22b)のように後置詞に後接できなくなり、同時に(22a)のように否定極性表現としての統語素性も失われつつある。他方、「しか」と「밖에」は(23)と(24)でみられるように否定極性表現および副助詞Ⅲへとさらに文法化が進んでいる[11]。

　以上、これらの表現の否定極性表現及び副助詞への文法化の過程と否定極性表現及び副助詞から脱却する脱文法化の過程はほぼ同時に行われることが分かった[12]。要するに、これらの表現の否定極性表現および副助詞としての用法はまるで単一セットのような振る舞いを示すのである。本書は否定極性表現および副助詞両方を持っている韓日両言語の単一の文法形式の文法化は次のような一般化が成り立つことを提案する。

11　ただし、「밖에」は(24a)のように第4段階における文法化が完全に定着したわけではない。よって、(9c)でも示したように「밖에」の第4段階は現在進行中である。このことは「しか」の場合と異なっている。この理由に関してはPark(2015)、박강훈(2018)などをぜひ参照されたい。

12　第4段階において「しか・밖에」と「ほか・きり」が異なった文法化がみられる理由に関してはPark(2014)、Park(2023)などをぜひ参照してもらいたい。

第11章 複数文法カテゴリーに属する形式の文法化:機能重層性の視点から

(25) [本書が提案する一般化]
単一の文法形式における副助詞および否定極性表現への文法化はほぼ同時に行われる。これらの文法カテゴリーから脱文法化が行われる場合もほぼ同時に現れる。

(25)のような一般化は先行研究では報告されたことのないもので、非常に興味深い発見であると言える。

では、(25)のような一般化が成り立つ理由は何であるのかについて次節で述べる。

3.2. 言語類型論の観点からみた文法性の漸次変容

文法化理論において以下のような文法性の漸次変容(cline of grammaticality)が受け入れられている。

(26) [文法性の漸次変容]
メジャーカテゴリー(名詞・動詞) >(中間的カテゴリー(形容詞・副詞)) > マイナーカテゴリー(前置詞・後置詞・格助詞・接続詞・接辞など)　　　　　(=第8章、(3)を一部改変)

先行研究において人間言語における文法形式は突然生まれるのではなく、(26)のような普遍的なプロセスを経ると認められている。つまり、名詞・動詞のような内容語が、次第に変化し副詞、さらに前置詞・格助詞のような機能語になる。このことを英語の「back」を持って確認する。

305

(27) a. 第1段階 [名詞：語彙項目]

　　　The girl rode on the lion's <u>back</u>(背中).

b. 第2段階 [名詞：空間的関係]

　　　John lives in the <u>back</u>(後ろ) of my house.

c. 第3段階 [副詞]

　　　He sat <u>back</u>(後ろで) and started talking.

d. 第4段階 [前置詞]

　　　He is <u>back of</u>(裏に) the house.

　「back」は第1・2段階のメジャーカテゴリー、第3段階の中間的カテゴリー、そして第4段階の前置詞のようなマイナーカテゴリーのような文法性の漸次変容を経る。興味深いことに、このような「back」の文法化の過程は前節の(3)と(9)でみた韓日両言語の副助詞としての「ほか」と「밖에」の文法化プロセスと非常に類似する。以上の言語現象からでも(26)の文法性の漸次変容は韓日両言語にも適用できることが分かる。

　では、否定極性表現の場合はどうであろうか。文法性の漸次変容に基づき韓日両言語における否定極性表現の文法化について行われた研究は管見の限りにおいて存在しない。しかしながら、多くの言語における否定極性表現に(26)のような文法性の漸次変容が現れる。フランス語の否定極性表現の「**pas**」の例を挙げ、その文法化プロセスについて見る。

第11章 複数文法カテゴリーに属する形式の文法化:機能重層性の視点から

(28) a. 第1段階
・名詞として「一歩」の意味を持つ
(例)「pas à pas 一歩一歩」
・否定文では、否定の助辞「ne」が動詞の前に来る
(例) Il　　ne　　 sait
　　　彼　否定　知る
「彼は知らない。」

b. 第2段階
「ne」によって否定される、動作を表す動詞には、「pas(一歩)」がついて、補強されることがある
(例) Il　　ne　　va　　(pas)
　　　彼　否定　行く　一歩
「彼は一歩も進まない。」

c. 第3段階
「ne+動作動詞+pas」のように、「pas」が必須の要素として用いられる
(例) Il　　ne　　sait　　pas.
　　　彼　否定　知る　否定
「彼は知らない。」

d. 第4段階
口語で、「pas」が「ne」に置き換えられる
(例) Il　　sait　　pas.
　　　彼　知る　否定
「彼は知らない。」

(Hopper&Traugott(2003)を一部改変)

第3部　理論的課題と文法化の多様性

フランス語の否定辞の文法形式の変遷[13]は「ne > ne....pas > pas」である。ここで以下では「pas」の文法性の漸次変容に注目する。(29)を見てもらいたい。

(29)「pas」の文法性の漸次変容
　　第1段階：名詞(メジャーカテゴリー) ＞ 第2段階：副詞(中間的カテゴリー) ＞ 第3段階：否定極性表現(マイナーカテゴリー) ＞ 第4段階：否定辞(マイナーカテゴリー)

(29)のようなフランス語の否定極性表現「pas」の文法性の漸次変容は前節でみた「ほか・きり・밖에」の否定極性表現としての文法化プロセスと非常に類似する。というのは、これらの表現も「名詞(メジャーカテゴリー)＞副詞(中間的カテゴリー)＞否定極性表現(マイナーカテゴリー)」のような文法化プロセスを経るからである[14]。

以上のような言語類型論の観点に基づき、本書は韓日両言語の否定極性表現の「ほか」、「きり」、「しか」、「밖에」もマイナーカテゴリーに入るべきであると考える。

13　このことはいわゆる「否定循環」とも密接な関係を持つ。詳細は박강훈(2017)を参照。
14　韓日両言語の否定極性表現も(29)の第4段階の否定辞のような統語素性[+NEG]を持っていると考えられる。詳細は本書の第1部を参照。よって、人間言語の否定極性表現の文法化プロセスは(29)のような普遍性を持っていると考えられる。

3.3. マイナーカテゴリーの統語的特徴

　本節ではなぜマイナーカテゴリーの否定極性表現と副助詞は単一セットのような振る舞いを示すのかについて考察する。本書は単一の文法形式が持っている2つ以上の文法カテゴリーがマイナーカテゴリーになった際に、これらの文法カテゴリーはひとまとまりの構成素のような強い統語素性を持つようになると主張する。構成素(constituent)とは、統語論でよく用いられる用語であり、ひとまとまりになる要素のことを指し示す。また、広義では、統語論的な単位だけでなく、意味論・形態論・音韻論的な単位も構成素に含まれる。このような構成素は「移動(movement)」という統語現象からでもよく窺える。次の例文において「移動」できるのは構成素だけである。

(30) a. John wants to pass the exam, and [pass the exam] he will ＿＿＿.
　　　b. *John wants to pass the exam, and [pass] he will ＿＿＿ the exam.
(31) a. [A girl from New York], the student met ＿＿＿ in the park.
　　　b. *[A girl], the student met ＿＿＿ from New York in the park.　　　　　　　　　　　　　　　　(牛江(2001：2))

　(30a)の「pass the exam」は動詞句という構成素を成しているので移動できるのに対し、(30b)の「pass」だけでは移動できない。こ

れは同じ構成素の「the exam」を残したまま単独で移動したからである。つまり、構成素を成している要素はひとまとまりを成しているので常に一緒に動くのである。(31a)の「A girl from New York」は名詞句という構成素を成しているので移動できるのに対し、(31b)の「A girl」だけでは移動できないわけである。

　本書は以上で述べた構成素の概念をマイナーカテゴリーに属する否定極性表現および副助詞にも適用できると考える。すなわち、「ほか」、「きり」、「しか」、「밖에」といった形式は統語的には単独の副助詞または名詞的要素として出現するのではなく、直前の名詞句とともにひとまとまりの構成素を形成し、否定素性[+NEG]を帯びた文脈において一体として機能する。

　この点については、たとえばMurasugi(1991)や吉田(2008)においても、日本語の副助詞が先行名詞と構成素を成し統語的移動や削除の対象になり得ることが示唆されている。したがって、「ほか」、「きり」、「しか」、「밖에」といった形式が示す統語的一貫性や一体性はマイナーカテゴリーにおける文法化の結果として説明でき、彼らが構成素として振る舞うことは理論的にも経験的にも支持される。

　以上、3.1節から3.3節にかけての記述により、本章の主張(2)、すなわち、「マイナーカテゴリーに属する否定極性表現と副助詞は構成素的に一体化し、統語的に同様の振る舞いを示す」が妥当であることが明らかになった。

第11章　複数文法カテゴリーに属する形式の文法化：機能重層性の視点から

4. まとめ

　本章では複数のカテゴリーに属する単一形式の文法化の様相を明らかにした。特に、韓日両言語において「其他否定」の表現と呼ばれる「ほか」、「きり」、「しか」、「밖에」を研究対象としている。これらの表現は単一形式でありながら否定極性表現および副助詞の用法を両方持っている。しかし、従来片方の用法しか注目が集められていなかった。本書は両方のカテゴリーがどのような相関関係を持っているのかに注目し、文法化理論及び言語類型論の観点から次の3点を主張した。(ⅰ)否定極性表現及び副助詞の両方を持っている韓日両言語の単一の文法形式の文法化は次のような一般化が成り立つ：副助詞と否定極性表現への文法化はほぼ同時に行われる。これらの文法カテゴリーから脱文法化が行われる場合もほぼ同時に現れる。(ⅱ)(ⅰ)のような現象がみられる理由は副助詞と否定極性表現は同様のカテゴリー、つまりマイナーカテゴリーに属しているからであると考えられる。(ⅲ)単一の文法形式が複数のマイナーカテゴリーに属している場合、これらのカテゴリーはひとまとまりのような強い統語素性を持っている。よって、マイナーカテゴリーへ入る際、またはそこから脱却する時も、同様の振る舞いを示すわけである。

　今後の課題としては、本章で分析した以外にも、単一形式が複数のマイナーカテゴリーにまたがる表現の例をさらに収集・分析し、ここで提案した一般化の妥当性と理論的枠組みの有効性をよ

第3部　理論的課題と文法化の多様性

り確固たるものにしていきたい。その際、本章で提示した「機能重層性」という視点が、複数カテゴリーに属する形式の相関的な変化を説明する有効な理論的鍵となることを改めて強調しておきたい。

　さらに、この「機能重層性」の問題意識は、次章で扱う膠着語における副助詞と否定極性表現の統語的制約の分析にも直結しており、両者を関連づけて考察することで、文法化現象の多様性をより包括的に理解できると考える。

第12章

膠着語における副助詞と否定極性表現：
形態統語理論の観点から

第12章　膠着語における副助詞と否定極性表現：形態統語理論の観点から

1. はじめに

　前章では、単一形式が複数の文法カテゴリーに属する場合に生じる「機能重層性」に注目し、副助詞と否定極性表現の相関的な文法化を通時的観点から明らかにした。これに対し本章では、主として共時的な視点に立ち、膠着語における副助詞と否定極性表現の統語的性質を分析する。とりわけ、その生起位置と文法的認可条件に注目し、屈折語との比較を通じて言語類型的な差異を明らかにすることを目的とする。

　自然言語における否定呼応(negative concord)は複数の要素が否定の意味を共有しつつも意味的には二重否定とはならないという、言語普遍的に見られる現象である。1990年代以降、この現象に関する研究は主としてロマンス語やゲルマン語といったヨーロッパの屈折語を対象に展開されてきたが、2000年代に入ってからは日本語や韓国語といった膠着語においても、否定極性表現の文法的性質が注目されるようになった。

　本章の主張は膠着語においては否定極性表現の統語的位置が意味解釈や文法的認可において決定的である一方、屈折語においては形態的素性がより大きな役割を果たす、というものである。以下ではまず、韓国語と日本語における代表的な否定極性表現を整理した上で、屈折語の事例と対照し、両言語類型の差異を形態統語理論の観点から明らかにしていく[1]。

　まず、韓国語と日本語における代表的な否定極性表現は以下

第3部　理論的課題と文法化の多様性

のように整理される。

【膠着語-韓国語・日本語を中心に】
(1) ［韓国語］
　　a.「밖에」
　　b.「不定語＋도」:「아무도/아무것도」
　　c.「1＋助数詞＋도」:「한 사람도/하나도」など
　　d.「否定副詞」:「결코」
(2) ［日本語］
　　a.「しか」
　　b.「不定語＋モ」:「誰も/何も」
　　c.「1＋助数詞＋モ」:「一人も/一つも」など
　　d.「否定副詞」:「決して」

　一方、屈折語における否定極性表現としては以下のような語が挙げられる。

【屈折語-ロマンス諸語を中心に】
(3) 　a.　［スペイン語］:「nadie(誰も)」、「nada(何も)」、「nunca(決して)」
　　b.　［ポルトガル語］:「niguém(誰も)」、「nada(何も)」、「nunca(決して)」
　　c.　［イタリア語］:「nessuno(誰も)」、「niente/nulla(何も)」

1　朴(2023)において本章で扱う言語現象について指摘されているが、分析は予備的なものであり、詳細な考察は本書に譲ることにする。

d. ［ドイツ語］:「niemand(誰も)」、「nichts(何も)」、「nie(mals)(決して)」
e. ［西フラマン語[2](West Flemish)］:「niemand(誰も)」、「niets(何も)」、「nooit(決して)」
f. ［ロシア語］:「ni-kto(誰も)」、「ni-čto(何も)」
g. ［ポーランド語］:「nikt(誰も)」、「nic(何も)」、「nigdy(決して)」

ここで注目すべきなのは日本語や韓国語の否定極性表現が統語的に「主語・目的語」などの項(argument)位置には現れず、副詞的に付加される「付加部位置(adjunct position)」に限定されるという点である。このような統語的制約はロマンス語やゲルマン語などの屈折語における否定極性表現とは明らかに異なっており、従来の否定極性理論(Negative Polarity Item Theory)では説明しきれない部分でもある。

本章では、こうした違いの本質を生成文法の枠組みに基づく「形態統語理論(morphosyntax)」の観点から再検討し、否定極性表現の統語的位置と形態的素性との相関関係を明らかにする。特に、「しか/밖에」、「不定語＋モ/도」、「1＋助数詞＋モ/도」、「決して/결코」などの否定極性表現が膠着語においてはどのような統語的位置に出現し、それがどのような文法的認可条件と結びついているのかを理論的に明示することで、これまで未解決であった否定一致現象の言語類型的性質を明らかにすることを目的とする。

---

2 厳密に西フラマン語を含め、以下のロシア語とポーランド語はロマンス語に属すとはいえないが、屈折語には属するので入れることにする。

2. 先行研究と問題の所在

2.1. 先行研究の概観

いわゆる否定呼応の現象が理論言語学の分野で最初に注目を集めたのは、Klima(1964)の研究に端を発する。彼は英語における「anyone」、「anything」、「anywhere」などの表現を否定極性表現と位置づけ、これらが否定的文脈でしか認可されない点を指摘した。この研究以来、否定極性という枠組みはさまざまな言語において適用され、多くの記述的成果が蓄積されてきた。

しかしその後の研究により、韓国語・日本語といった膠着語や、ロマンス諸語・スラヴ語・ゲルマン語といった屈折語においては、否定極性という概念だけでは十分に説明できない現象があることが明らかになってきた。特に、これらの言語における否定呼応表現が単に否定極性としての語彙的特徴だけでなく、統語的条件(出現位置)や形態的特徴との相互作用によって認可される点が注目されている。紙幅の都合により詳細な例文提示は省略するが、具体的なデータとその分析については朴(2023)を参照されたい。

以下に示す(表1)は、英語と膠着語・屈折語の代表的な言語において、否定極性表現が現れる統語的環境の違いを整理したものである。

第12章　膠着語における副助詞と否定極性表現：形態統語理論の観点から

(表1) 英語と膠着語・屈折語の否定極性表現における相違点

(許容：√、許容しない：*)

表現が… 言語	英語	膠着語	屈折語
① 否定文ではない文(疑問文、条件文)に現れるか否か	√	*	*
② 主語(述語の前)位置に現れるか否か	*	√	√
③ 同一節内条件が守られるか否か	*	√	√
④ 「ほとんど(almost)」によって修飾されるか否か	*	√	√
⑤ 問答として省略表現が現れるか否か	*	√	√

　このように否定極性表現がどの統語環境で認可されるかについて、英語と膠着語・屈折語のあいだには明確な相違がある。しかしながら、こうした相違の背景にある理論的要因については長らく明確な説明がなされず、約30年にわたって理論的課題として残されてきた。

　この問題に対して新たな視座を提示したのがHaegeman & Zanuttini (1991, 1996)の研究である。彼らはロマンス諸語を中心に詳細な分析を行い、ロマンス語における否定呼応は否定極性というよりも、否定一致(Negative Concord)として捉えるべきであると主張した。すなわち、否定の意味を担う複数の表現が文中に共起しても、それが二重否定とならず一つの否定の意味しか持たないという現象

である(詳細は朴(2023)参照)。

このような「否定一致」という概念の導入により、否定呼応現象に関する議論は再び活性化し、2000年代以降は韓国語・日本語など膠着語への応用も進んだ。韓国語においては김영희(2005)、Kim(2006)、Hwang(2008)などが、また日本語においてはNishioka(2000)、Furukawa(2001)、Watanabe(2004)、渡辺(2005)などが、従来の否定極性理論の限界を指摘し、否定一致としての再分析が妥当であることを主張している。さらに、朴(2007a)はこれらの先行研究が今後の課題として残していた日本語の「しか」「1+助数詞+モ」「決して」といった表現についても、否定一致表現として捉える必要性を提示し、それぞれの認可条件を理論的に整理した。

2.2. 問題の所在

前節で見たように、膠着語および屈折語において、従来は否定極性表現として扱われてきた語句が近年では否定一致表現として再解釈されつつある。こうした動向を受けて、次のような根本的な疑問が生じる。「果たして、膠着語と屈折語における否定一致表現は同一の統語的性質を有するのか」という問いである。

この問いに対する答えを本章では理論的に提示しようとするが、先に結論を述べれば、両言語群における否定一致表現は統語的位置において顕著な相違を示す。すなわち、膠着語である日本語および韓国語では、否定一致表現は主語や目的語といった項

第12章　膠着語における副助詞と否定極性表現：形態統語理論の観点から

位置ではなく、付加部(adjunct)として文中に生起するという強い統語的制約が見られる。一方、屈折語においては、このような統語的位置の制約が観察されない。

　この点に関し、Kawashima & Kitahara(1992)、Aoyagi & Ishii(1994)、Nishioka(2000)、片岡(2006)らは日本語における「不定語モ」の統語的特徴に注目し、これを数量詞(quantifier)と類似した統語的性質を持つものと分析している。以下では、その代表的主張と例文を紹介する。

(4)　a.　ジョンが何も食べなかった。
　　　b.　ジョンが果物を何も食べなかった。
(Aoyagi & Ishii(1994))

　「何も」が(4a)の下線部のように単独で目的語位置に現れる場合、項(argument)として機能するようにみえるが、実は真の目的語は目に見えないだけであり(→null object)、付加部(adjunct)として機能するという。このことは(4b)の例文から確認でき、太字の「果物を」は(4a)で非顕在的に現れている目的語を顕在化したものである。ちなみに上記の先行研究においては非顕在的な名詞句がどのような原理で項として機能するのかについては述べられていないが、本章の3.1.1節で具体的に述べることにする。また、次のデータもこのことをサポートする。

(5)　＊ジョンが｛何もを/何をも｝食べなかった。　　　　　　（同）

　目的語位置に現れる「何も」は(5)で分かるように対格助詞と共起できない。また、このような「何も」は次のように数量詞の統語的特徴と同様な振る舞いをみせる。

(6)　a.　ジョンが3本バナナを食べた。
　　　b.　ジョンがバナナを3本食べた。
　　　c.　3本ジョンがバナナを食べた。
(7)　a.　ジョンが何も果物を食べなかった。
　　　b.　ジョンが果物を何も食べなかった。
　　　c.　何もジョンが果物を食べなかった。

　　　　　　　　　　　　　　　　　　　　　　　　　　　　（同）

　(6a)(6b)における下線部の数量詞「3本」はホスト名詞句(Host NP)の「バナナを」と自由に共起できる。また、「3本」は数量詞が持つ遊離数量詞現象(floating numeral quantifiers)により、(6c)のようにホスト名詞句から自由に離れ現れることができる。このような数量詞の特徴は(7)における「何も」においても同様にみられホスト名詞句から自由に遊離される。また、数量詞は当然項ではなく、付加部であるので、「何も」も付加部として捉えるのは妥当であるということである。紙幅の都合上、「何も」の場合しか見られないが、「誰も」も同様に付加部位置に現れると先行研究は指摘する。
　以上の「不定語モ」の統語構造を樹形図で示すと以下のようになる。

第12章　膠着語における副助詞と否定極性表現：形態統語理論の観点から

(8)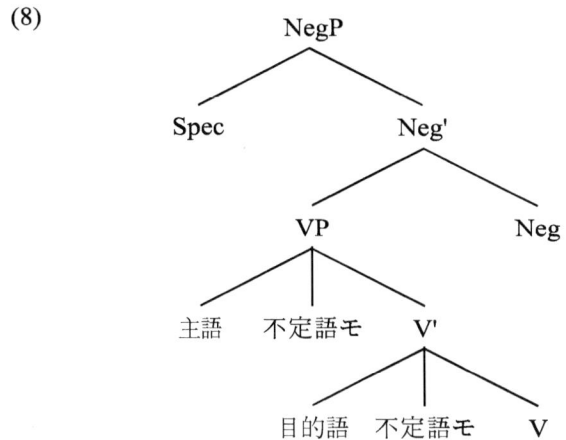

　以上、先行研究において「不定語モ」は項ではなく、付加部として機能すると捉えられることを概観した。では、「しか」「1＋助数詞＋モ」「決して」の生起する統語位置はどうであろうか。朴(2023)は「しか」「1＋助数詞＋モ」「決して」も「不定語＋モ」と同様に付加部位置に生起すると主張し、その根拠を提示する。すなわち、「1＋助数詞＋モ」は(4)-(7)における「不定語＋モ」と同様の振る舞いを示すため付加部位置に生起すると朴(2023)は述べる。また、否定副詞の「決して」は文字通り副詞の一種なので付加部として捉えるのが妥当であると主張する。ただし、「しか」に関しては付加部位置に生起する「しか」は否定一致表現であるのに対し、主語または目的語位置に生起するのはその性質が異なり否定極性表現として捉えるべきであると主張する。要するに、否定一致表現としての「しか」は以下のように付加部位置に生起するものに限るということ

323

である。

(9) a. 自分の心は歌でしか言えない。
    b. 仕事は友だちからしか入らない。
    c. お腹が痛くて、ゆっくりしか歩けない。

以上のような先行研究の概観の結果、日本語の否定一致現象において以下のような統語的一般化が成り立つと考えられる。

(10) 日本語の否定一致表現、「しか」「不定語モ」「1＋助数詞＋モ」「決して」は必ず付加部位置[3]に生起しなければならないという統語的制約が存在する。

一方、興味深いことに(10)のような日本語の否定一致現象はロマンス語においては見られないと考えられる。まず、次の例文をみてもらいたい。

(11) a. Não vi   niguém. [ポルトガル語]
        not saw.1.sg nobody
        「I did not see anyone(訳：私は誰も見なかった。).」

---

[3] 厳密には、「付加部位置」というよりは、「主語・目的語以外の位置」のほうがむしろ正しい言い方かもしれない。ただし、本書で扱う後置詞・副詞に後接する「しか」、数量詞のような振る舞いを示す「不定語モ」「1＋助数詞＋モ」そして否定副詞の「決して」は生成文法でいう付加部に属するのは変わらないので、本書では便宜上「付加部位置」と示すことにする。これは後の3節でみる韓国語の場合にも同様に適用される。

第12章　膠着語における副助詞と否定極性表現：形態統語理論の観点から

　　　　b.　Niguém disse nada.
　　　　　　nobody said nothing
　　　　　　「Nobody said anything(訳：誰も何も言わなかった。).」
　(12)　a.　Non ho　　　visto nessuno. [イタリア語]
　　　　　　not have.1.sg seen nobody
　　　　　　「I did not see anybody(訳：私は誰も見なかった。).」
　　　　b.　Nessuno ha detto niente.
　　　　　　nobody has said nothing
　　　　　　「Nobody said anything(訳：誰も何も話さなかった。).」
　(13)　a.　No vino　　nadie. [スペイン語]
　　　　　　not came.3.sg nobody
　　　　　　「Nobody came(訳：誰も来なかった).」
　　　　b.　Nadie dijo nada.
　　　　　　nobody said nothing
　　　　　　「Nobody said anything(訳：誰も何も話さなかった。).」
　　　　　　　　　　　　　　　　　　　　　　(Matos(1999))

　(11)-(13)の下線部はポルトガル語、イタリア語、スペイン語における否定一致表現である。ここで各言語における否定一致表現の統語位置に注目されたい。各言語の否定一致表現は以下のような英語の「nobody」「nothing」に対応する。

　(14)　a.　niguém・nessuno・nadie　→　nobody
　　　　b.　nada・niente　→　nothing

第3部 理論的課題と文法化の多様性

これらの言語における否定一致表現は項として機能し、項位置に生起すると考えられる。以下の例文からでもこのことが確かめられる。

(15) a. Nobody told me.
主格(Agent)
b. I ate nothing.
対格(Theme)

実際にHaegeman(1995)も(14)のような否定一致表現を項として捉えている。他方、ロマンス語には下記のように付加部に生起する否定一致表現も存在する。

(16) a. Nunca niguém me disse isso. [ポルトガル語]
never nobody me told that
「Nobody ever told me that
(訳：誰も私にそれを決して言わなかった).」

Matos(1999)

b. Valère ging nooit nieverst noatoe. [西フラマン語]
Valère went **never nowhere** to
「Valère never went anywhere
(訳：Valèreは決してどこにも行かなかった).」

(Haegeman and Zanuttini(1990))

下線部の英語の訳を注目すると、「never」「nowhere」が用いら

れており、これらの表現は付加部位置に生起すると考えられる。

　以上の観察から日本語とロマンス語の否定一致表現は次のように異なっていることが分かる。

(17) [日本語とロマンス語の否定一致表現の相違点]
　　　日本語ととロマンス語の否定一致表現はその生起する統語的位置が異なっており、日本語は必ず付加部位置で生起しなればならないのに対し、ロマンス語は項位置であろうが、付加部位置であろうが関係なく生起できる。

　このように否定一致表現という同一の現象が観察されるにもかかわらず、生起位置に関する制約に言語類型的相違が存在する理由は何か。この問題は先行研究においても今後の課題とされてきた、「日本語の「不定語モ」はなぜ付加部位置にしか現れないのか」という問いとも深く関係する。

　本章では、以上の問題を理論的に検討することにより、自然言語における否定一致現象の構造的・類型的多様性の理解に寄与することを目指す。

3. 否定一致の類型

　本節では、これまでに見てきた観察を踏まえ、自然言語における否定一致表現の言語類型的な差異を理論的に定式化することを

目的とする。

　まず、本章全体の主張は以下のように要約できる。

(18) a. 自然言語における否定一致表現は言語類型論的に2タイプに分けられる。すなわち、韓国語と日本語のような膠着語のタイプ(以下、タイプⅠ)とロマンス語のような屈折語のタイプ(以下、タイプⅡ)が存在する。
b. 両タイプは否定一致表現の認可条件(licensing conditions)において本質的に異なっており、タイプⅠでは統語的位置(syntactic position)が決定的要因となる一方、タイプⅡでは形態的特徴(morphological feature)が主要な認可条件となる。

　この仮説の妥当性を検証するために、本節ではまず韓国語における否定一致表現(タイプI)の構造と統語的制約について考察する。韓国語は膠着語に分類され、その統語構造や助詞体系において日本語と極めて類似していることから、本章で提示した日韓両言語における比較対照の一貫性と普遍性を補強する上で極めて重要な言語である。

　実際に、Kim(2005)、Kim(2006)、Hwang(2008)、朴(2023)などによれば、韓国語における「不定語+도」、「1+助数詞+도」、「밖에」、「결코」といった表現は従来は否定極性表現と見なされてきたが、その文法的挙動から見て、むしろ否定一致表現として分析する方が適切であるとされている。これらの研究は前述の(表1)

第12章　膠着語における副助詞と否定極性表現：形態統語理論の観点から

に示したような認可環境(疑問文・主語位置・「ほとんど」による修飾・問答文など)を根拠として、これらの表現が否定一致の特徴を有することを論証している。

ただし、「밖에」の用法に関しては、韓国語において複数の文法的機能が層状的に共存していることが指摘されており、その統語的位置と解釈は単純に一義化できない。この点については、後続の3.1.2節にて詳しく考察することとする。

3.1. 韓国語の否定一致表現の統語位置

先行研究であるKim(2005)、Kim(2006)、Hwang(2008)、朴(2023)においては、韓国語の「不定語＋도」、「1＋助数詞＋도」、「밖에」、「결코」が否定一致表現であることが指摘されている。しかしながら、これらの表現が実際に文中のどの統語的位置に現れるのかについては明示的な言及はほとんど見られない。

本節では、日本語と同様に、これらの表現が付加部(adjunct)として生起することを韓国語の文構造を通して理論的に示す。

3.1.1. 「不定語＋도」、「1＋助数詞＋도」の統語位置

まず、「不定語도」について検討する。「不定語도」は、2節で考察した日本語の「不定語モ」と類似した統語的性質を示すため、付加部として機能すると考えられる。

(19) a. *pro*아무도 차를 사지 않았다.

b. 철수가 *pro*아무것도 사지 않았다.

　(19)の例文は「不定語＋도」が単独で現れていても、それ自体が項としてあるのではなく、空の主語と目的語に対する付加部のようなものであることを示してくれる。ちなみに「아무도/아무것도」の前の*pro*[4]というのは、生成文法の用語で空範疇(empty category)の一種であり、日本語、韓国語、スペイン語、イタリア語などにおいて主語が代名詞の場合は表面に現れなくてもよい言語の主語の位置に現れる音形を持たない名詞句のことを指し示す。要するに、(20)の太字の名詞句は(19)で音形を持たない名詞句が具現化したものである。

(20) a. 학생이 아무도 차를 사지 않았다.
　　　b. 철수가 음식을 아무것도 사지 않았다.

　Chomsky(1982)の格理論(Case Theory)によると、「*pro*は認可する主要部Xの文法素性、言い換えればφ素性(phi feature)を付与される」とされている。これを(19)に適用して解釈すると、(19a)の主語の*pro*はT(Tense)によって主格を付与され、項として機能し、(19b)の目的語の*pro*はV(Verb)によって対格を付与される[5]。

---

[4] 空範疇にはPRO(big PROとも呼ばれる)も存在するが、本章のpro(small proとも呼ばれる)とは区別される。詳細はChomsky(1982)を参照されたい。

[5] このような格付与に関しては生成文法で定説として認められている。詳細はTakezawa(1987)、Ura(1996)、金(2002)などを参照されたい。

第12章 膠着語における副助詞と否定極性表現:形態統語論の観点から

また、「不定語+도」は下記のように格助詞と共起できない。

(21) a. *<u>아무도가</u> 학교에 가지 않았다.
    b. *<u>아무가도</u> 학교에 가지 않았다.

次は、「1+助数詞+도」についてみる。「1-+数詞+도」も「不定語+도」のように付加部として機能すると考える。次の例文でこれを確かめる。

(22) a. *pro*<u>한 사람도</u> 차를 사지 않았다.
    b. 철수가 *pro*<u>하나도</u> 사지 않았다.
(23) a. 학생이 <u>한 사람도</u> 차를 사지 않았다.
    b. 철수가 **음식을** <u>하나도</u> 사지 않았다.

(22)と(23)は(19)と(20)における「不定語+도」の代わりに「1+助数詞+도」を挿入した文であるが、「不定語+도」と同じ振る舞いを示すことが分かる。また、次のように格助詞との共起においても「不定語+도」と同様の振る舞いを示す。

(24) a. *<u>한 사람도가</u> 학교에 가지 않았다.
    b. *<u>한 사람가도</u> 학교에 가지 않았다.

(22)-(24)における観察で、「1+助数詞+도」も「不定語+도」と同様に、付加部として機能するといえる。

331

3.1.2.「밖에」、「결코」の統語位置

次は「밖에」についてみる。「밖에」の生起する統語位置は前節でみた「不定語＋도」「1＋助数詞＋도」よりは複雑である。この理由は「밖에」が多重用法をもった表現であるからである。朴(2023)は従来「밖에」が「しか」と一対一対応する表現として捉えられてきたことは間違いだとし、「밖에」は「しか」と対応する用法(以下、「밖에1」と呼ぶ)と「以外/ほか」と対応する用法(以下、「밖에2」)が存在すると主張する。それでは、まず「밖에2」の場合からみてみる。

[他の否定一致表現との共起]
(25) a. 순이<u>밖에</u> <u>아무도</u> 오지 않았다.

(Kuno and Whitman(2004))

  b. 옷<u>밖에</u> <u>아무것도</u> 없었다.   (Kaist 74)

[反語構文]
(26) a. 이 일을 할 수 있는 사람은 그 사람<u>밖에</u> 누가 (또) 있을까?
  b. 철수가 할 수 있는 일이라는 것이 이것<u>밖에</u> 뭐가 (또) 있을까?

(朴(2023))

(25)と(26)で用いられた「밖에」の用法は日本語において「しか」ではなく、「以外/ほか」と対応する。以下の例文をみてもらいたい。

[他の否定一致表現との共起]
(27) a. 花子 {<u>以外</u>/<u>ほか</u>/*しか} <u>誰も</u>来なかった。

第12章　膠着語における副助詞と否定極性表現：形態統語理論の観点から

　　b.　服｛以外/ほか/*しか｝何もなかった。

[反語構文]
(28) a.　これは彼｛以外/ほか/*しか｝誰が支援するのか？
　　b.　太郎ができる仕事ってこれ｛以外/このほか/*しか｝
　　　　何があるのか？

　　　　　　　　　　　　　　　　　　　　　　　　　　（同）

　また、(25)(26)の「밖에」の代わりに例外表現「외에」を入れ替えても文は問題なく成立する。

[他の否定一致表現との共起]
(29) a.　순이 외에 아무도 오지 않았다.
　　b.　옷 외에 아무것도 없었다.

[反語構文]
(30) a.　이 일을 할 수 있는 사람은 그 사람 외에 누가 (또) 있을까?
　　b.　철수가 할 수 있는 일이라는 것이 이것 외에 뭐가 (또) 있을까?

　本書は以上のデータから「밖에2」は否定一致表現ではなく、むしろ例外表現に近い性質を持っていると考えられる。要するに、(25)において否定辞から認可される表現は「밖에」ではなく、その右側にある「아무도/아무것도」であるということである。また、(26)のような反語構文に用いられた「밖에」においても、朴(2023)が指摘しているように目にみえない、つまり非顕在的な「不定語도」が否定辞に認可されると考えられる。このことを樹形図で示すと下記

333

のようになる。

(31)「밖에2」の認可条件

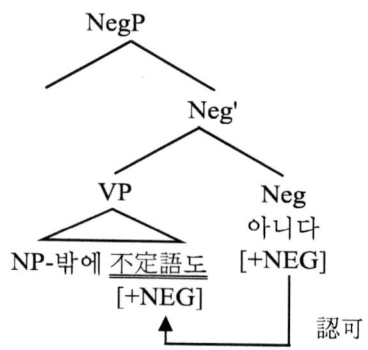

　ここで一つ興味深いのは、否定辞から実際に認可されている被認可表現「不定語＋도」は前節で付加部位置に生起すると述べたが、「밖에2」句の統語位置はこのことにより結局付加部であるということである。
　次は「밖에1」についてみる。「밖에1」はその生起する統語位置により、異なる振る舞いを示す。下記の例文をみてもらいたい。

[⑤問答として省略表現が現れるか否か]
(32) a. 質問： 너는 아까 배를 먹었니?
　　　　答え：*(아뇨)사과밖에.
　　 b. 質問： 너는 뉴욕에 (그렇게) 몇 번이나 가 본 적이 있는 거니?
　　　　答え： (아뇨, 겨우) 한 번밖에(요).

(32)は2.1節の(表1)の5つのテストのうち、当該表現が否定一致表現であることを示すもっとも重要なテストである。(32a)と(32b)の「밖에」の容認度に注目されたい。Hwang(2008)は(32a)のような「밖에」は容認されると指摘するが、本書が50人の韓国人母語話者を対象にインフォーマント調査を行った結果、(32a)の「밖에」はかなり不自然であることが分かった。これに対し、(32b)の「밖에」は容認度が上がる。では(32a)と(32b)の「밖에」の相違点は何であろうか。これは「밖에」の生起する統語位置である。要するに、(32a)の「밖에」は対格、つまり項位置に生起するのに対し、(32b)の「밖에」は付加部位置に生起するのである。また、紙幅の都合上見ないが、付加部位置の「밖에」は(表1)のテストにおいてすべて否定一致表現としての性質を持っている。

以上、否定一致表現としての「밖에」は付加部位置に生起することをみた。最後に、「결코」についてみる。「결코」は言うまでもなく否定(陳述)副詞に属するので、付加部として機能する。

前節と本節で、韓国語の否定一致表現「不定語＋도」、「1＋助数詞＋도」、「밖에」、「결코」は日本語のと同様に付加部位置に生起しなければならないという統語的制約が存在することが明らかになった。

3.2. 形態統語理論(morphosyntax)と否定一致

本節では、これまでの分析から導かれた疑問、すなわち膠着語と屈折語の否定一致表現における統語的制約の差異について、

形態統語理論(morphosyntax)の視点から考察する。

まず確認しておくべきは次のような言語類型間の相違である。

[膠着語と屈折語の否定一致現象の統語的相違点]
(33) 膠着語における否定一致表現は必ず付加部位置に生起しなければならないという統語的制約が存在するのに対し、屈折語における否定一致表現にはこのような制約は見られない。

この観察結果は先行研究(김영희(2005)、Hwang(2008)など)では十分に指摘されてこなかった視点であり、本書の重要な発見の一つといえる。では、このような相違はなぜ生じるのか。本書はその理由を形態論と統語論の接点に位置づけられる形態統語理論から解明できると考える。

形態統語理論とは、伝統的に分離して扱われてきた形態論(語の内部構造)と統語論(語と語の結合構造)を接続し、言語の表出における素性(features)とその認可機構を総合的に捉えるものである(cf. Halle & Marantz(1993)、Harley & Noyer(1999))。特に近年、「Distributed Morphology(分布形態論)」などの枠組みでは、統語構造の中で形態的表現が決定されるという視点が重視されている。

本書で注目したいのは、屈折語における否定一致表現が持つ形態的共通性、すなわち語頭の/n/音である。例えば、英語の「nobody, nothing, never」、フランス語の「ne…personne, ne…rien」、

第12章　膠着語における副助詞と否定極性表現：形態統語理論の観点から

スペイン語の「nadie, nunca」などに見られるように、いわゆる「n-word」として知られる表現群がある(Laka(1990)、Giannakidou(2000)、Zeijlstra(2004))。これに対し、韓国語や日本語の否定一致表現(例：아무도/誰も、한 사람도/一人も、결코/決してなど)には、このような共通した形態的接頭要素は見られない。つまり、語彙的形態の類似性よりも、統語的位置という構造的制約に依拠して否定辞との一致(concord)が認可されるのである。

このような対比は否定極性表現と否定一致の理論的区別とも関係する。Giannakidou(2000)は否定極性表現は「文中に現れる否定素性によって認可される要素」であり、否定一致は「複数の否定素性を持つ要素が同時に現れるが、意味的には一つの否定しか表さない」現象と定義している。

屈折語においては、形態的に「n-」を共有する否定一致表現群が一種の語彙形態のドメイン内で処理されるのに対し、膠着語においてはそれらの語彙的類似性が存在しないため、統語構造上の付加部という位置が否定の認可を左右する決定要因となる。

以上のように、形態と統語の接点に注目する形態統語理論を導入することにより、(33)に示した言語類型間の差異を合理的に説明できることが分かった。これは膠着語と屈折語における否定一致表現の統語的性質を比較言語学的に考察する上で、有効かつ新たな分析枠組みとなるであろう。

4. まとめ

　本章では自然言語における否定一致表現は言語類型論的アプローチによって、少なくとも二つの類型に分類されることを提案した。すなわち、韓国語や日本語に代表される膠着語タイプと、フランス語・イタリア語などロマンス諸語に代表される屈折語タイプである。そして、本章で明らかにしたように、前者のタイプでは否定一致表現の認可は統語構造上の付加部位置という位置的制約によって左右されるのに対し、後者のタイプではn-接頭要素など形態的特徴によって認可がなされる。この点において、否定一致という共通の言語現象が言語類型に応じて異なる構造的基盤の上に成立していることが明確になった。

　また、本書の分析は日本語教育文法の観点からも有用な知見を提供する。とりわけ「不定語＋モ」などがなぜ付加部位置にのみ生起できるのかという、これまで文法記述において十分に説明されてこなかった問題に対し、本書は言語類型論的差異と形態統語論的制約という観点から一つの理論的な回答を与えることができたと考える。

　本書『言語類型論的観点からみた韓日両言語における文法化の対照研究』が全体として志向するのは韓日両言語に共通する言語現象を通時的変化としての文法化と、共時的構造としての類型論的制約という二つの相補的な軸から照射することであった。本章の考察はその目的に沿って、「否定一致表現・否定極性表現」と

第12章　膠着語における副助詞と否定極性表現：形態統語理論の観点から

いう領域において、韓国語・日本語の言語特性と類型的相違を浮かび上がらせる一つの試みである。

なお本書では、韓国語・日本語(膠着語)およびロマンス語(屈折語)を中心に分析を進めたが、将来的には、他のアジア諸語やウラル語族、バントゥー諸語など、より多様な言語を対象にして否定一致の文法化的変遷と構造的制約の関係を精緻化していきたい。

以上の考察を踏まえ、第4部ではより総合的かつ実証的な分析へと視点を移す。具体的には、第13章において否定極性表現の文法化の度合いをコーパスに基づいて検証し、韓日両言語間の比較および最終的な総合的展望へと議論を進めることとする。

第4部

総合的分析と対照的視座

第13章

否定極性表現の文法化の度合いの相違：
コーパスに基づく研究

第13章　否定極性表現の文法化の度合いの相違：コーパスに基づく研究

1. はじめに

　第2部および第3部では、否定副詞や限定副助詞を中心に、韓日両言語に共通する否定極性表現の文法化プロセスを理論的かつ通時的に考察してきた。これらの議論を踏まえ、本章ではその延長線上で、韓日両言語における否定極性表現の中でも特に重要な「밖에」と「しか」を取り上げる。両者は従来、統語的および意味的に対応表現と見なされてきたが、その文法化の度合いには明確な非対称性が存在する。本章の目的は、この非対称性をコーパスに基づく実証的分析を通じて明らかにすることである。

　具体的には、韓国語の「밖에」と日本語の「しか」に焦点を当てる。両者はこれまで数多くの研究において(Martin(1975)、Nam(1994)、A.-H.-O. Kim(2001)、Lee (2002)など)、統語的および意味的にきわめて類似した対応表現とされてきた。実際、両者はいずれも否定文脈においてのみ使用され、韓国語の「-않다」や日本語の「-ない」と共起して「-だけ」の意味を表す構文を形成する。例(1)に示す通りである。

(1)　a.　(韓) 철수는 사과밖에 먹지 않았다 (*먹었다).
　　　b.　(日) 太郎はりんごしか食べなかった (*食べた)。

　さらに、これらは分布上の性質においても共通しており、主語や目的語といった項に付くだけでなく、非項要素にも付加可能で

345

ある。例(2)に示す通りである。

(2) a. (韓) 천천히밖에/ 여기에서밖에/ 한 번밖에/ 허비한다고 밖에
b. (日) ゆっくりしか/ ここからしか/ 一回しか/ つぶしていると しか

しかし、本章では朴(2023)の指摘に基づき、両者を単純に同一視する立場はとらない。むしろ注目すべきは、両者の文法化の度合いにおける非対称性である。すなわち、表層的な類似性にもかかわらず、日本語の「しか」は韓国語の「밖에」に比べて文法化の進行度が高く、否定形式との構文的一体性がより強化されている。一方、「밖에」には語用論的含意が残存しており、使用の柔軟性を保持している。

本章では、このような差異を文法化を汎通時的プロセス(panchronic process)として捉え、現代語コーパスを用いた実証的分析を通して検証する。とりわけ、語彙化・構文化・カテゴリー化の各段階を比較することで、否定極性表現の変化が両言語においていかに異なるテンポで進行しているかを明らかにする。

2. 問題提起

「밖에」と「しか」の関係を明らかにすることは、残念ながらそれほ

第13章　否定極性表現の文法化の度合いの相違：コーパスに基づく研究

ど単純ではない。というのも、多くの謎に直面するからである。本研究では、複数の否定極性表現が一つの否定命題を表す構文、いわゆる多重否定極性表現構文(Multiple NPI Constructions)に注目する。この構文において「밖에」と「しか」は異なる振る舞いを示す。

まず第一に、「밖에」は主語や目的語といった項(argument)に付加される場合、他の否定極性表現と共起することが可能であるのに対し、「しか」は共起することができない。これは例(3)および(4)に示される通りである。

[問題点 ①：多重否定極性表現構における項(主語/目的語)＋「밖에」/「しか」]

(3) a. (韓) 철수<u>밖에</u> <u>아무도</u> 오지 않았다.
  b. (日)*太郎<u>しか</u>誰<u>も</u>来なかった。(Kuno and Whitman 2004)
(4) a. (韓) 철수<u>밖에</u> <u>아무것도</u> 먹지 않았다.　　(Sells 2001)
  b. (日)*太郎<u>しか</u>何<u>も</u>食べなかった。

(Aoyagi and Ishii 1994)

次に、例(5)および(6)に示すように、「밖에」も「しか」も、非項に付く一次後置詞に後接する場合、多重否定極性表現構文においても使用可能である。このことは両表現が単に項要素に限定されず、より広い統語環境においても機能し得ることを示している。

[問題点 ②：多重否定極性表現構文における一次後置詞＋「밖에」/

347

「しか」]

(5) a. (韓) 우리는 그 분에게 노래로<u>밖에</u> <u>아무것도</u> 갚을 수 없다.
　　b. (日) 私たちはその方に歌<u>で</u><u>しか</u>何<u>も</u>返せない。
(6) a. (韓) 이 빌딩은 지하 10층까지 있지만, 지하 5층<u>까지밖에</u> <u>아무도</u> 가 본 적이 없다.
　　b. (日) このビルは地下10階までであるが、地下5階<u>までしか</u><u>誰も</u>行ったことがない。

　第三に、「밖에」はより複雑なタイプの非項である二次後置詞(secondary postpositions)に付加される場合、多重否定極性表現構文では使用が許されない。一方、「しか」はそのような環境でも使用可能である。これは例(7)および(8)に示される。

[問題点 ③：多重否定極性表現構文における二次後置詞＋「밖에」/「しか」]

(7) a. (韓)*이번에는 농업<u>에</u> <u>관해서밖에</u> <u>아무것도</u> 언급하지 않았다.
　　b. (日) 今回は農業に関して<u>しか</u>何<u>も</u>言及しない。
(8) a. (韓)*이것은 사고 원인을 제대로 규명하고 <u>나서밖에</u> <u>아무것도</u> 할 수 없다.
　　b. (日) これは事故原因をちゃんと解明して<u>から</u><u>しか</u>何<u>も</u>できない。

　これまでに観察された、「밖에」と「しか」が現れる多重否定極性表現構文の統語的環境を以下の(表1)にまとめる。

(表1) 多重否定極性表現構文において「밖에」と「しか」が現れる統語的環境

付加される構成素の種類	밖에	しか
a. 項(主語/目的語)	√	*
b. 非項(一次後置詞)	√	√
c. 非項(二次後置詞)	*	√

3. 文法化アプローチ

3.1. 日本語における「ほか―ない」構文

日本語には「しか」と統語的・意味的に類似した表現として「ほか」が存在する(詳細については本書の第2部と第3部を参照)。「しか」と同様に、「ほか」は否定形式と共に「-だけ」の意味を表す構文を形成し、否定文脈においてのみ使用される必要がある。例(9)に示す通りである。

(9) a. 太郎のほか(誰も)来なかった　(＊来た)。
　　b. 進学をあきらめるほか　なかった　(＊あった)。

3.1.1. 近代期における「ほか」と「しか」の対照：江戸後期・明治・大正・昭和期を中心に

「ほか」と「しか」にはいくつかの相違点も存在する。

第一に、「ほか」は名詞や動詞にのみ付加されるという制限があり、これは例(9)に示された通りである。具体的には、「ほか」は格

第4部　総合的分析と対照的視座

助詞や助数詞、副詞、引用形式などの他の要素には付加できない。これについては例(10)に示す。

(10) *ゆっくりほか/*ここからほか/*一回ほか/*つぶしているとほか

第二に、「ほか」が名詞に付加される場合には、例(9a)に示されたように、属格助詞「の」を必要とする。

第三に、日本語母語話者の多くは否定極性表現として「ほか」よりも「しか」を頻繁に用いる傾向がある。

実際、本研究のコーパスデータの分析結果に基づいても、その使用頻度の相違が確認されており、それは以下の(表2)に示されている[1]。

1　本研究のデータは、通時的および共時的コーパスに基づいている。
日本語のデータについては、主に以下の78種類の文献から収集された：
（ⅰ）『新日本古典文学大系』コーパス、
（ⅱ）青空文庫コーパス、
（ⅲ）国立国語研究所の「現代日本語書き言葉均衡コーパス(BCCWJ)」に基づくNINJAL-LWP、
（ⅳ）朝日新聞コーパス、
（ⅴ）六種類の国語辞典。
韓国語のデータは、主に以下の69種類の文献から収集された：
（ⅵ）21世紀世宗計画における韓国語国家コーパス、
（ⅶ）五種類の韓国語辞典。
また、第3節におけるデータの多くは、Park(2015)に基づいている。

第13章　否定極性表現の文法化の度合いの相違：コーパスに基づく研究

(表2)　近代日本語における「しか」と「ほか」の頻度(20サンプル中の3例)

出典(タイトル・語数・出版年)	しか	ほか
a.『1Q84』Book 1(347,261語、2009年)	108	12
b.『国士舘殺人事件』(295,234語、1977年)	47	23
c.『獄中への手紙』(67,371語、1943年)	15	4

　Bybee(2001)(2003)によれば、使用頻度は文法化の度合に影響を与えるとされており、これは「頻度効果(Frequency Effects)」として知られている(cf.Park 2015)。「頻度効果」とは、ある表現がより頻繁に使用されるほど、文法化が進行している可能性が高いという意味である。ところが、Park(2015)によれば、興味深いことに、江戸後期(18世紀中葉)から大正期(1920年代)にかけて、「ほか」は現代日本語における「ほか」とは大きく異なる振る舞いを示していた。

　第一に、この時期の「ほか」は(11)で見られるように名詞や動詞に加えて、副詞、助数詞、一次後置詞、引用形式といった様々な要素にも付加することができた。

(11)　a.　粒ほどほかござんせぬ。(『仏御前大牛車』, 1722年)
　　　b.　友達が一人ほかには誰もいません。
　　　　　　　　　　　　　　　(『まるまる新聞：525』, 1886年)
　　　c.　京都までほか行かない。　　　　　　(山田 1922)
　　　d.　だんだん楽になりやすとほか言ったことがなかった。
　　　　　　　　　　　　　　　(『貧しき人々の群れ』, 1916年)

351

第二に、この時期の「ほか」は(12)で見られるように名詞に付加される場合であっても、属格助詞「の」を必要としなかった。

(12) a. お前の名ほか出ませぬ。　　（『心中宵衣後心』、1722年）
　　 b. 私ほか知らぬ。　　　　　　　　　　　　(山田 1922)

ここで注目すべき点は例(11)および(12)に見られる「ほか」が現代日本語における「ほか」とは異なり、副助詞および否定極性表現として文法化しているということである。特に、大正期における「ほか」は「しか」と非常に類似した振る舞いを示しており、山田(1922：193)は「しか」と「ほか」を同一の表現として扱い、「係り結び」と呼んでいる。

第三に、さらに興味深い点として大正期においては「しか」よりも「ほか」の方が使用頻度が高かった可能性がある。これは、以下の(表3)に示す通りである。

(表3) 大正期における「ほか」と「しか」の頻度(全16サンプル中の3例)

出典(タイトル・語数・出版年)	しか	ほか
a.『貧しき人々の群れ』(58,634語、1916年)	1	18
b.『創作の心理について』(3,800語、1912年)	0	4
c.『午後』(1,320語、1917年)	0	2

本節のまとめは以下の通りである。
（ⅰ）江戸後期から大正期にかけて、「ほか」と「しか」はともに副

第13章　否定極性表現の文法化の度合いの相違：コーパスに基づく研究

助詞および否定極性表現として同様に文法化されていた。
(ⅱ) しかし、昭和期以降、「しか」は副助詞・否定極性表現としてさらに文法化が進んだ一方で、「ほか」はある種の要因により名詞および準否定極性表現(quasi-NPI)として脱文法化した(→「方言接触」による同義語衝突：詳細はPark(2012)を参照)。

(13)　「ほか」と「しか」の文法化プロセス
　　・「ほか」の文法化プロセス

		第1段階	第2段階	第3a段階	第3b段階	第4段階
a.	段階：					
b.	時期：	9C	〜	17C初期	19C後期	20C中期
c.	範疇的変遷：	名	＞副	＞NPI・副助Ⅰ	＞N・副助Ⅱ	＞準N・準副助・名
d.	意味的変遷：	物理的空間	＞心理的範囲・除外	＞限定	＞限定	＞心理的範囲・除外

(＝第11章, (3))

　　・「しか」の文法化プロセス

		第3a段階		第3b段階		第4段階
a.	段階：					
b.	時期：	18C中期		19C中期		20C中期
c.	範疇的変遷：	N・副助Ⅰ	＞	N・副助Ⅱ	＞	N・副助Ⅲ
d.	意味的変遷：	限定	＞	限定	＞	限定

(＝第11章, (7))

3.1.2. 現代日本語における「しか」と「ほか」の専門化

現代日本語においては、「しか」と「ほか」の間に明確な役割分担(division of labor)が存在する。Park(2014)はHopper(1991)が提唱した「専門化(specialization)」という概念に基づき、両者が文法的・語用的機能において異なる使用域を持つようになったと論じている。

具体的には、以下の三点において両表現は機能的に分化していると考えられる。

(i) 分布的特性(distributional properties)
(ii) 修辞疑問文(rhetorical questions)
(iii) 多重否定極性表現構文

以下では、特に(iii)の多重否定極性表現構文に注目し、両者の分布的違いを考察する。

まず、(14a,b)に示すように、「ほか」は主語や目的語といった項(argument)に付加される場合には文法的であるのに対し、「しか」は同じ構文では非文となる。

(14) a. 太郎のほか誰も来なかった。
   Cf.(3b)：＊太郎しか誰も来なかった。
 b. 太郎のほか(誰も)何も食べなかった。
   Cf.(4b)：＊太郎しか(誰も)何も食べなかった。

一方で、(15a,b)に示されるように、一次後置詞や二次後置詞に相当する非項要素(non-arguments)においては、「しか」は使用可能であるのに対し、「ほか」は非文となる。

(15) a. 私たちはその方に歌で{*ほか/しか}何も返せない。
　　 b. 今回は農業に関して{*ほか/しか}何も言及しない。

このように、多重否定極性構文においては「しか」が非項要素に拡張して付加される一方で、「ほか」は項要素に限られていることが分かる。
　さらに本研究では、紙幅の都合によりすべての例示は割愛するが、「しか」は上記以外にも、副詞、数量詞、引用形式といった様々な要素に付加され、多重否定極性表現構文内での使用が確認されている。これに対して、「ほか」の適用範囲は限定的である。
　これらの事実に基づき、本書は現代日本語における「しか」と「ほか」は文法化の結果として、それぞれ異なる構文的位置や語用的機能において専門化を遂げたと提案する。詳細な分析および他の二点((ⅰ)と(ⅱ))に関する議論については、Park(2014)を参照されたい。

3.2.「밖에」vs.「ほか」
3.2.1.「밖에」と「ほか」の類似点
現代韓国語における否定極性表現「밖에」は従来「しか」に対応

するとされてきたが、実際には日本語の「ほか」とも深い対応関係を持つ。とりわけ注目すべきは、「밖에」の文法化プロセスが「しか」よりもむしろ「ほか」のそれに類似している点である(詳細は本書の第2部と3部を参照すること)。

両者の文法化は語彙的名詞から出発し、範疇の変化・意味の変遷・形態的変化を通じて、複雑な副助詞的機能へと展開していく。以下の例(16)に「밖에」と「ほか」の文法化の過程を比較しておく。

(16) 「밖에」と「ほか」の文法化の過程(第1-3b段階)

・「밖에」の文法化プロセス

		第1段階	第2段階	第3a段階	第3b段階
a.	段階:	第1段階	第2段階	第3a段階	第3b段階
b.	時期:	15C中期	17C	20C初期	20C中期
c.	<u>範疇的変遷</u>:	名	> 副	> N・副助Ⅰ	> N・副助Ⅱ
d.	意味的変遷:	物理的空間	> 心理的範囲・除外	> 限定	> 限定
e.	形態的変遷:	밧	> 밧고	> 밧게	> 밖에

(= 第11章, (9)を一部改変)

・「ほか」の文法化プロセス

		第1段階	第2段階	第3a段階	第3b段階
a.	段階:	第1段階	第2段階	第3a段階	第3b段階
b.	時期:	9C	～	17C初期	19C後期
c.	<u>範疇的変遷</u>:	名	> 副	> NPI・副助Ⅰ	> N・副助Ⅱ

第13章　否定極性表現の文法化の度合いの相違：コーパスに基づく研究

  d. 意味的変遷：物理的空間 ＞ 心理的範囲 ＞ 限定　　＞ 限定
                   ・除外
  e. 形態的変遷：ほか　　＞ ほか(に)　＞ ほか(に)　＞ ほか

(=(13)を一部改変))

　実際、「밖에」と「ほか」には形態的な類似性も見られる。その一例が(17)である。

(17) a. 밖 (名詞「外」) ＋ 에 (場所格助詞) ＝ 밖에
   b. ほか (名詞「外」) ＋ に (場所格助詞) ＝ ほか (に)

(= 第7章, (11)を一部改変)

　この形態的一致は両語の語源的共通性を反映しており、文法化の方向性においても平行的発展を示す根拠となり得る。したがって、「밖에」は単に「しか」の対訳語として捉えるのではなく、構造的にも機能的にも「ほか」との連関を含む表現であり、特に文法化の進展においては「ほか」との対応関係を重視すべきであるといえる。

3.2.2.「밖에」と「ほか」の相違点

　「밖에」と「ほか」は前節で述べたように文法化のプロセスにおいて類似点を有するが、その進展過程および現代における機能・地位においては明確な相違が認められる。以下では、特に重要とされる二つの相違点に焦点を当てて論じる。

3.2.2.1. 同義表現の有無と文法化/脱文法化の帰結

　第一の相違点は「밖에」は同義的な否定極性表現との競合を経てこなかったのに対し、「ほか」は「しか」との機能的重複によってその地位が揺らいだという点である。すなわち、「밖에」は日本語の「しか」や「ほか」と異なり、意味的に等価な別表現との衝突(semantic competition)をほとんど経験してこなかった。その結果、独立した副助詞・否定極性表現として、より一貫した形で文法化を遂げてきたと考えられる。すなわち、「밖에」はその意味機能を他の表現と分有する必要がなく、構造的にも機能的にも統一された発展をたどった。

　一方、「ほか」は「しか」との共起制限や置換可能性の観点から、近代以降において役割分担(division of labor)を強いられ、結果として準名詞化・準副詞化する傾向、すなわち脱文法化(degrammaticalization)の方向へと進行した。これは第3.1.2節で論じた通りであり、現代において「ほか」と「しか」が分布的・機能的に明確な分担関係にあることに結実している。

　この点に関する両表現の相違は、以下の(表4)に要約される。

(表4) 第4段階における「밖에」と「ほか」の相違点

項目	밖에	ほか
a. 時期	20世紀中葉以降	昭和期(1930年代)以降
b. 範疇的変遷	副助助Ⅲ・否定極性表現	名詞・準否定極性表現
c. 意味的変遷	限定(delimitation)	除外/限定
d. 現状(Status)	文法化進行中	脱文法化進行中

3.2.2.2. 否定極性表現としての成立時期

第二の相違点は両表現が否定極性表現として成立した時期の差異である。第3.2.1節の(16)および上記(表4)に示したとおり、「밖에」が否定文脈における極性依存的用法として登場するのは20世紀初頭のことである。一方、日本語の「ほか」はすでに17世紀初頭には否定構文との共起が文献上確認されており、少なくとも3世紀以上早く否定極性表現化していたと見られる。

この成立時期の差異はそれぞれの語が初めて文献に登場する時期とも密接に関係している。すなわち、「밖에」は15世紀中葉に初出し、これに対して「ほか」は平安期(9世紀末)にすでに文献上確認されていた。

このように、「밖에」と「ほか」は語源的にも類似する表現であるが、否定極性表現としての文法化の歴史的経路とその帰結には、(ⅰ)他表現との競合の有無、(ⅱ)否定極性表現化の時期、(ⅲ)現在における地位の違いといった点で決定的な差異があることが明らかとなる。

3.3.「밖에」と「しか」の比較

3.3.1.「밖에」と「しか」の類似点

韓国語の「밖에」と日本語の「しか」はいずれも否定極性表現としての文法化を遂げた表現であり、機能的・構造的に多くの共通点を有している。とりわけ注目すべきは、両表現が「第3a段階」から「第3b段階」、さらに「第4段階」へと進行する類似した文法化の経

路を示している点である。この点については、本書の第3部においても実証的に提示されている。

その文法化の概要は、以下の(18)に整理されている。

(18) ・[밖에]

a.	段階：	第3a段階	第3b段階	第4段階
b.	時期：	20C初期	20C中期	現在
c.	範疇的変遷：	N・副助Ⅰ	> N・副助Ⅱ	> N・副助Ⅲ(現在進行中)
d.	意味的変遷：	限定	> 限定	> 限定
e.	形態的変遷：	밧게	> 밖에	> 밖에

・[しか]

a.	段階：	第3a段階	第3b段階	第4段階
b.	時期：	18C中期	19C中期	20C中期
c.	範疇的変遷：	N・副助Ⅰ	> N・副助Ⅱ	> N・副助Ⅲ
d.	意味的変遷：	限定	> 限定	> 限定
e.	形態的変遷：	しか	> しか	> しか

(=(13)を一部改変))

このように、両者は形態的には安定しており、意味・機能においても「限定(delimitation)」というコア的意味を保持しながら文法化が進行している点で一致している。

さらに、第3b段階における代表的な使用例として、以下のような文献例が挙げられる。

(19) a. 안해가 쓰는 돈은 그 내게는 다만 실없은 사람들로 밖에
보이지 않는…. (날개, 1936年)
b. 저 일신의 안전을 도모하는데까지 밖에는 궁리가 뚫리
지 못한 것은…. (민족의 죄인, 1948年)
(20) a. どふかむかふはおいらがつかいこんででもいるとしかおも
はねへはナ. (洒落本 角鶏卵 (1784年))
b. 夕方からしか出かけれぬ。 (山田 1922)

　これらの例文に見られるように、「밖에」と「しか」はいずれも否定文の中で、量的・範囲的限定の機能を担いながら、名詞句や動詞句と緊密に結合している。これは両表現が単なる語彙項ではなく、統語的機能と語用的機能を併せ持つ副助詞的否定極性表現として高い文法的地位を占めていることを示している。

3.3.2.「밖에」と「しか」の相違点

　本節では、韓国語の「밖에」と日本語の「しか」が否定極性表現として同様の文法化経路を辿りながらも、最終段階(第4段階)において異なる発展を遂げている点に着目し、その相違について考察する。この違いは文法化の完成度および出現時期という観点から整理でき、以下の(表5)に示されるように対照的である(詳細はPark(2015)を参照)。

(表5) 第4段階における「밖에」と「しか」の相違点

	밖에(韓国語)	しか(日本語)
a. 現状	文法化未完成(進行中)	より高度に文法化されている
b. 時期	20世紀中葉以降	昭和期(1930年代)以降

　まず、現代韓国語の「밖에」は依然として文法化の最終段階(第4段階)に至っておらず、限定副助詞としての機能が安定的に定着しつつあるものの、統語的一貫性や語用的汎用性の点では発展途上にある。これに対し、日本語の「しか」は昭和期以降に文法化の完成段階へ到達し、現代においては強固な否定極性副助詞としての機能を確立している。この差異の背景には両言語における否定構文全体の構造的性質や他の否定極性表現との競合関係の有無など、複合的な要因が存在すると考えられる。

　また、「밖에」は、形態的に「밧게 > 밖에」という変遷を経てきたが、同義的要素との競合(例：韓国語における '단지', '뿐', '오직' など)を部分的に回避してきた結果、単独での極性要素として生き残っている。これに対し、「しか」は「ほか」や「きり」などの表現と競合しつつも、否定との強固な共起規則を獲得し、安定的な使用域を確保することで文法化を完成させたといえる。

　したがって、「밖에」と「しか」は形態・意味・機能の各側面において類似した発展経路を有しながらも、文法化の到達点において非対称性を示している。この相違点は次節3.4における言語類型論的考察とも密接に関連しており、韓日両言語の否定構文の通時

的発達と文法化メカニズムの違いを明らかにする重要な指標である。

3.4.「밖에」と「しか」の文法化の度合の相違

前節の(表5)が示すように、日本語の「しか」は韓国語の「밖에」と比較して、否定極性表現および副助詞としての文法化の度合がより高いと考えられる。本節では、この仮説を支持する4つの根拠を提示する。

【証拠1:二次後置詞との結合可能性の相違】

第一の根拠は二次後置詞との結合における相違である。すなわち、「しか」は「-において」や「-てから」などの二次的助詞と自然に結合することが可能であるが、「밖에」はそのような結合を受け入れにくい傾向がある。

(21) a. (日) 好い芝居を作り上げなければならぬといふ己惚れを棄てない限り、どんな理論も学説も、机上に於て<u>しか</u>通用しないのだ。　　　　(演出について, 1938年)
　　 b. (韓) *우리는 남의 죽음을 통해서<u>밖에</u> 자신의 죽음을 생각할 수 없다.
(22) a. (日) これは事故原因をちゃんと解明してから<u>しか</u>できない。　　　　　　　　　　　(朝日新聞 2011/4/20)
　　 b. (韓)*이것은 사고 원인을 제대로 해명하고 나서<u>밖에</u> 할 수 없다.

この点は(21)および(22)の例から確認できる。すなわち、(21)では「-において/-을 통해서」、(22)では「-てから/-고 나서」にそれぞれ付加されているが、「밖에」はこれらの後置詞に後接できないのに対し、「しか」は可能である。

【証拠2：使用頻度の相違】
　第二の根拠は日韓の翻訳文学および原作小説における使用頻度の差である。以下の(表6)に示すように、「しか」の出現回数は多くの場合「밖에」を大きく上回っている。本書では、「밖에」と「しか」の使用頻度の差に関して、以下の8種類の書籍を対象に調査を行った。すなわち、(ⅰ)同一の英語小説の日本語訳と韓国語訳、(ⅱ)日本語小説とその韓国語訳、(ⅲ)韓国語短編小説とその日本語訳、(ⅳ)韓国語小説、(ⅴ)日本語小説、などである。その結果、非常に興味深い傾向が確認された。このことは(表6)をもって説明する。

(表6)

a. 英語小説の日本語訳および韓国語訳における使用頻度
(全20作品中の一部：『ハリー・ポッターと賢者の石(*Harry Potter and the Sorcerer's Stone*)』)

項目	しか	밖에
出現頻度(使用回数)	54回	22回

第13章 否定極性表現の文法化の度合いの相違：コーパスに基づく研究

b. 日本語小説およびその韓国語訳における使用頻度
   (全20作品中の一部：『ノルウェイの森』)

項目	しか	밖에
出現頻度(使用回数)	91回	68回

c. 韓国語短編小説およびその日本語訳における使用頻度
   (全6作品中の一部：『뽕』)

項目	しか	밖에
出現頻度(使用回数)	3回	2回

d. 日本語小説および韓国語小説における使用頻度
   (全20作品中の一部サンプル)

小説タイトル(語数)	しか	밖에
白夜行(466,732語)	70回	-
착한여자(449,793語)	-	41回

　(表6a、6b、6d)において、「しか」の出現回数が「밖에」を大きく上回っていることが確認される。これは、日本語における「しか」が韓国語の「밖에」よりも文献中で広く使用されていることを意味する。

　さらに、(表6a)における「밖에」の約40%、(表6b)における約35%は「しか」と一対一に対応していないことが明らかとなった。ここで一つの疑問が生じる。すなわち、これらの翻訳文において、「밖에」の代わりに「しか」に対応している韓国語表現は何かという点である。その結果、「밖에」ではなく、「-만」または、「-뿐」などの韓

国語の限定表現が「しか」の対応語として主に用いられていることが判明した。以下の例文を参照されたい。

(23) a. （日）私の住んでいる寮なんて、天井と窓しかないもの。
（『ノルウェイの森』）
b. （韓）내가 살고 있는 기숙사는 천장과 창문뿐인 격이다.
（『노르웨이의 숲』）

韓国語における「-만」や「-뿐」は意味的には「밖에」と非常に近いとされてきた(A. H.-O. Kim(1997)、Sells(2001)などを参照)。しかしながら、多くの研究(Kuno and Kim(1999)など)は「밖에」は「-만」や「-뿐」と完全に一致するものではないと主張している。興味深いことに、日本語にも「-だけ」や「-ばかり」などの、いわゆる「限定」を表す表現が存在する。これらも意味的には「しか」と類似しているが、Kuno(1999)によれば、「だけ/ばかり」は「しか」とは厳密には異なるとされている。このように比較すると、日本語話者とは異なり、韓国語話者は「밖에」より「-만」や「-뿐」などを選好する傾向が依然として見られるようである。

【証拠3：分布特性における相違】
　第三に、「밖에」と「しか」の分布特性にも顕著な違いが認められる。(表7)に示すように、「しか」は名詞や助数詞に加え、一次/二次後置詞などのマイナーカテゴリーにも比較的自然に付加される

第13章　否定極性表現の文法化の度合いの相違：コーパスに基づく研究

が、「밖에」はメジャーカテゴリーに偏重しており、汎用性の面で制限されている。

(表7)

a. 日本語における「しか」の分布特性(全30例中の一部)

書籍タイプ[2]	主要(中間)カテゴリーへの後接(名詞・助数詞など)	マイナー カテゴリーへの後接(一次/二次後置詞など)
ⅰ．日本語小説	70%	30%
ⅱ．英語小説の日本語訳	76%	24%
ⅲ．日本語原作小説	77%	23%

b. 韓国語における「밖에」の分布特性(30例中の一部)

書籍タイプ[3]	メジャー(中間)カテゴリーへの後接(名詞・助数詞など)	マイナー カテゴリーへの後接(一次/二次後置詞など)
ⅰ．日本語小説	93%	7%
ⅱ．英語小説の日本語訳	98%	2%
ⅲ．日本語原作小説	95%	5%

より具体的には、日本語の「しか」は韓国語の「밖에」と比べて、より多様な要素に自由に付加される傾向がある。このことは(表7a)

---

[2] 書籍は以下の3冊である：(ⅰ)『ノルウェイの森』、(ⅱ)『ハリー・ポッターと謎のプリンス』、(ⅲ)『白夜行』。

[3] 書籍は以下の3冊である：(ⅰ)『ノルウェイの森(韓国語訳)』、(ⅱ)『ハリー・ポッターと謎のプリンス(韓国語訳)』、(ⅲ)『착한 여자(善良な女性)』。

と(表7b)から確認できる。確かに、(表7a)に示されるように、「しか」も名詞や助数詞などのメジャー(あるいは中間的)カテゴリーに付加されることが多いが、(表7b)の「밖에」と比較すると、「しか」の方がより広範な範疇に自然に分布していることがわかる。

このように「しか」はより広範な統語カテゴリーに一般化(generalization)されており、これは文法化の進行度を測る上で重要な指標の一つと考えられる。

【証拠4：否定極性表現への文法化時期の相違】

最後に、両者の文法化の時期の差も重要な指標である。(24)に示すように、「しか」は18世紀中期にすでに第3a段階に達しており、「밖에」よりも約150年早く否定極性表現として文法化されたと見られる。

(24)　・[밖에]
  a.　段階：　　　　第3a段階　　第3b段階　　第4段階
  b.　時期：　　　　20C初期　　20C中期　　現在
  c.　範疇的変遷：N・副助Ⅰ　＞N・副助Ⅱ　＞N・副助Ⅲ(現在進行中)
  d.　意味的変遷：限定　　　＞限定　　　＞限定
  e.　形態的変遷：밧게　　　＞밖에　　　＞밖에

第13章　否定極性表現の文法化の度合いの相違：コーパスに基づく研究

・[しか]
a.	段階：	第3a段階	第3b段階	第4段階
b.	時期：	18C中期	19C中期	20C中期
c.	範疇的変遷：N・副助Ⅰ	>N・副助Ⅱ	>N・副助Ⅲ
d.	意味的変遷：限定	>限定	>限定
e.	形態的変遷：しか	>しか	>しか

(=(18)))

このように「밖에」は形態的には既に定着しているが、語用的・統語的には未だ進行中であり、特に第4段階における分布拡張や助詞連結の自由度などの面で「しか」に劣っている。

これまでの議論を踏まえると、「밖에」と比較して「しか」の文法化の度合いが高いことを示す証拠は以下のように要約できる：

(ⅰ) 「しか」は二次後置詞に付加可能であるのに対し、「밖에」はそうではない。

(ⅱ) 使用頻度は一貫して「しか」が上回っている。

(ⅲ) 「しか」は「밖에」よりも多様な要素に自由に付加される傾向がある(→「一般化(Generalization)」)。実際、「밖에」は主にメジャーカテゴリーへの付加に限定されている。

(ⅳ) 「しか」は「밖에」よりも約1.5世紀早く否定極性表現として文法化された(第3a段階)。

これらの点から、「밖에」は現在も文法化が進行中であり、「しか」は否定極性表現及び副助詞としてより高い文法化段階に到達していると結論づけられる。次章では、これらの結果を踏まえ、言語類型論的観点から両言語における文法カテゴリーの文法化の度合いの普遍性と多様性について考察する。

4. おわりに

　本章では韓国語と日本語における否定極性表現および副助詞としての文法化の度合の相違を「밖에」と「しか」に着目して考察した。その考察から導き出される結論は以下の4点に要約される。

　第一に、否定極性表現および副助詞としての文法化の度合において、「밖에」よりも「しか」の方がより高度に文法化されている。

　第二に、「しか」と「밖에」は多重否定極性表現構文において異なる振る舞いを示す。これは両者が現在置かれている文法化の段階の違いに起因すると考えられる。

　第三に、「しか」は非項(non-argument)に後接する場合に限って他の否定極性表現(例：「誰も」、「決して」など)との共起が許容される一方で、項(argument)に後接する「ほか」はその位置においてのみ共起が可能である。このような違いは否定極性表現間の機能分担(division of labor)によるものと解釈できる。

　第四に、韓国語の「밖에」はどの構文的環境においても否定極

第13章　否定極性表現の文法化の度合いの相違：コーパスに基づく研究

性表現との共起が可能であるが、これは語彙的に類義表現との衝突(synonymic collision)を経てこなかったためと考えられる(Park (2014)参照)。ただし、「밖에」が二次後置詞に付加される場合には、他の否定極性表現との共起が許容されない傾向がある。これは第4段階における文法化が依然として進行中であり、完全に完了していないことに起因すると思われる。

　以上の考察は否定極性表現という一つのカテゴリーに限定されたものである。しかし、文法化の度合いにおける韓日両言語の非対称性は否定極性表現以外の文法カテゴリーにおいても見出される可能性がある。次章(第14章)では、アスペクト形式・文末形式・複合動詞・複合助詞・補助動詞などを対象に、文法化の度合いに関する韓日比較分析を行い、両言語間の体系的な差異をより広い視野から検討することとする。

第14章

文法化の度合いに関する韓日比較分析

第14章　文法化の度合いに関する韓日比較分析

1. はじめに

　第1章で述べたように、文法化とは、語彙的な意味を持つ単語、すなわち内容語がその意味を失い、文法的な機能のみを担う機能語へと変化する現象を指す。文法化研究とは、こうした変化のプロセス(process)を明らかにすることを目的とした言語学の一分野である。

　文法化研究は19世紀の歴史・比較言語学に起源を持ち、1980年代以降、欧米を中心に活発に展開されてきた。日本語学における文法化研究も、こうした欧米の一般言語学的動向に触発されて1980年代に始まり、1990年代以降に本格化したとされる。堀江(2005：93-94)によれば、「文法化」という用語は『国語学大辞典』(1980：860)に初出しており、日本語学における定着は比較的近年のことである。ただし、「文法化」という呼称こそ一般言語学に由来するものの、日本語学にはそれ以前から類似の概念が存在していた。たとえば三上(1972)は以下のように「形式化」という用語で、同様の現象を指摘している(堀江 2005)。

　　或る単語が慣用の結果、一方的な用法に固定して原義からもそれ、時には、品詞崩れも引起す、というような場合にその単語は<u>形式化</u>したという。　　　　　　　　　　(三上(1972：194))

　韓国語学においても、文法化という視点に基づく研究は1990年

375

代以降に本格化しており、研究史の流れとしては日本語学と類似している(이성하(1998))。これに伴い、韓日両言語を対象とする文法化の対照研究も1990年代後半以降、徐々に蓄積されてきた。

　代表的な先行研究としては、アスペクト形式に注目したStrauss and Sohn(1998)、安(2001)、安・福嶋(2005)、堀江(2005)、文末形式を扱った堀江・金(2008)、複合動詞に関する呉(2004)、塚本(2008)、複合助詞に関する塚本(2008)、補助動詞の文法化を検討した呉(2004)、塚本(2006)、さらに否定極性表現を主題としたPark(2014)などが挙げられる。なお、安・福嶋(2005)およびPark(2014)は通時的・共時的の両観点から分析しているのに対し、それ以外の研究は共時的アプローチに依拠している。

　次節以降で詳しく検討するように、これらの先行研究を総合的に考察することで、韓日両言語における文法化に関して、従来の視点では捉えられなかった新たな仮説が導き出される可能性がある。

　本章の目的は既存の研究成果を踏まえつつ、文法化の度合い(degree)という視点から韓日両言語を比較し、両言語間に見られる体系的な差異を明らかにすることである。とりわけ、本章では否定極性表現、アスペクト形式、文末形式、複合動詞、複合助詞、補助動詞といった複数の文法カテゴリーに着目し、それぞれにおける文法化の進度の違いに焦点を当てて分析する。なお、文法化の度合いに注目して韓日両言語の差異を体系的に対照した先行研究は管見の限りでは存在しない。

2. 考察

本章では、以下のような仮説を検証する。

(1)　[本章の主張]
　　　韓日両言語は形態類型論的に同一の膠着語に属するが、多くの文法カテゴリーにおいて韓国語は日本語より文法化の度合いが低い。

以下では、否定極性表現・アスペクト形式・文末形式・複合動詞・複合助詞・補助動詞といった文法カテゴリーごとに両言語の表現を対照し、この仮説の妥当性を明らかにする。

2.1. 否定極性表現

前章は韓・日両言語における否定極性表現である「밖에」と「しか」の文法化に関する対照研究を行っている前章は通時的及び共時的なアプローチでこれらの表現が「第Ⅰ段階(否定極性表現/副助詞) ＞ 第Ⅱ段階(否定極性表現/副助詞)[1]」という文法化プロセスを同様に経ると主張する。また、本書の第2部と第3部はこれらの一連の文法化プロセスは文法化理論の主な原理である、いわゆる「脱範疇化の原理(decategorization principle)」と「一方向性の仮説(Unidirectionality Hypothesis)」で説明され、韓日両言語の否

1　これに関する内容は後の脚注3で述べる。

第4部　総合的分析と対照的視座

定極性表現だけではなく、現代フランス語など、他の言語における否定極性表現においても普遍的に見られる言語現象であることを明らかにしている。

他方、前章は「밖에」と「しか」の文法化現象において、上記のような普遍的な現象に加えいくつかの相違点が存在すると述べる。というのは、両者が否定極性表現として文法化された時期のずれである。詳しく述べると、「밖에」が否定極性表現としての用法を担い始めたのは20世紀前期であるのに対し、「しか」の場合は18世紀中期であり、これらの表現は約1.5世紀という時期的な違いが見られる。また、第13章は韓国語の「밖에」においてこのような時期的な違いが見られるのはそもそも「밖에」が現れたのが遅かったことも起因すると述べる。ともかく、両者の上述した文法化のずれは大きく2つの言語現象を引き起こす。まず、第一に両言語には次のような構文的な違いがみられる。

[밖에(しか)-아무것도(何も)]
(2) a. *나리타 공항에 도착하고 나서밖에 아무것도 할 수 없다.
　　 b. 成田空港に着いてからしか何もできない[2]。
[밖에(しか)-아무도(誰も)]
(3) a. *부장님은 평소 때에도 농담밖에 하지 않으므로, '또 시작되었군' 이라고밖에 아무도 생각하지 않았다.
　　 b. 部長は普段から冗談しか言わないので、「また始まった」と

2　日本語の例文(2b)-(4b)は実例である。また、韓国語の例文(2a)-(4a)は日本語の例文(2b)-(4b)を筆者が訳したものである。

しか誰も思わなかった。
[밖에(しか)-결코(決して)]
(4)　a.　*자신에게 있어 중요한 것은, 실질적인 체험에서<u>밖에</u> <u>결코</u> 얻을 수 없다.
　　　b.　自分にとって大切なものは、実体験から<u>しか決して</u>得ることができない。

　(2a)は「밖에」がもう一つの否定極性表現である「아무것도」と共起したいわゆる「多重否定極性表現構文(Multiple Negative Polarity Item Constructions)」であるが、非文である。これに対し、日本語は(2b)で見られるように「しか」と「何も」が共起しているが、正文である。ここで一つ不思議な現象がみられる。시(1997)、김(1998)、Sells(2001)など多くの先行研究において韓国語の「밖에」は次のように多重否定極性表現文が許されると認められているからである。

[밖에-아무것도]
(5)　a.　나는 물건을 흰 종이<u>밖에</u> <u>아무것도</u> 보지 못했다.
　　　　　　　　　　　　　　　　　　　　　　(김(1998))
　　　b.　순이는 사과<u>밖에</u> <u>아무것도</u> 먹지 않았다.　(Sells(2001))

　(5)は(2a)と同様に「밖에」と「아무것도」が共起した多重否定極性表現構文であるが、すべて正文である。興味深いことに(5)と(2a)は同様の否定極性表現が共起しているのにも関わらず、許容

第4部　総合的分析と対照的視座

度において対照的である。このような現象は以下の例文からでも
確かめられる。

[밖에-아무도]
(6) a. 지금 집에 엄마<u>밖에</u> <u>아무도</u> 안 계세요.　　(시(1997))
　　b. 이것<u>밖에</u> <u>아무도</u> 읽지 않는다.　　(Sells(2001))
[밖에-결코]
(7) a. 노인들<u>밖에</u> <u>결코</u> 이곳을 찾지 않는다.　　(김(1998))
　　b. 부탁에 능란한 사람은 처음에는 상대방이 가볍게 응해
　　　주는 작은 부탁<u>밖에</u> <u>결코</u> 하지 않는다.

　(6)は(3a)と同様に「밖에」と「아무도」が、(7)は(4a)と同様に「밖에」と「결코」が共起した場合であるが、(6)(7)は(3a)(4a)と異なり正文である。ここで「(2a)(3a)(4a)と(5)(6)(7)における構文論的な相違点は何であるのか」という疑問点が浮かび上がる。両者の違いは「밖에」がどのような項目に後接しているのかである。言い換えると、(5)(6)(7)における「밖에」は名詞句に後接するのに対し、(2a)(3a)(4a)における「밖에」は名詞句以外のもの、例えば(2a)の複合助詞(-하고＋나서)、(3a)のような引用マーカー(-라고)、それから(4a)のような後置詞(-에서)に後接する。このような言語現象に着眼し、前章は「밖에」が名詞句に後接する場合は多重否定極性表現構文が許されるが、名詞句以外の項目例えば、複合助詞、後置詞、引用マーカーなどに後接する場合は多重否定極性表現構文が許されないと指摘する。これに対し、「しか」は複合助

詞、後置詞、引用マーカーなどに許されると述べる。このような現象は統語論的または意味論的分析では決して説明できない不思議な現象である。

本書は両言語において上記のような相違点が見られる理由は韓国語の「밖에」が「しか」より文法化の度合いが低いからであると考えられる。本書の第2部は「밖에」と「しか」を含め韓日両言語における副助詞がどのような項目に後接するのかに注目し、これらの副助詞は下記のような文法化のプロセスを示すと主張する。

[韓日両言語における副助詞の文法化]
(図1) 低い ←―――――――――――――→ 高い
　　　　　　名詞句に後接 ＞ 名詞句以外[3](複合助詞、
　　　　　　　　　　後置詞、引用マーカーなど)に後接

第二に、「밖에」の使用頻度が「しか」より低いことが挙げられる。Bybee(2001)(2003)は文法化の度合いを測定するに当たって「頻度効果(Frequency Effects)」という原理が有効であると主張する。「頻度効果」とは、ある表現の使用頻度は当該表現の文法化の度合いと直結し、当該表現の文法化の度合いが高いと、その使用頻度も高いということである。前章は「밖에」と「しか」は次の表のように使用頻度において相違点がみられると指摘する。

3　本書の第2部はこの中でも文法化のハイアラキーのようなのが存在すると指摘する。例えば、後置詞の場合、「一次後置詞への後接 ＞ 二次後置詞への後接」のような文法化のプロセスがみられる。詳細は第2部を参照。

第4部　総合的分析と対照的視座

(表1)
a. 英語の小説(Harry Potter and the Sorcerer's Stone)を訳した韓国語と日本語

ⅰ．小説のタイトル	해리포터와 마법사의 돌	ハリー・ポッターと賢者の石
ⅱ．表現	밖에	しか
ⅲ．頻度数	22回	54回

b. 日本語の小説(ノルウェーの森)を訳した韓国語

ⅰ．小説のタイトル	노르웨이의 숲	ノルウェーの森
ⅱ．表現	밖에	しか
ⅲ．頻度数	68回	91回

c. 韓国語の小説(短編小説：뽕)を訳した日本語

ⅰ．小説のタイトル	뽕	ポン
ⅱ．表現	밖에	しか
ⅲ．頻度数	2回	3回

d. 韓国語と日本語の小説

ⅰ．小説のタイトル	착한 여자(449,793자)	白夜行(466,732자)
ⅱ．表現	밖에	しか
ⅲ．頻度数	41回	70回

(= 第13章, (表6)を一部改変)

　(表1a)は英語の小説を韓国語と日本語に、(表1b)は日本語の小説を韓国語に、(表1c)は韓国語の小説を日本語に訳したもので、それから(表1d)は韓国語と日本語でそれぞれ書かれた小説の場合である。(表1a-d)から「밖에」の使用頻度が「しか」より低いこと

が分かり、このことは「頻度効果」により「밖에」のほうが「しか」より文法化の度合いが低いことを示唆する。

2.2. アスペクト形式

安(2001)は韓日両言語のアスペクト形式である「-어/고 있다」と「-ている」の文法化の対照研究を通時的及び共時的アプローチで行っている。また、安(2001)は韓日両言語のアスペクト形式は文法化理論の原理の中で「脱範疇化の原理」、「漂白化モデル(bleaching model)」、「語形の縮約(contraction)」が関わっていると述べる。例えば、韓日両言語のアスペクト形式において「語形の縮約」は次のような存在動詞の形態的縮約によって成り立っていると指摘し、通時的データでこのことを裏付けている。

(8)　a.　韓国語：-어 잇-> -앳- > -엇- > -었-
　　　b.　日本語：テアリ > タリ > タ

また、安(2001)は韓日両言語のアスペクト形式における文法化のプロセスは(8)のような形態的特徴において類似するが、次のような例文においては相違点がみられると指摘する。

[結果持続]
(9)　a.　책상 위<u>에</u> 텔레비전이 부서져 <u>있다</u>.
　　　b.　*机の<u>上に</u>テレビが壊れ<u>ている</u>。

[動作持続]
(10) a. 부엌 문 앞에 어머니가 책을 읽고 있다.
　　 b. *台所の入り口の前に母が本を読んでいる。

　(9)と(10)は「-어/고　있다」と「-ている」が用いられたアスペクト構文であるが、韓国語は正文であるのに対し、日本語は非文である。韓日両言語のアスペクト形式が(9)と(10)のような相違点を引き起こす理由について安(2001)は両者の文法化の度合いの相違点に起因すると主張する。安(2001)は(9)と(10)の動詞「부서지다(壊れる)」と「읽다(読む)」が持つ、いわゆる述語項構造(predicate argument structure)に注目する。述語項構造とは、当該の述語がどんなタイプの項をいくつ必要とするのかを表すことを指し示す。例を持ってこのことを説明する。「食べる」という動詞は「何か(x)が何か(y)を食べる('x eat y' または、'eat(x, y)')」という事態を示す表現である。このような何らかの事態を記述する表現のことを述語(predicate)と呼び、上述したxとyのようにこの事態の記述に必要な要素のことを項(argument)と呼ぶ。ここで(9)と(10)の「부서지다/壊れる」と「읽다/読む」の述語項構造を考えると、これらの動詞にとって格助詞「-에/に」は必ずしも必要とされる要素ではないため、「-에/に」はこれらの動詞の項構造には含まれていないのである。しかしながら、日本語と異なり韓国語は(9a)(10a)のように正文である。このことから韓国語の「있다」が日本語の「いる」と違い存在動詞としての用法がまだ強く残っており、機能語としての用法を完

全に持っていないことが示唆される。実際に、韓日両言語の存在動詞「있다/いる」は以下のように格助詞「-에/に」がその項構造に含まれていることが分かる。

  (11) a. 교실 안에 학생이 있다.
     b. *교실 안 학생이 있다.
  (12) a. 教室の中に学生がいる。
     b. *教室の中学生がいる。

 他方、韓日両言語のアスペクト形式には前述した「-어/고 있다」と「-ている」の他にも、「-어 버리다」と「-てしまう」が挙げられる。これらの形式の文法化を取り扱ったのはStrauss and Sohn(1998)と呉(2004)である。これらの先行研究は共時的観点から日本語の「-てしまう」が韓国語の「-어 버리다」より文法化の度合いが高いと主張する。特に、Strauss and Sohn(1998)によると、このことは両者の音韻縮約(phonological reduction)における相違点から伺えると指摘する。「-てしまう」は(13)のように「-ちゃう」という音韻縮約形が存在し、「-てしまう」はより改まった公的な場面で用いられやすいのに対し、「-ちゃう」はより日常的で私的な場面において用いられやすいとされる(一色(2011))。

  (13) a. 子供たちが茶の間の壁に落書きを書いてしまったよ。
     b. 子供たちが茶の間の壁に落書きを書いちゃったよ。
              (金田一春彦(1976))

Hopper and Traugott(2003)は音韻縮約は子音や母音が落ちたり、アクセントがなくなって新しく形成された語へのアクセントの再調整が起こったり、隣同士の音韻が互いに同化しあったりすることをいい、文法化が進むにつれ助動詞によく現れる現象であると指摘する。また、Hopper and Traugott(2003)は語彙項目と接語が語幹、接辞として融合し形態素化するとき、さまざまな音韻変化が起こり、それらは音韻減少である場合が多いと述べる。このような現象は他の言語でも頻繁に行われる文法化の普遍的な現象である。次の例をみてもらいたい。

(14) a. We are <u>going to</u> buy a car next year.
   b. We are <u>gonna</u> buy a car next year.

(14a)は「-するつもりである」という意味を持つ「be going to」が用いられた文であるが、「be going to」は(14b)のような音韻縮約形「be gonna」が存在する。英語の「be going to」も上述した日本語の「-てしまう」と同様に、「be going to」はより改まった公的な場面で用いられやすいのに対し、「-be gonna」はより日常的で私的な場面において用いられやすいと認められる。Hopper and Traugott(2003)はこのことを「信号の簡素化(signal simplicity)」と言い、速い会話において会話の信号を少なくしようとする傾向があると指摘する。つまり、「-ちゃう」のほうが「-てしまう」より、「be gonna」のほうが「be going to」より速い会話において話し手と聞き手にとってわかりやす

い発話を実現することが可能であるということである。しかしながら、韓国語の「-어 버리다」は日本語の「-ちゃう」のような音韻縮約形が存在しない。このことは韓国語の「-어 버리다」が日本語の「-てしまう」に比べ文法化がそれほど進んでいないことを示唆し、「-어 버리다」は「-てしまう」より文法化の度合いが低いと言うことができる。

2.3. 文末形式

堀江・金(2008)は韓日両言語の文末形式である「것이다」と「のだ」の文法化の対照研究を行っている。特に、文法化理論において最近注目されている(15)の「主観化・間主観化」の仮説をもとに論じている。

(15) 非主観的 > 主観的 > 間主観的　　　　　　(Traugott(2003))

(15)において堀江・金(2008：85)は文法化における意味変化が事象や状況の現実世界としての特徴に関わる意味から、話し手(書き手)の信念や態度を表す「主観的な」意味へと変化(主観化)し、さらに聞き手(読み手)の信念や社会的地位などに対する話し手の注意を表す「間主観的な」意味へと変化(間主観化)すると述べる。このような「主観化・間主観化」の観点から堀江・金(2008：85)は韓国語の文末形式の「것이다」は日本語の「のだ」より文法化の度合いが低いと主張する。まず、韓日両言語の「것이다」と「のだ」

が示す「主観的」機能と「間主観的」機能の例文を以下のようにそれぞれ提示する。

[「主観的」機能の例]
(16) a. 그가 왔다. 그가 정말로 내 앞에 나타난 <u>것이다</u>.
 b. これ、私の国ではタッチョンイ・インヒョンという名前で親しまれている、紙粘土でできた人形です、と言った。僕は慌てて、あ、日本人じゃない<u>んだ</u>、と間抜けな返答をしてしまう。

[「間主観的」機能の例]
(17) a. 만져버렸어. 그래서 그냥 산 <u>거야</u>.
 b. あの日の紅に違いないのだが、ぼくは眠くて目を開けることができないでいる。
「起きなよ、潤吾。学校に遅れちゃうじゃない。いい子だから起きる<u>の</u>よ。」

(堀江・金(2008))

(16)は「것이다」と「のだ」が「主観的」機能を示している例文である。堀江・金(2008:87)によると(16a)は突然目の前に現れた「元彼」を見て話し手がもった「自分の目の前に元彼が本当に現れた」という(再)認識、(16b)は「紅」の発話を聞いて初めて話し手がもっと「(彼女が)日本人ではない」という認識が現れている。他方、(17)は両者の「間主観的」機能の例文である。(17a)において普段暗い色の服ばかり着ていた話し手が新しい服を買ったことを珍しいと思っている友達(聞き手)に向かって、服を買った理由を述べ、

第14章　文法化の度合いに関する韓日比較分析

(17b)においては、女の主人公(話し手)は男の主人公(聞き手)に向かって「起きる」ように働き掛けている(堀江・金(2008：87))。

堀江・金(2008)は韓日両言語の「것이다」と「のだ」が用いられた1,500文を対象にし、以下の(表2)のような相違点が見られると指摘する。

(表2)「のだ」と「것이다」の機能分類(堀江・金(2008：86))

	主観的	間主観的	合計
韓国語	31(70.5%)	13(29.5%)	44(100%)
日本語	46(43.4%)	60(56.6%)	106(100%)

(表2)から韓国語の「것이다」が日本語の「のだ」より文法化の度合いが低いことが窺えると堀江・金(2008)は主張する。第一の証拠は、韓国語の「것이다」が日本語の「のだ」に比べ、生起頻度が高いことである。すなわち、韓国語は44回用いられるのに対し、日本語は106回用いられている。2.1節でも述べたように文法化理論において「頻度効果」により当該表現の文法化の進度がどのぐらい進んでいるのかを測定している。第二の証拠は、「主観的」と「間主観的」機能に分類した場合、「のだ」は「間主観的」機能の用例数が「主観的」機能の用例数より上回っているに対し、「것이다」は逆に「主観的」機能の用例数が「間主観的」機能の用例数より多く上回っていることである。このことは上述した(15)の仮説に照らし合わせてみると、韓国語の「것이다」が日本語の「のだ」より文法化の度合いが低いという結論に結び付くのである。

2.4. 複合動詞

呉(2004)と塚本(2008)は韓日両言語の複合動詞の文法化の対照研究を行っている。呉(2004)と塚本(2008)はそれぞれ異なるアプローチで分析を行うが、韓国語のほうが日本語より文法化の度合いが低いという点においては共通の認識を示している。呉(2004)の主張を引用すると、以下のようである。

> 動詞の取る形の中で文法化というプロセスがもっとも進んでいる複合動詞の後項要素と補助動詞を、韓国語と日本語の対照という観点から分析した結果、機能語化した後項要素や補助動詞における日本語の動詞の文法化は韓国語のそれより進んでいるが、韓国語の方は本来の動詞としての実質的な意味が残りその文法化の度合いが低いことが分かった。そのため、日本語の場合は韓国語の複合動詞の後項要素と補助動詞を用いて表現できないところまで幅広く表現できるので、日本語の機能語化した複合動詞の後項要素や補助動詞の文法的な意味の中には、対応する韓国語の動詞の形を持たず、統語論的な成分化し、修飾語句にやくされたり、複合動詞全体が一つの単純語として訳されたりするものが多くある。
>
> (呉(2004：200-201))

呉(2004)は上記の主張を裏付ける証拠として日本語の複合動詞の後項要素である「-出す」「-切る」「-あがる/あげる」「-つける」と対応する韓国語の形態をそれぞれ提示する。本書では「-つける」の場合をみる。次の例文を見てもらいたい。

第14章　文法化の度合いに関する韓日比較分析

(18) a.　あまり<u>しつけ</u>ない仕事。
　　 b.　그다지 해 보지 않아 <u>익숙하지</u> 않은 일.
(19) a.　飛行機に<u>乗り付け</u>ているからなんともない。
　　 b.　비행기를 <u>타버릇 해</u>서 아무렇지도 않다.

(呉(2004))

　上記の例において、日本語の「-つける」は反復的・習慣的動作を表すアスペクト的な意味を担っており、前項動詞の動作が一回で終わらず、意図的に何度も繰り返されることを示している。言い換えれば、「-つける」は「慣れて-する」や「いつも-して慣れている」といった意味を帯びた文法的形式へと変化しており、文法化が進行している状態である。
　一方、韓国語ではこれに対応する後項動詞が存在せず、「익숙하게 하다」「-해 버릇하다」などの連語構造や句構造を用いて意味を補う必要がある。これは日本語の後項要素「-つける」が語彙的意味を脱して機能語化したのに対し、韓国語にはそれに相当する文法的要素が未形成であることを示している。
　したがって、日本語の複合動詞後項要素は韓国語に比べて語彙的意味が漂白(bleached)され、文法化がより進んでいると結論づけられる。

2.5. 複合助詞
　複合助詞とは、複数の語が結合して一つの助詞として機能する

表現を指す。本節では、韓国語と日本語における複合助詞の対応関係および文法化の度合いの違いについて、塚本(2009)による先行研究を参照しながら考察を加える。

韓日両言語において、以下のような対応例が観察される。

(20) a. 미국이 이라크에{대하여/대해/대해서} 선제공격을 했다.
  b. アメリカがイラクに{対し/対して}先成攻撃をした。
(21) a. 이 기계는 꼭 설명서의 지시에{따라/따라서}사용하십시오.
  b. この機械は必ず説明書の指示に従って使用してください。

(塚本(2009))

塚本(2009)は韓日両言語における複合助詞[4]の文法化の対照研究を共時的アプローチで行い、韓国語の複合助詞のほうが日本語より文法化の度合いが低いと論じている。以下でその根拠を見てみる。まず、塚本(2009)は両言語の複合助詞の性質について以下のようにまとめている。

[日本語における複合助詞]
(22) a. 日本語における形式
   （ⅰ）単一連用格助詞＋動詞連用形

---

4 ただし、塚本(2009)は「複合格助詞」という用語を用いるが、本書は便宜上「複合助詞」を使うことにする。

第14章　文法化の度合いに関する韓日比較分析

　　　　　（ⅱ）単一連用格助詞＋動詞連用形＋接続語尾「て」
　　b．日本語における種類
　　　　　（ⅰ）~に{あたり/あたって}、~にあって、~において、~に{応じ/応じて}、~に後れて、~に{限り/限って}、~に{かけ/かけて}、~に{関し/関して}、~に{先立ち/先立って}、~に{際し/際して}、~に{従い/従って}、~にして、~に{沿い/沿って}、~に{対し/対して}、~に{つき/ついて}、~に{つけ/つけて}、~に{つれ/つれて}、~に{伴い/伴って}、~に{とり/とって}、~に{のっとり/のっとって}、~に{向かい/向かって}、~に{基づき/基づいて}、~に{より/よって}、~に{わたり/わたって}
　　　　　（ⅱ）~をおいて、~を{介し/介して}、~をして、~を{通じ/通じて}、~を通して、~をはじめ、~を{踏まえ/踏まえて}、~を{めぐり/めぐって}、~をもって

[韓国語における複合助詞]
(23) a．韓国語における形式
　　　　　（ⅰ）単一連用格助詞＋動詞連用形
　　　　　（ⅱ）単一連用格助詞＋動詞連用形の縮約形
　　　　　（ⅲ）単一連用格助詞＋動詞連用形(の縮約形)＋接続語尾「서」
　　b．韓国語における種類
　　　　　（ⅰ）-에{관하여/관해/관해서}、-에{걸쳐/걸쳐서}、-에{대하여/대해/대해서}、-에{따라/따라서}、-에{의하여/의해/해서}、-에 있어서、-에{즈음하여/즈음해서}、-에 {한하여/한해/한해서}

393

(ⅱ) -를/을{비롯하여/비롯해/비롯해서}、-를/을{위시하여/위시해/위시해서}、-를/을{위하여/위해/위해서}、-를/을{통하여/통해/통해서}
(ⅲ) -로/으로{인하여/인해/인해서}、-로/으로 말미암아

　また、塚本(2009)は韓日両言語における複合助詞は次のような相違点が見られると指摘する。第一に、韓国語で日本語に対応する複合助詞がないものが存在する。下記の例をみられたい。

[韓国語で日本語に対応する複合助詞がないもの]
(24) -に{あたり/あたって}、-において、-に{つき/ついて}、-に{つれ/つれて}、-に{とり/とって}、-に{わたり/わたって}、-を{めぐり/めぐって}、-を{もち/もって}、でもって、-として

　第二に、数と種類において韓国語は比較的少ないのに対し、日本語は比較的多い。
　第三に、接続語尾「서」/「て」の付随において韓国語は付けずに表現することが多いのに対し、日本語は付けて表現することが多い。この点は後述する文法化の指標(第3.節(38)参照)における「表示の義務性(obligatoriness)」の違いとも関係している。
　塚本(2009：12)は上記の相違点の根底には、日本語のほうが韓国語よりも文法化の度合いが進んでいるという点があると指摘する。とりわけ、日本語の複合助詞はもとは動詞句(例：従う・基づく・応じるなど)であったものが、形式化・統合化・義務化を経て、よ

り高度に文法化された形式へと移行しているのに対し、韓国語ではなお原型動詞の意味が比較的保持された状態で使用される傾向が強い。

また、韓国語の複合助詞はしばしば縮約形(例:「위해・대해」など)とともに、接続語尾「서」を省略可能な自由度の高い構文である点から見ても、機能語化の度合いが日本語に比べてまだ不完全であると解釈できる。

2.6. 補助動詞

補助動詞に関する文法化研究においては、塚本(2006)が韓日両言語の「-어 오다/가다」と「-てくる/いく」構文の用法と文法化の様相を、呉(2004)が「-어 놓다/두다」と「-ておく」構文を対象に、それぞれ共時的観点から対照研究を行っている。両研究は異なる補助動詞を対象としながらも、共通して「韓国語の補助動詞は日本語に比べて文法化の度合いが低い」という主張を展開している。すなわち、韓国語における補助動詞「(-어) 놓다/두다/오다/가다」にはいまだ内容語としての語彙的意味が強く残っており、機能語化(文法化)の進展が不十分であるという認識が共有されている。

まず、「-어 오다/가다」と「-てくる/いく」構文の用法の対照を確認する。塚本(2006)は日本語の「-てくる」の用法を「移動」「継起」「継続」「出現」「開始」の5種に分類し、韓国語の「-어 오다」は前者3用法に対応するが、後者2つの用法には対応しないと指摘している。

[移動]
(25) a. 駅まで歩いてきました。
　　 b. 역까지 걸어왔습니다.

[継起]
(26) a. 母が花を買ってきた。
　　 b. 어머니가 꽃을 사 왔다.

[継続]
(27) a. 先生は20年間もこの問題について研究してきた。
　　 b. 선생님은 이십년 동안이나 이 문제에 대해 연구해 왔다.

[出現]
(28) a. 前に進むと、海が見えてきた。
　　 b. ?앞으로 나아가자 바다가 보여 왔다.
　　 c. 앞으로 나아가자 바다가 보였다.

[開始]
(29) a. 近頃、寒くなってきた。
　　 b. *요새 추워져 왔다.
　　 c. 요새 추워졌다.
(30) a. 急に雨が降ってきた。
　　 b. *갑자기 비가 내려 왔다.
　　 c. 갑자기 비가 내리기 시작했다.

　このように両言語ともに「移動」「継起」「継続」の用法においては共通するが、「出現」「開始」といったより抽象的な意味変化の表現では、日本語が補助動詞として完全に文法化しているのに対し、韓国語では依然として内容語的意味に引きずられており、自然な用例として成立しない。これは、補助動詞「오다」が語彙的な意味

第14章 文法化の度合いに関する韓日比較分析

を保持し続けていることの反映であり、文法化の程度が相対的に低いことを示唆している。

次に、「-ていく」と「-어 가다」構文の比較をみてみよう。塚本(2006)によると、「-ていく」には「移動」「継起」「継続」「消滅」という4つの用法があり、このうち「消滅」の用法が韓国語の「-어 가다」には対応しないという。

[移動]
(31) a. 兄が部屋から出ていった。
b. 형이 방에서 나갔다.

[継起]
(32) a. ここでちょっと休んでいきましょうか。
b. 여기에서 좀 쉬어 갈까요?

[継続]
(33) a. 大学進学希望者は今後一層、増えていく見通しである。
b. 대학교 진학 희망자는 이후 더욱 늘어 갈 전망이다.

[消滅]
(34) a. 今年も多くの学生達が卒業していった。
b. ?올해도 많은 학생들이 졸업해 갔다.
c. 올해도 많은 학생들이 졸업했다.
(35) a. 近頃、社員が3人も辞めていった。
b. *요새 사원이 세 명이나 그만두어 갔다.
c. 요새 사원이 세 명이나 그만두었다.

「消滅」に該当する(34)(35)においては、日本語では補助動詞と

しての「いく」が文法化され、結果的変化や自然な移行のニュアンスを担っているのに対し、韓国語では依然として内容語の「가다」が前面に出てしまい、補助動詞としての機能が自然に成立していない。これも、韓国語の「-어 가다」がまだ文法化の途中段階にあることを示している。

最後に、「-ておく」と「-어 놓다/두다」の構文について確認する。呉(2004)は、「-ておく」には以下の3つの主要な意味があるとし、韓国語の対応構文でも類似の意味用法が見られると述べている。

(36) a.　ある目的のために(目的性)
　　 b.　あらかじめ(予期性)
　　 c.　動作をする(維持性)

ただし、韓国語の場合、「놓다」と「두다」の使い分けにおいて語彙的意味の違いが依然として明確であり、文法化が十分に進んでいないことが指摘されている。具体的には、「놓다」は一時的で動作的な変化に焦点が当たるのに対し、「두다」は意図的で持続的な状態の維持に焦点がある。これは語彙的意味が保持されたまま文法機能を担おうとする中間段階的特徴と解釈できる。

このように韓日両言語の補助動詞の対照から明らかになるのは、日本語の補助動詞が機能語化を遂げ、文法的役割を中心に担うのに対し、韓国語の対応表現は内容語としての意味を色濃く残しており、文法化の進度において非対称性が存在するという点

である。このような観点から両言語の補助動詞の文法化を比較対照することは、文法化理論と語彙・文法インタフェースの理解を深める上でも重要な示唆を与える。

3. まとめと展望

　前節では韓日両言語における主な文法カテゴリーである(ⅰ)否定極性表現、(ⅱ)アスペクト形式、(ⅲ)文末形式、(ⅳ)複合動詞、(ⅴ)複合助詞、(ⅵ)補助動詞の文法化の様態を探ってみた結果、本書が2節の(1)で提示した主張が正しいことが明らかになった。以下で、本章の主張を再び再掲する。

(37) [本章の主張]
　　　韓日両言語は形態類型論的に同一の膠着語に属するが、韓国語は多くの文法カテゴリーにおいて日本語より文法化の度合いが低い。　　　　　　　　　　　　　　　　　　(=(1))

　ここで注意すべきことは、本研究では韓日両言語のすべての文法カテゴリーを対象に研究を行ったわけではないため、当然(37)が両言語のすべての文法カテゴリーに当てはまるわけではないということである。ただし、興味深いことは筆者が多年にわたって収集し本研究で取り上げた6つのカテゴリーすべては文法化の度合

いにおいて同様の現象が見られるということである。しかし、これらのカテゴリーが文法化の度合いにおいては相違点が見られるものの、「内容語 ＞ 機能語」という同様の文法化のプロセスを示している。大堀(2005)はComrie(1998)とLehmann(1985)(1995)に従い、文法化の5つの基準を次のように提示する。

(38) [文法化の5つの基準]
  a. 意味の抽象性：「밖에」や「(-て)しまう」などがその代表的な例であり、具体的な意味はなく、抽象的なものなどを表す[5]。
  b. 範列の成立：複合助詞のように一定の文法機能を表し、相互に対立する少数のセットである。
  c. 表示の義務性：日本語の複合助詞の「-て」の付随のように、特定の形態素による表示がある機能を表すために要求されることである。
  d. 形態素の拘束性：補助動詞でみられるように、「自立語(動詞)から付属語(補助動詞)へ」という変化そのものである。
  e. 文法内での相互作用：否定極性表現のようにある要素と要素が一致現象を示すこと。

本書で取り扱った韓日両言語の6つの文法カテゴリーは上記の文法化の5つの基準を同じく見出しているが、以下のような文法化

---

[5] 各基準における右側の説明は大堀(2005)の説明を本書の内容に合わせ筆者が書き加えたのである。

の度合いにおいては相違点が見られるだけである。

(表3) 文法化の度合い(大堀(2005：4))

←低い		高い→
具体的	意味・機能	抽象的
開いたクラス	範列の成立	閉じたクラス
随意的	表示の義務性	義務的
自由形式	形態の拘束性	拘束形式
相互作用なし	文法内の相互作用	相互作用あり

　ここで、次のような疑問点が浮かび上がる。というのは、「韓日両言語の6つの文法カテゴリーはどのような要因によって文法化の度合いにおいて相違点が生じるのか」ということである。このような疑問点は今まで数多く行われた韓日両言語の文法化の先行研究においては挙げられたことのないもので、興味深い研究課題である。韓日両言語が言語類型論的に同様の膠着語に属していることを考えると、文法化理論において解決しなければならない研究課題である。しかしながら、本章では前述した疑問に関する正確な答えは与えられない。この理由は以下でまた詳しく述べるが、この研究課題は単一の要因のみでは解明できる範囲のものではなく、様々な研究アプローチで捉えないといけないものであるからである。ただし、現段階で考えられる分析方法を提案すると下記の通りである。

第4部　総合的分析と対照的視座

　第一に、形態論・統語論的視点による分析である。塚本(2008)の議論に従えば、複合動詞に関して日本語は語と節・文が融合しやすい構造を有するのに対し、韓国語は語と節・文の区別が明確であるため、統語的複合性が低く、それが文法化の進行を抑制する可能性がある。実際に、以下のような両言語の形態論・統語論的仕組みの相違点に起因するからであると論じる。

　　(39) a.　日本語：語と節・文が重なり合わさって融合している性質
　　　　　　　　　のものが存在する。
　　　　 b.　韓国語：語なら語、節・文なら節・文といったように語と節・
　　　　　　　　　文の地位をはっきりと区別する仕組みになってい
　　　　　　　　　る。

(塚本(2008))

(39)を図で示すと次の通りである。

　　(図2)　　a.日本語

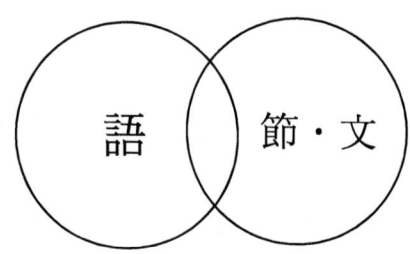

第14章 文法化の度合いに関する韓日比較分析

b. 韓国語

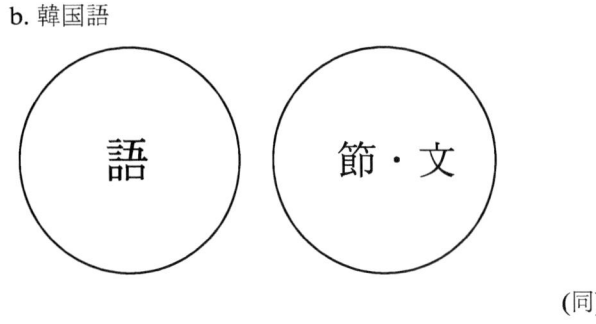

(同)

　塚本(2008)によると、韓国語は(図2b)のように語と節・文とがはっきりと分けられているため複合動詞において日本語に比べ文法化の度合いが低いとされる。このような説明は非常に説得力があると考えられる。이성하(1998)も指摘しているように、文法化研究それ自体が人間言語の形態論の研究とともに発展してきたからである。しかしながら、このような説明のみでは本研究の疑問がすべて解決できるわけではない。その理由は、「否定極性表現」、「アスペクト形式」そして「文末形式」などでみられる文法化は上記の分析では説明できないからである。よって、本書は次のような第二の分析方法を提案する。

　第二に、当該項目の出現時期から探る通時的アプローチよる分析である。本書の第13章は「否定極性表現」において、安・福嶋(2005)は「アスペクト形式」において日本語のほうが韓国語より出現時期が早いと指摘する。文法化の成立において時間的流れが重要な要素であることを考えると、当該項目の出現時期は両言語の

第4部　総合的分析と対照的視座

相違点を探るに当って大切な項目であるといえる。

以上、2つの分析方法を提示したが、これだけでは2.3節でみた「主観化・間主観化」の観点からの文法化の相違点は解明できないと考えられる。よって、本書は次の第三の分析方法をも提案する。

第三に、「認知類型論」といった言語使用と社会的・文化的認知との相互関係をもとにした分析である。「認知類型論」とは、類型論的に異なる文法的特徴を有する言語間の構造的相違点・類似点をその背後にある、当該言語間の社会・文化的側面を含めた広義の認知・伝達様式(認知スタイル)及び伝達習慣(コミュニカティブ・プラクティス)の相違・類似と相関させて解明しようとする学問分野である。個別言語の文法・語彙構造には、人間言語としての共通性と、その言語の持っている「個(別)性」の両面があるが、認知類型論は認知・機能主義的言語学と言語類型論の分析手法を複合させて、個別言語の文法・語彙構造、認知的・伝達的(語用論的)基盤の解明を目指す(堀江・プラシャント(2009：2))。堀江・金(2008)も提案しているように、「主観化・間主観化」の観点からの文法化の研究はその研究課題の性質を考慮すると、上記の認知類型論からの分析方法が望ましいと考えられる。また、この分析方法を用いると、両言語のさまざまな文末形式、例えばモダリティ形式、終助詞などの文法化研究にも役に立つと考えられる。

以上、本書は両言語の文法化の度合いの相違点を探るに当って3つの分析方法が用いられることを述べた。次は今後の課題に

ついて述べる。今後の課題としては、以下の2点が挙げられる。

　1つ目は、本書で取り上げなかったその他の文法カテゴリー、例えば、待遇表現、疑問形式、連体構造などにおいて、文法化の進行度における韓日両言語の逆転現象が存在する可能性を検証することである。仮に、韓国語の方が文法化の度合いが高いカテゴリーが見出されれば、(37)の主張の修正、または精緻化が必要となるだろう。

　2つ目は、提案した3つの分析枠組みの有効性と限界をさらに検討することである。特に、認知類型論に基づく視点は文法化研究に新たな理論的地平を拓く可能性があるため、今後の実証研究が待たれる。

　以上、本章では韓日両言語における主要な文法カテゴリーの文法化の様相を明らかにし、それに基づく理論的課題と今後の研究展望について考察した。形態類型論的に類似した言語でありながら、文法化の進行においては相違が存在するという事実は言語の普遍性と個別性を改めて問い直す重要な契機となるであろう。

　もっとも、本章で提示した三つの分析枠組みは韓日両言語における文法化の度合いの相違を説明するための予備的な試みにすぎない。次章では、この理論的課題を具体化し、韓日両言語の複数の文法カテゴリーを横断的に比較することで、文法化の度合いそのものを精緻に測定し、両言語の異同を明らかにする。

第15章

韓日両言語の文法化研究の現状と展望

第15章　韓日両言語の文法化研究の現状と展望

1. はじめに

　本章は(ⅰ)韓日両言語における文法化の対照研究の諸相を紹介することによって今後の韓日両言語の文法化研究に貢献すること、(ⅱ)韓日両言語の文法化の対照研究における文法化理論のこれまでの発展を振り返り、残された課題を提示することによって、今後進んでいくべき方向性について検討することを目的とする。
　文法化とは、ある語が本来的に備えていた語彙的・意味的機能を失い、文法的な機能を担うようになる変化を指す。この概念についてはすでに第1章および第14章において、内容語と機能語の区別やMeillet(1912)による定義に基づき概説したため、ここでは詳細には立ち入らない。本章ではその応用的議論として、韓日両言語における補助動詞構文の文法化過程に注目し、特にその進行の非対称性を浮き彫りにする。
　言語類型論的に同じく膠着語に分類される韓国語と日本語であるが、文法化の進行度やその機能的定着には差異が存在する。このことは、両言語に共通する語彙要素が補助動詞として機能化されていく過程を比較することによって明確になる。たとえば、日本語の「来る」と韓国語の「오다」はいずれも原則として「移動」を表す本動詞として出発したが、現代語においては補助動詞として多様な文法的機能を担うようになっている。以下にその具体例を示す。

第4部　総合的分析と対照的視座

(1) ［本動詞］a. 太郎は日本から来た。
　　　　　　　b. 철수는 일본에서 왔다.
(2) ［移動時の様態］a. ここまで走ってきた。
　　　　　　　　　b. 여기까지 달려 왔다.
(3) ［近づく移動］a. 先月日本に帰ってきました。
　　　　　　　　b. 지난 달 일본으로 돌아 왔다.
(4) ［継起］a. ちょっと切符を買ってきます。
　　　　　　b. 좀 표를 사 오겠습니다.
(5) ［継続］a. 17歳の時からずっとこの店で働いてきた。
　　　　　　b. 17살 때부터 줄곧 이 가게에서 일해 왔다.

(姜(2006)を一部改変[1])

(1)は日本語と韓国語の動詞「来る」と「오다」が本動詞として用いられた場合であり、(2)-(5)においてはこれらの動詞がそれぞれ「-てくる」「-아/어　오다」のように補助動詞として使われ(2)は「移動時の様態」、(3)は「近づく移動」、(4)は「継起」、(5)は「継続」の用法を持つ。興味深いことに、「来る」と「오다」は最初出現した際には(1)のような本動詞としての用法しかなかったが、文法化のいわゆる意味拡張(semantic extension)が進み、現代語においては(2)-(5)のような補助動詞としての用法を持つようになる。このような文法化現象は前述したように韓日両言語のみではなく、英語、ヨーロッパ語など多くの言語において普遍的に現れる。よって、このよ

---

[1] (1b)-(5b)と下の(6b)-(8b)における韓国語の翻訳は本書が適宜施したのである。

うな文法化現象は1980年代から欧米の言語学者に注目を集め、この時点から盛んに研究されている言語学の研究分野になり、文法化理論は現在言語学の主な理論として定着している。前章によると、日本と韓国において文法化研究が本格的に始まったのは1990年代からであり、個別言語の研究と共に韓日両言語における対照研究が盛んになったのは1990年代後半に入ってからであるという。実際に、上記でみた「来る」と「오다」の「本動詞＞補助動詞」への文法化は厳密にいうと、完全には一致しない。以下の例文をみてもらいたい。

(6) ［出現］a. 赤ちゃんの歯が生え<u>てきた</u>。
   b. *아기의 이가 <u>나 왔다</u>.
   (cf.) 아기의 이가 <u>났다</u>.
(7) ［開始］a. 最近少し太っ<u>てきた</u>。
   b. *최근에 조금 <u>살쪄 왔다</u>.
   (cf.) 최근에 조금 <u>살쪘다</u>.
(8) ［こちらに向う動作］a. 化粧品を買った客が苦情を言っ<u>てきた</u>。
   b. *화장품을 산 손님이 불평을 <u>말해 왔다</u>.
   (cf.) 화장품을 산 손님이 불평을 <u>말했다</u>.
         （姜(2006)を一部改変）

(6)-(8)は(2)-(5)における「-てくる」と「-아/어 오다」が同様に用いられているのにも関わらず(2)-(5)の場合と違って日本語は許容されるのに対し、韓国語は許容されない。(6)は「出現」、(7)は「開

始」、(8)は「こちらに向う動作」の用法を持つ[2]。日本語の(6a)-(8a)を訳する際、韓国語は(6b)-(8b)の下にある(cf.)のような過去形が用いられる。姜(2006)は両言語において上記のような相違点が見られるのは、「-아/어 오다」は「-てくる」と違って未だ本動詞としての用法が強く残っていると指摘する(詳細な内容は姜(2006)を参照)。言い換えると、韓国語の「-아/어 오다」は日本語の「-てくる」と異なり、補助動詞としての文法化が完全に定着していないのである。このような韓日両言語における文法化の相違点は実は、「「-ておく vs. 어/아 두다」のような補助動詞」をはじめ、「アスペクト形式」、「文末表現」、「複合動詞」、「複合助詞」、「否定極性表現」、「副助詞」、「否定命令形式」など、様々な文法カテゴリーにおいて見られる(詳細は本書の第1部と前章を参照)。

　以上のように、韓日両言語における文法化の対照研究は、(ⅰ)言語変化理論や文法化理論の精緻化に寄与し得る点、(ⅱ)日本語学習における母語干渉による誤用の分析と教育的応用に資する点の両面において大きな意義を持つといえる。

　本章ではこのような文脈を踏まえ、韓日両言語の文法化研究の現状と成果を再点検しつつ、残された課題と今後の展望を探ることとする。

2　以上でみた韓日両言語における「-아/어 오다」と「-てくる」における文法化の類似点と相違点は塚本(2006)においても類似した指摘がなされている。

2. 先行研究の概観と問題のありか

　韓日両言語における文法化の対照研究の諸相について述べた研究は、堀江(2005)と堀江・塚本(2008)が代表的に挙げられる。本節では両者を概観した上で、残された問題について指摘する。
　堀江(2005：95)は日本語の文法化研究は国語学の知見を取り込む形で展開されてきたと指摘する。また堀江(2005：95)は「通時的側面の研究のみではなく、「談話に繰り返し現れる言語形式、構文が次第に固定化し、一定の文法的意味を表すようになる動的現象」という共時的側面を含んだ談話現象として捉えることも可能であり、このような観点から日本語の文法化において観察される語用論的変化に着目した研究も多く見られる」と述べている。さらに、韓国語の文法化の研究は日本語に比べるとまだ文法化という観点からの研究は全体的に少ないという印象は否めないとし、その理由の一つとして日本語に比べて古い時代の(特にハングル制定以前の古代韓国語の)文献資料が限られている点を挙げている。よって、韓日両言語の文法化の対照研究もまだ多くないと指摘し、CSLIの出版社から定期的に出版されている「Japanese and Korean Linguistics」という学会論文集に掲載されているStrauss and Sohn(1998)の「-어 버리다 vs. -てしまう」の対照研究をその代表的な研究として紹介する。
　堀江・塚本(2008)は筆者である両者がこれまで取り組んできた韓日両言語における文法化の対照研究を中心にこれまでの先行

研究の現状を述べ、両言語の文法化の対照研究の展望を述べる。まず、堀江・塚本(2008)は両言語の文法化の対照研究から明らかになったものを次のようにまとめている。

(9)　a.　文法化における多義性(多機能性)・脱範疇化の表象における両言語の相違：
　　　　　共時的に、ある文法的意味(例：「継続・完了」のアスペクト)を表す形式で、語彙項目から当該文法形式に発展する文法化の経路に共通性が見られる場合、日本語の形式の方が韓国語の対応する形式に比べて文法的意味の多義性(多機能性)をより拡張させる傾向がある。また、語彙項目からの脱範疇化によって文法形式が創出される過程は日本語の方が韓国語よりも生産的である。
　　　b.　文法化に伴う意味・語用論的変化の方向性に関する両言語の相違：
　　　　　文法化に伴う「非主観的意味 ＞ 主観的意味＞間主観的意味」という唯一方向的な意味・語用論的変化に関して、日本語の形式の方が韓国語の対応する形式に比べ主観的意味あるいは間主観的意味への拡張がより顕著である傾向がある。

　　　　　　　　　　　　　　　　　(堀江・塚本(2008：5-6))

次に、堀江・塚本(2008)は今後の韓日両言語の文法化の対照研究が生産的に行われていくことが期待される分野を次のように提示する。

(10) a. 韓日両言語の文法体系の通時的文法化の観点からの対照研究
b. 比較類型論的観点からの対照研究
c. コーパス言語学の観点からの現在進行中の文法化の対照研究
d. 意味・語用論的変化の方向性に関する対照研究
e. 共時的類型論(第二言語習得)の観点からの対照研究

(同:13-14)

　これらの先行研究は貴重な知見を提供しているが、いくつかの問題点も見受けられる。
　第一に、先行研究は韓日両言語の文法化の対照研究の現状を述べているものの、両言語のすべての文法化の対照研究を挙げていないのが問題点として挙げられる。言い換えると、堀江(2005)と堀江・塚本(2008)は主に筆者の研究および「Japanese and Korean Linguistics」に掲載されている業績のみを視野に入れ研究を進めている。上記で「堀江(2005:96)は韓国語の文法化の研究は日本語に比べるとまだ文法化という観点からの研究は全体的に少ないという印象は否めないと述べている」と記したが、このような堀江(2005)の指摘は妥当ではないと考えられる。なぜなら、韓国語で書いてある研究論文が少なくないからである。つまり、堀江(2005)と堀江・塚本(2008)は日本語または英語で書かれている先行研究しか視野に入れていないため上記のような誤解が生まれてきたと考えられる。

第二に、堀江(2005)と堀江・塚本(2008)は「文末表現」、「複合格助詞」、「複合動詞」、「補助動詞」、「形式名詞」、「アスペクト形式」など筆者の研究分野のみ紹介している点が挙げられる。次節で確認するように、従来韓日両言語の文法化の対照研究はさまざまな文法カテゴリーを対象に研究が行われているのである。
　以上の点を踏まえると、現段階で必要とされるのは、以下の2点である。
　第一に、最近行われている韓日両言語の文法化の対照研究とこれらの研究から注目を集めている現象の概観である。
　第二に、これまで行われてきた韓日両言語の文法化の対照研究の調査である。
　本書ではこれらの問題意識に基づき、韓日両言語における文法化研究の全体像を再構成し、従来見落とされてきた側面に光を当てる。筆者の見解では、これまで本格的に実施されたことのないこのようなメタ研究的アプローチこそが今後の理論的・実証的研究の土台として重要な意義を持つと考えられる。

3. 韓日両言語の文法化の対照研究

　前節で述べたように、韓日両言語の文法化に関する対照研究は1990年代後半以降、韓国語・日本語の個別研究の蓄積とともに徐々に活発化してきた。本節では、筆者が実施した先行研究調

査の結果に基づき、現時点における研究の全体像を分析する。

3.1. 先行研究の調査
3.1.1. 調査概要
本調査は2014年9月25日までに発表された、韓日両言語の文法化を主題とする対照研究を対象とし[3]、その分布と傾向を明らかにすることを目的とした。

調査方法は以下の通りである。

(ⅰ) 調査対象の収集
　　以下のa〜eに分類される学術資源・データベースから文献を検索・収集した。
　　a. 韓日の国立国会図書館
　　b. 韓日・海外の学術データベース
　　[韓国] RISS：国内外の4900万種類のジャーナル、
　　　　　DBpia：韓国の1385種類のジャーナル、
　　　　　KISS：韓国の1360種類のジャーナル、
　　　　　e-article：韓国の800種類のジャーナルが検索可能、
　　[日本] CiNii：日本の2600万種類のジャーナルが検索可能、
　　[海外] Science Direct：海外の2600万種類のジャーナルが検索可能

3　本章は朴(2015b)を基に修正・加筆したものであり、調査対象は2014年9月25日までに発表された研究に限定される。その後の研究動向については別稿で改めて論じる。

c. Web検索エンジン

Google Scholar(http://scholar.google.co.jp/)および
Yahoo(www.yahoo.co.jp)

d. 学会論文集

Japanese and Korean Linguistics vol.1-20

e. 各先行研究に掲載された参考文献

(ⅱ) 分析の観点

収集した研究成果を次の4種別に分類した:

「研究論文」、「単行本」、「学位論文」、「政府刊行物」[4]

・調査期間:2014年3月1日-9月25日
・調査対象:2014年9月25日まで韓国・日本・海外で出版され韓日両言語の文法化の対照研究をテーマとした「研究論文[5]」、「単行本」、「学位論文」、「政府刊行物」

3.1.2. 調査結果

韓日両言語における文法化の対照研究の業績を表でまとめて示すと次のようである。

---

[4] 他にも、執筆者の国籍、出版年、研究アプローチも調査したが、この具体的結果は紙幅の都合上割愛する。ただし、出版年は参考文献を参照してもらいたい。

[5] 日本を含め海外で開催された学術大会における口頭発表の5点も「研究論文」としてカウントされている。当然、同じタイトルの研究論文があった場合は一つだけカウントされた。

(表1) 従来行われた韓日両言語の文法化の対照研究の文法カテゴリーと件数
(研：研究論文、単：単行本、学：学位論文、政：政府刊行物)

文法カテゴリー \ 出処	研	単	学	政	合計
1. 文末形式	12	2	1	-	15
2. 2つ以上の文法カテゴリー[6]	12	2	-	1	15
3. 補助動詞	6	1	1	-	8
4. 形式名詞	6	1	1	-	8
5. アスペクト形式	4	-	2	-	6
6. 授受表現	2	-	1	-	3
7. 動詞	2	2	-	-	4
8. 副助詞	3	-	-	-	3
9. 格助詞	1	-	-	-	1
10. 否定表現	3	1	-	-	4
11. 複合助詞	1	1	-	-	2
12. 品詞/語形成	1	1	-	-	2
13. モダリティ	2	-	-	-	2
14. 敬語	3	-	-	-	3
15. 空間表現	1	-	1	-	2
16. 複合動詞	1	-	-	-	1
17. 接続詞	1	-	-	-	1
18. 副詞	1	-	-	-	1
19. 受動表現	1	-	-	-	1
20. 補文構造	1	-	-	-	1
21. コピュラ	-	-	1	-	1
合計	64	11	8	1	84

6　二つ以上の文法カテゴリーとは、複合動詞・補助動詞・アスペクト(呉(2004))、形容詞・名詞・動詞(塚本(2008))など複数の文法カテゴリーが研究対象とされる場合のことを指し示す。

2014年9月25日の時点で韓日両言語の文法化の対照研究は(表1)でみられるように21分野の研究対象に84点の業績が蓄積されている。ちなみに(表1)は文法カテゴリーの業績数の多い順番に並べたものである。該当の文献は参考文献に入れておいたので参照していただきたい。

(表1)の結果から、以下のような点が明らかとなった。

第一に、文法化の対照研究は特定のカテゴリーに偏ることなく、多様な文法領域にわたって行われている。これは韓日両言語の比較研究における文法化の適用可能性の広さを示している。

第二に、(表1)の表記には含まれていないが、実際の研究内容においては、否定表現、副助詞、複合助詞といった一部の研究を除き、大多数の先行研究が共時的アプローチに基づいており、通時的視点からの対照研究は依然として少数にとどまっている。

第三に、収集された84件のうち、ほとんどの研究は2000年代以降に発表されたものであり、特に2005年以降に出版された論文が顕著に多いことから、韓日文法化対照研究が比較的新しい研究領域であり、近年活発化していることが示唆される。

第四に、業績件数の多い「文末形式」「複数カテゴリー」「補助動詞」「形式名詞」などは堀江薫氏および塚本秀樹氏の研究対象と重なっており、これらの分野が重点的に研究されてきたことが分かる。また、「文末形式」および「形式名詞」においては、金廷珉氏の貢献も大きい。

以上の結果を踏まえ、次節では本調査から見えてきた課題と今

後の展望について述べる。

4. 残された課題及び展望

4.1. 残された課題

　韓日両言語における文法化の対照研究は近年着実に蓄積が進んでいるものの、なおいくつかの課題が残されている。以下に、その主な問題点を三つ挙げる。

　第一に、通時的アプローチによる研究の不足である。

　堀江(2005)も指摘するように、韓国語における古代文献の制限、特にハングル制定以前の資料の乏しさは通時的研究の困難さの一因となっている。この点に関して堀江の指摘は一定の妥当性を有するが、15世紀以降、ハングルによって記録された資料は決して少なくない。たとえば、안주호(1997)や허재영(2002)はそれぞれ15世紀以降の文献に基づき韓国語の名詞構文および否定文における文法化の様相を明らかにしている。また、Park(2014)(2018)(2023)や本書も通時的視点から否定表現や副助詞の文法化を扱い、韓日比較の観点から重要な知見を提供している。今後はこれら先行研究を踏まえつつ、より広範な通時的分析の展開が期待される。

　第二に、韓国語の古文献を活用した対照研究の必要性である。

韓国国内では、韓国語の文法変化に関する国語学的研究が多数存在するが、韓日対照の枠組みの中で韓国語の古文までを視野に入れた研究はこれまで限られていた。特に、日本の研究者による対照研究の多くは近現代語に偏っており、韓国語の文献史的展開を充分に反映していない。今後は、貴重な古文献資料を活用した韓日両言語の通時的対照研究が必要であり、それにより文法化現象の歴史的ダイナミズムをより精密に捉えることが可能になるだろう。

第三に、研究対象となっていない文法カテゴリーの存在である。

前節の(表1)で示したように、文法化の対照研究は多様な文法領域にまたがっているが、実際には「文末形式」「複数カテゴリー対象」「補助動詞」「形式名詞」など、わずか数カテゴリーに研究が集中しているのが現状である。これら上位4分野で全体の半数以上を占めており、他の文法カテゴリー、たとえば格助詞、副詞、複合動詞、受動表現などに関しては、研究件数が著しく少ないか、まったく扱われていない。そのため、今後は研究の射程を広げ、未踏の文法領域へのアプローチが求められる。

4.2. 展望

今後の韓日両言語における文法化の対照研究においては、以下のような複数の研究課題が新たに注目されるべきである。

4.2.1. 文法化の度合いに関する比較研究の深化

第一に、両言語における文法化の度合いの相違に関する実証的研究が挙げられる。前章は「否定極性表現」、「アスペクト形式」、「文末形式」、「複合動詞」、「複合助詞」、「補助動詞」の6つのカテゴリーにおける比較研究から、次のような一般化を導出している。

(11) 韓日両言語は形態類型論的に同一の膠着語に属するが、韓国語は多くの文法カテゴリーにおいて日本語より文法化の度合いが低い。　　　　　　　　　　　　　　　(=第14章, (1))

今後は、このような一般化(11)が他の文法カテゴリーにも適用可能かどうか、また逆に、韓国語のほうが文法化の度合いが高いカテゴリーが存在するのかといった観点からの研究が求められる。それによって、両言語の文法化過程の共通点と相違点がより精緻に明らかにされるであろう。

4.2.2. 副助詞の脱文法化現象の解明

第二に、文法化に逆行する現象である「脱文法化(degrammaticalization)」に関する比較研究である。これは文法化が一方向的に進行するという「一方向性仮説(unidirectionality)」に反する現象であり、その典型例として副助詞「ほか」の変化が挙げられる(詳細は三宅(2005)参照)。本書の第13章によると、日本

第4部　総合的分析と対照的視座

語「ほか」は韓国語「밖에」と異なり、以下のような脱文法化の過程を経ている。

(12) 「ほか」の文法化
  a.　時期：　　　平安　　　　中世　　　　　江戸後期～
  b.　範疇的変遷：名詞　　　＞副詞　　　　＞副助詞Ⅰ・否定極性表現
  c.　意味的変遷：物理的空間　＞心理的範囲・除外　＞限定
   　時期：　　　昭和初期
   　範疇的変遷：＞名詞・準否定極性表現
   　意味的変遷：＞除外・心理的範囲

(13) 「밖에」の文法化
  a.　時期：　　　15世紀中期　　17世紀　　　20世紀前期
  b.　範疇的変遷：名詞　　　＞副詞　　　　＞副助詞Ⅰ・否定極性表現
  c.　意味的変遷：物理的空間　＞心理的範囲・除外　＞限定
   　時期：　　　20世紀中期
   　範疇的変遷：＞副助詞Ⅱ・否定極性表現
   　意味的変遷：＞限定

(= 第13章, (16)を一部改変)

　(12)および(13)の図表に示される通り、「ほか」では「副助詞Ⅰ・否定極性表現」から再び名詞的用法へと戻る語用変化が観察されるのに対し、「밖에」では一貫して否定極性表現としての文法化が進行している。今後は、(i)「ほか」以外に脱文法化が確認される

副助詞は何か、(ⅱ)そうした脱文法化が生じた背景にはどのような認知的・社会的要因が存在するのか、といった問いに対する解明が求められる。

4.2.3. 言語接触に起因する文法化の影響

　第三に、韓日両言語において言語接触(language contact)による文法化の研究テーマである。言語接触とは、2つ以上の言語が何らかの形で接触し、互いに何らかの影響が生じる言語的現象を称する。最近の文法化理論では個別言語内にある文法項目が自立的に文法化を引き起こしていく過程以外にもそれぞれの個別言語に隣接する言語との接触も文法化を引き起こす要因として認められている(Winford(2003)、Heine & Kuteva(2005)など)。本章は限定を表す韓日両言語の副助詞「밖에」と「しか・ほか」に注目する。「しか」は日本語の副助詞の中で文献の資料不足のため唯一その語源が不明とされている。しかし、18世紀に「しか」が最初に発見された時点から「しか」はもはや限定の意味を持った副助詞・否定極性表現としての文法化がかなり進んでいた。以下の「しか」の文法化プロセスをみてもらいたい。

(14) 「しか」の文法化
  a. 時期： 18世紀中期   19世紀
  b. 範疇的変遷：副助詞Ⅰ・否定極性表現　＞　副助詞Ⅱ・否定極性表現

第4部　総合的分析と対照的視座

   c. 意味的変遷：限定　　　　　　＞限定
     時期：　　20世紀中期
     範疇的変遷：＞副助詞Ⅲ・否定極性表現
     意味的変遷：＞限定

(= 第13章, (18)を一部改変)

　ここで注目したいのは、これらの表現が「副助詞Ⅰ・否定極性表現」へ文法化された時期である。「しか」は上述したようにその語源が分からないが、文献に現れた時点である18世紀中期から「副助詞Ⅰ・否定極性表現」として文法化が進んでいた。他方、「ほか」は「名詞＞副詞」の段階を経るのに凡そ3世紀が、「副詞＞副助詞Ⅰ・否定極性表現」の段階を経るのに凡そ6世紀という時間を要したのである。ここで「副詞＞副助詞Ⅰ・否定極性表現」の段階に注目すると、「밖에」は(13)から分かるようにこの段階を経るのに4世紀しか要していなかったことが分かる。言い換えると、「ほか」より半分の時間しか要していなかったのである。また、「しか」は「副助詞Ⅰ・否定極性表現＞副助詞Ⅱ・否定極性表現」の段階を経るのに凡そ1世紀を要した。これに対し、「밖에」はこの段階を経るのに凡そ半世紀しか要していなかったのである。つまり、「しか」より半分の時間しか要していないのである。まとめて述べると、20世紀における「밖에」の「副助詞・否定極性表現」への文法化の進行速度は「しか・ほか」より凡そ2倍ぐらい早かったのである。このような現象は非常に興味深いのである。なぜなら、上記でも述べたように現代韓

国語の「밖에」は現代日本語の「しか」より文法化の度合いが低いからである。このような不思議な現象が起きる原因は何であろうか。本書は韓国語と日本語との言語接触にその答えがあると考えている。その根拠として本書は「밖에」の「副助詞Ⅰ・否定極性表現」の用法が現れた時期、つまり「20世紀前期」に注目する。この時期は日本からの占領が始まった頃で、日本語との接触が各種の文学作品、新聞・ラジオのマスコミなどで活発に行われていた(詳細は이한섭(2012)を参照)。要するに、このとき「밖에」と類似した用法を持っていた「ほか・しか」と接触が行われ、その上「밖에」よりかなり文法化が進んでいた「ほか・しか」に影響され次の段階の文法化がより加速されていたと考えられる。この時期に、このような言語接触は少なくなかったと考えられる。今後、さまざまな文法カテゴリーの文法化を丁寧に探ってみると興味深い結果が多々得られると思われる。

4.2.4. 類型論的に特異な文法化パターンの発見

最後に、言語類型論的に韓日両言語に限って現れる文法化の研究が今後の課題として残される。まず、本書の第9章は両言語の副助詞が付く上接語句は以下のように副助詞自身の文法化の範疇的変遷の過程とかなり類似していると主張する。

(15) メジャーカテゴリー(名詞・動詞) (＞ 中間的カテゴリー(形容詞・副詞)) ＞ マイナーカテゴリー(後置詞、副助詞など)

(＝ 第9章, (4)を一部改変)

第4部　総合的分析と対照的視座

　さらに、第11章は副助詞としての文法化が進むほど、否定極性表現としての機能も強化されると述べている。これは他の言語ではあまり見られない韓日特有の現象であり、今後このようなパターンが理論的に位置付けられれば、文法化理論の言語類型論的展開に寄与することが期待される。

5. まとめ

　本章では、韓日両言語における文法化の対照研究の諸相を明らかにするとともに、残された課題を提示することによって、これまでの文法化理論の展開を振り返り、今後の研究が進むべき方向性を提言した。とりわけ、本章のもう一つの目的は、2014年9月25日までに韓国・日本および海外で発表された、韓日両言語の文法化の対照研究に関する「研究論文」「単行本」「学位論文」「政府刊行物」を網羅的に調査し、整理することであった。これらの研究業績は第3.1.2節の表1に一覧として提示しており、該当文献は参考文献リストに収録してあるので参照されたい。管見の限りにおいて、本書のような体系的かつ総合的なアプローチで行われた研究はこれまでに例を見ないものである。
　さらに第4.2節では、今後注目されるべき四つの研究展望を提示した。これらはいずれも、文法化理論の深化において極めて重要な論点であり、解明が進めば文法化研究の理論的枠組みに対

第15章　韓日両言語の文法化研究の現状と展望

して大きな貢献を成しうると考えられる。ただし、これらの課題を実現するためには、第4.1節で述べたように、通時的および共時的アプローチの両面から、より広範な文法カテゴリーと現象に目を向けた韓日両言語の精密な対照研究が必要である。

　もっとも、本章で提示した整理と展望は韓日両言語に関する文法化研究の現状に限定されている。次章では、これまでの第1章から第15章にわたる議論を統合的に俯瞰し、文法化理論および言語類型論への理論的貢献、さらには言語接触や多言語教育への応用可能性を含めた総合的考察を行う。

　本書が韓日対照文法化研究のさらなる発展に向けた一助となることを願ってやまない。

第16章

結章：
統合的考察

第16章　結章：統合的考察

1. はじめに

　本章では、これまでの第1章から第15章にわたる議論を統合的に整理し、本書『言語類型論的観点からみた韓日両言語における文法化の対照研究』の理論的意義および応用的展望を明示することを目的とする。すなわち、本書全体の成果を振り返りながら、文法化理論、言語類型論、そして言語接触・多言語教育との交差点における新たな知見を提起する。

　まず、本書全体の構成を振り返りつつ、各部の主要な成果を要約しておきたい。

　第2章から第4章では、否定命令形式および否定循環の構造を通じて、韓日両言語における否定表現の構文的・機能的変化を明らかにした。これにより、否定命令に関与する[+NEG]素性の存在と、否定命令文が極性表現の許容性に与える影響が明確化された。

　第5章から第7章では、「결코/決して」「전혀/全然」などの否定副詞と、「밖에/しか」「きり」「より」などの除外表現がいかにして語用論的推論や構文的制約の下で否定極性表現へと文法化してきたかを実証的に分析した。ここでは、日本語と韓国語における意味変化の非対称性が際立っていた。

　第8章および第9章では、副助詞の機能変化を対象とし、上接語句の種類(名詞句・数量句・動詞句など)との関係性に着目しながら、副助詞の形式変化が語順・構文制約と結びついて進行してき

た過程を論じた。

　第10章から第12章では、単一形式が複数文法カテゴリーにまたがって機能する現象(機能重層性)を通じて、文法化におけるカテゴリー的曖昧性と語用論的拡張性の相関関係を分析するとともに、膠着語に特有の形態統語的制約をふまえ、副助詞と否定極性表現の分布の偏りを理論的に説明した。

　第13章から第15章では、コーパスに基づく頻度分析を通じて、韓国語と日本語における文法化の進行度や語用論的許容性の違いを定量的に示し、韓日両言語が共有する膠着語としての共通性と、意味機能の文法化における速度・範囲の相違を浮き彫りにした。

2. 本研究の理論的貢献

　本書で得られた知見は、まず文法化理論に対して以下の4点において重要な貢献をなす。

(1) 否定命令形式に関する[+NEG]素性の導入と、極性表現との相互作用の理論化：
韓日両言語の否定命令形式「-마/-な」における統語的制約と、否定極性表現の分布との連関を、[+NEG]という素性を通じて構造的に説明した点は従来の意味論的分析に形態統語論的観点を補完するものである。

第16章　結章：統合的考察

(2) 副助詞および除外表現の語用論的推論による文法化過程の体系的整理：
「밖에/しか」「きり」などの副助詞において、否定との共起を前提とした使用が語用論的にどのように強化され、文法化へと至るかを、上接語句や構文位置との関係から理論的に提示した。

(3) 機能重層性を伴う文法カテゴリー間の横断的変化(trans-categorial change)に関する通時的モデルの提示：
単一形式が副助詞・否定極性表現など複数の文法カテゴリーにまたがって機能する例を通じて、機能の重層性が文法化の進行とどのように関わるかを通時的にモデル化した。

(4) 韓日両言語における文法カテゴリー別の文法化進行度に関する定量的分析の提示：
副助詞・否定極性表現・除外表現など複数の文法カテゴリーにおいて、韓国語と日本語それぞれの文法化の進行度と語用論的機能の拡張の頻度を、コーパスに基づいて定量的に比較分析した。その結果、両言語は共にSOV型膠着語として多くの類似性を持ちながらも、韓国語においては複数の文法カテゴリーにおいて文法化の進行が日本語よりも遅い傾向が見られること、またその原因が語順制約・極性特性・談話構造などに由来する可能性があることが示唆された。この点は従来の文法化研究においてあまり注目されてこなかった「言語間の文法化速度の比較研究」に新たな視座を提供するものである。

(5) 否定循環と否定表現の再文法化に関する理論的枠組の補完：
韓日両言語において否定命令文や否定副詞に見られる「否定循環(negative cycle)」の有無と構造的要因を対照的に分析し

た。その結果、言語内部における否定素性の保持・喪失、否定副詞の重複使用(例:「전혀 안」「全然〜ない」)といった現象が通時的には文法化の一過程として説明可能であることが明らかとなった。とりわけ、韓国語における否定命令「-마」や否定副詞「전혀」などが否定構造における再構築・強化を通じて文法的形式へと再編される過程は否定循環理論と文法化理論の接点を示す貴重な知見となる。この点は従来欧州言語を主対象としていた否定循環研究に、アジア膠着語の視点を導入する新たな理論的拡張を意味する。

また、言語類型論に対しては以下のような貢献が挙げられる。

第一に、SOV型膠着語における語順依存的な文法化:語順の固定性が副助詞や除外表現の位置と機能に与える影響を明示した。

第二に、句末要素の文法的重層性:文末に集約される否定・モダリティ・アスペクト形式の重層的展開が膠着語特有の文法化の方向性を示すことを論証した。

第三に、非対称的な否定極性表現の分布:韓国語と日本語における否定極性表現の許容構造の差異が否定の文法性判断・命令構文・副詞接続構文などにおいて類型的な制約として表れることを実証的に明らかにした。

これらの理論的知見は単なる事例の集積にとどまらず、構文変化・形態化・文法カテゴリーの再編という文法化現象における本質的問題へのアプローチとして位置づけられる。

3. 言語接触と通時変化における意義

　本書の複数章(特に第2部および第3部)では、韓日言語間の接触(19世紀末〜20世紀初頭)による語彙・文法要素の相互影響が特定の極性表現(전혀、밖에)の文法化に及ぼした可能性を論じた。これは文法化が純粋な内的発達に依拠するのではなく、接触状況における談話戦略、翻訳のメカニズム、支配言語と被支配言語間の意味構成などによって決定される可能性を示唆するものである。特に、使用頻度の変化、語の語用論的意味の再解釈、および文法構造の模倣といった複合的要因が重なり合い、否定副詞や除外表現が否定極性表現として定着していく過程が浮き彫りとなった。

　このように、本書は言語内的変化に限定されない視点から文法化の諸相を捉えたという点で、従来の単一言語的枠組を越えた貢献を果たすものである。したがって、今後の文法化研究においては、(ⅰ)言語接触の時間的・社会的条件、(ⅱ)接触語の類型と頻度、(ⅲ)該当表現の通時的出現様態など、より精緻な外的条件のモデリングが求められるであろう。

　なお、本書で取り上げた言語接触に関する論点は今後本研究所(AIマルチリンガル研究所)の総書シリーズにおける続編として、より多角的かつ実証的に展開される予定である。とりわけ、韓日両言語における翻訳接触、支配と被支配の非対称な記述構造、またそれに付随する意味構築のメカニズムを通時的資料と実際の談

話例を通して分析することで、文法化研究と接触言語学との統合的枠組の構築を目指す。

4. 多言語教育・応用言語学への応用可能性

　本書で提示された語用論的・機能的分析枠組は多言語教育および応用言語学の分野において、以下のような応用可能性を有する。

> (6) 多言語教育において：否定副詞、副助詞、除外表現、否定極性表現などの形式に関し、その意味的・統語的制約や共起条件を可視化することで、学習者が体系的に理解できるような教材設計や指導設計に資する。また、複数言語に共通する文法化傾向と、それぞれの言語特有の制約条件を明示することにより、多言語間比較学習の実践的基盤を提供する。
> (7) 自然言語処理において：否定極性表現の出現予測、除外構文におけるスコープ判定、語用論的な含意推論などをモデル化することにより、より精度の高い構文解析・意味解析モデルの開発に貢献できる。とくに、韓日両言語の対照分析を通じて得られた形態・語順・極性依存性に関する知見は多言語対応の自然言語処理システムにおいて有用な学習資源となる。
> (8) 対照言語教育において：韓日両言語間の文法化の進行速度や構文化の傾向、極性表現の分布様相などを比較対照することにより、学習者に両言語の構造的特徴を明示的に提示し、

文法誤用や意味曖昧性の原因を予測・説明するための教育モデル構築に応用できる。

　このように、本書で展開した文法化に関する理論的分析は単なる記述的成果にとどまらず、多言語社会における実践的応用可能性を有し、教育・テクノロジー・翻訳・認知など多様な領域への波及的展開を期待できる。

5. おわりに

　本書は、否定表現、副助詞、除外表現、否定極性表現といった具体的な言語項目を出発点とし、文法化理論・言語類型論・言語接触の観点から、韓日両言語の構造的特性と通時的変化のダイナミズムを多面的に分析した。各章で示された諸知見は韓日言語学の理論的深化に寄与するだけでなく、多言語教育や言語政策、人工知能を基盤とする言語応用へと多層的に拡張される可能性を有する。

　序文で述べたように、本書は仁荷大学AIマルチリンガル研究所叢書の第2巻として位置づけられている。第1巻が教育実践を焦点としたのに対し、本書は韓日両言語の文法化研究に焦点をあて、理論研究としての基盤を提供するものである。両言語における共通性と相違性の比較対照を通じて得られた成果はマルチリンガル

教育の理論的基盤を支えると同時に、言語変化と接触の動態を理解する手掛かりともなる。

　今後は、本書の成果を基盤に、比較言語データベースの構築や脳科学に基づく言語処理実験を展開することにより、東アジア膠着語における文法化研究や多言語能力の解明に向けた、より精緻かつ学際的なアプローチが可能となるであろう。さらに、叢書の続巻では、本書で提示した理論的枠組をより広範な言語接触・多言語習得研究へと拡張し、文法化研究の新たな展開を切り拓いていく予定である。

用例出典

韓国語の用例

【電子資料】
깜짝새(SynKDP 1.5.2)
21세기 세종 계획 말뭉치
「용비어천가」他, 文学作品16点(15C中期-20C中期)

日本語の用例

【電子資料】
青空文庫(www.aozora.gr.jp)
朝日新聞記事データベース「聞蔵II」
現代日本語書き言葉均衡コーパス(http://www.ninjal.ac.jp/kotonoha/)
少納言現代日本語書き言葉均衡コーパスKOTONOHA
太陽コーパス
中納言日本語諸方言コーパス COJADS
テキストエディタ「秀丸」
「万葉集」他、文学作品32点(8C後期-20C中期)

参考文献

青木博史編(2007)『日本語の構造変化と文法化』ひつじ書房.
安平鎬(2001)『日韓両言語のアスペクトに関する対照研究－アスペクト形式の文法化を中心に－』筑波大学大学院人文社会科学研究科筑波大学博士(言語学)論文.
安平鎬・田恵敬(2008)「日韓両言語における「反復相」を表すアスペクト形式について―韓国語のアスペクト形式の文法化を中心に―」『日本学報』74, pp.1-15.
安平鎬・福嶋健伸(2005)「中世末期日本語と現代韓国語のテンス・アスペクト体系―存在型アスペクト形式の文法化の度合い―」『日本語の研究』1(3), 日本語学会.
庵功雄(2014)『新しい日本語学入門』スリーエーネットワーク.
李光輝(2005)「韓国語と日本語の文末表現の対照研究―「라니까」と「ってば」について―」『日語日文学研究』55(1), pp.375-392.
_____(2010)「文末の「って」「んだって」と対応する韓国語について―元話者(情報源)が第三者の場合を中心に―」『近畿大学教養・外国語教育センター紀要』1(1), pp.1-20, 近畿大学教養・外国語教育センター.
一色舞子(2011)「日本語の補助動詞「てしまう」の文法化：主観化、間主観化を中心に」『日本研究』15, pp.201-221, 高麗大学日本研究センター.
糸井通浩(2002)「日本語助詞の体系」『日本語学と言語学』明治書院.
李妙煕(1992)「中期後期における「のみ」と「ばかり」についての研究」『人文学研究』19, pp.247-272, 忠南大学校人文化学研究所.
_____(1999)「近代日本語副助詞の限定表現の研究―否定を伴う副助詞を中心として―」『言語研究』15, pp.107-128, 韓国現代言語学会.
_____(2000a)「副助詞「よりほか」「ほか」「より」の成立について」『言語研究』

　　　　16, pp.403-417, 韓国現代言語学会.
_____(2000b)「副助詞「ばかり」の変遷―近代を中心として―」『日語日文学研究』37, pp.139-163, 韓国日語日文学会.
_____(2001a)「近代日本語副助詞の意味的特徴について」『言語研究』17, pp.371-386, 韓国現代言語学会.
_____(2001b)「日本語副助詞の構文的特徴について―近代を中心として―」『日語日文学研究』39, pp.335-354, 韓国日語日文学会.
_____(2002a)「副助詞「だけ」の通時的考察」『日本言語文化』1, pp.77-100, 韓国日本言語文化学会.
_____(2002b)「近代における程度を表す副助詞「ほど」の用法の変遷について」『人文学研究』29, pp.151-167, 忠南大学校人文化学研究所.
_____(2003)「日本語副助詞「など」類の意味と構文―近代・現代を中心として―」『日語日文学研究』47, pp.175-195, 韓国日語日文学会.
_____(2005)「副助詞「でも」の通時的考察:「だって」との比較を通して」『日本研究』26, pp.243-268, 韓国外国語大学校日本研究所.
_____(2008)「日本語の取り立て助詞「すら」の変遷について」『日語日文学』39, pp.57-73, 大韓日語日文学会.
_____(2011)「「なんか」の変化と文法化」『日本言語文化』20, pp.253-272, 日本言語文化学会.
李英蘭(2013)「現代韓国語の「-n kes-ita」文の使用条件と文法化について―日本語の「ノダ」文との比較を中心に―」『韓国語学年報』9, pp.31-54, 神田外語大学韓国語学会.
上原聡(2004)「日韓語対照研究による敬語の文法化に関する一考察」佐藤滋・堀江薫・中村渉編『対照言語学の新展開』ひつじ書房.
牛江一裕(2001)「構成要素と句構造(1)」『科学研究費補助金(基盤研究C(2))研究成果報告書』
内田らら(2002)「会話に見られる「なんか」と文法化」『東京工芸大学工学部紀要』24(2), pp.1-9, 東京工芸大学.
梅原恭則(1989)「助詞の構文的機能」『講座日本語と日本語教育 第4巻』明治書院.
梅林博人(1994)「副詞「全然」の呼応について」『国文学解釈と鑑賞』59(7), pp.103-110, 至文堂.
江口正(2000)「「ほか」の2用法について」『紀要(言語・文学)』32, pp.291-310, 愛知県立大学外国語学部.

(2007)「形式名詞から形式副詞・取り立て詞へ―遊離数量詞構文との関連から―」青木博史編『日本語の構造変化と文法化』pp.33-64.
大塚真理子(2007)「膠着語における節の文法化に関する一考察―日本語・韓国語の理由を表す接続詞「だから」「그러니까geureonikka」の意味形成過程について―」『日本認知言語学会論文集』7, pp.182-192.
大堀壽夫(2005)「日本語の文法化研究にあたって―概観と理論的課題―」『日本語の研究』1(13), pp.1-17.
尾崎奈津(2007)「日本語の否定命令文をめぐって」『日本語の研究 3』pp.65-79
呉守鎭・堀江薫(2013)「韓国語の文末名詞化構文の意味拡張の可能性―日本語の文末名詞化構文との対照を通して―」『言語処理学会第19回年次大会予稿集』pp.346-349.
呉守鎭・堀江薫(2012)「韓国語の文末形式「kes-ita」の文法的意味の分化と分割可能性―文法化の観点から―」『日本言語学会第145回大会予稿集』pp.500-505.
呉美善(2004)『日本語動詞の文法化に関する考察―韓国語との対照の観点から―』경희대학교출판국.
片岡喜代子(2006)『日本語否定文の構造：かき混ぜ文と否定呼応表現』くろしお出版.
河上誓作編(1996)『認知言語学の基礎』研究社出版.
川口祐司(2005)「通時的観点からみたフランス語の否定辞」『言語情報学研究報告』7, pp.319-337
姜美善(2006)「「-テクル」「a/oe+oda」の日韓対照―本動詞からの意味拡張を中心に―」『早稲田大学日本語教育研究』8, pp.13-22.
金慶南(1992)『否定構文における「けっして」と「결코」との対照研究』祥明女子大学大学院 修士請求論文.
　　　　　(2015)「日本語と韓国語の副詞の対照研究―全然(zenzen)と전혀(cheonhyeo)を中心に―」『일본근대학연구』50, pp.171-188, 한국일본근대학회.
金殷模(2013)「授受動詞の文法化についての日韓対照研究―「もらう」と「받다(patta)」の差異を視点として国語学研究―」『国語学研究』52, pp.72-86.
金秀栄・安秉坤(2012)「「な」と「마」の対照研究」『日本近代学研究』37, pp.63-79.
金廷珉(2010)「文法化理論を応用した日韓語の文末形式に関する対照研究

―「のだ」と「것이다」の意味変化の対比を中心に―」『日本学報』84, pp.153-164.
＿＿＿(2011)「「みたいな」と「다는」に関する日韓対照研究」『日本学報』89, pp.49-60.
＿＿＿(2011)　「日韓語の文末表現に見る語用論的意味変化―機能主義的類型論の観点から―」『歴史語用論入門』高田博行・椎名美智・小野寺典子(編), 大修館書店.
＿＿＿(2014)「韓国語の引用修飾節の主節化―日本語との対比を通じて―」『日本語複文構文の研究』ひつじ書房.
金廷珉・堀江薫(2006)　「韓国語における名詞化構文の終結用法―名詞と動詞の連続性の観点から―」『日本認知言語学会論文集』6, pp.150-159.
金廷珉・堀江薫(2010)「「のだ」構文の談話機能に関する対照言語学的考察―韓国語の「KES-ITA」との対比を通じて」『言語学と日本語教育VI』pp. 175-190, くろしお出版.
北原保雄(1981)『日本語助動詞の研究』大修館書店.
北原保雄編(2004)『問題な日本語』大修館書店.
衣畑智秀(2011)「第4章係助詞・副助詞」『シリーズ日本語史3文法史』(金水敏・高山善行・衣畑智秀・岡崎友子), pp.167-189, 岩波書店.
金栄敏(2002)『日韓両言語格と統語構造』筑波大学大学院人文社会科学研究科 筑波大学博士(言語学)論文.
金容沢(2001)「韓国語と日本語における前・後を表す空間表現の文法化」『日本認知言語学会論文集』1, pp.77-87.
金田一春彦(1976)「日本語動詞のテンスとアスペクト」『日本語動詞のアスペクト』pp.27-61, むぎ書房.
工藤浩(1989)「現代日本語の除法性 序章」『東京外国語大学論集』39, pp. 13-33, 東京外国語大学外国語学部.
桑田明(2001)「語源と語義・語法の相即二題：「ばかり」と「らむ」の場合」『国文学言語と文芸』118, pp.42-62, おうふう.
国立国語研究所(1951)『現代語の助詞・助動詞』秀英出版.
小林隆(2001)「方言から国語史を捉え直す」『国文学：解釈と教材の研究』46(12), pp.80-83, 学灯社.
此島正年(1966)『国語助詞の研究―助詞史素描』桜楓社.
佐野真一郎(2012)「『日本語話し言葉コーパス』を用いた「全然」の変化の詳

細化」『第1回コーパス日本語学ワークショップ予稿集』pp.33-42.
沢田淳(2009)「移動動詞「来る」の文法化と方向づけ機能―「場所ダイクシス」から「心理的ダイクシス」へ―」『語用論研究』11, pp.1-20.
鈴木重幸(1972)『日本語文法・形態論』むぎ書房.
石賢敬(2011)『本動詞から補助動詞への文法化―韓国語の<doeda構文>と<jida構文>を中心に―』東京大学博士論文.
徐民静(2006)「いく：[カダ]」の移動の拡張による文法化―日韓両言語の対照の観点から―」『日本言語文化研究』9, pp.18-30.
宋承姫(2000)「文法化の観点から見に日韓両言語の文末表現の一考察―「もの」「こと」「の」と「것」を中心に―」『日本文化学報』8, pp.83-100.
＿＿＿＿(2000)『日本語の「もの(だ)」「こと(だ)」「の(さ)」と韓国語の것이다に関する対照研究―「文法化」の観点から―』広島大学大学院教育学研究科博士学位論文.
趙愛淑(2007)『現代日本語における限定のとりたて詞の研究』J&C.
高島俊男(2003)『お言葉ですが』4, 文春文庫.
高橋光子(2007)「動詞から副詞への文法化」『流通経済大学社会学部論叢』18(1), pp.21-36, 流通経済大学.
＿＿＿＿(2010)「「決して」の共時的通時的文法化」『流通経済大学論集』44(4), pp.335-356, 流通経済大学.
竹内史郎(2013)「取り立て否定形式の文法化：岡山方言と関西方言を対照して」『日本語文法』13(1), pp.3-19, くろしお出版.
竹沢幸一・John Whitman(1998)『英語比較選書第9巻 格と語順と統語構造』研究社出版.
崔真姫(2006)「「のだ」と「거든」の既定性に関する考察―「のだ」と「것이다」の対照研究―文法化の度合いの違い―」『日本文化学報』29, pp.27-43, 韓国日本文化学会.
＿＿＿＿(2007)「「のだ」と「거든」の既定性に関する考察」『日語日文学研究』63-1, pp.571-588, 韓国日語日文学会.
鄭相哲(2004)「日本語モダリティ形式の文法化に関する研究―東北方言「シタッタ」形と「했었다」形を中心に崔真姫」『日語日文学研究』51(2), pp.325-342.
鄭世桓・上原聡(2008)「日本語の補助動詞「テシマウ」に対応する韓国語のa pelitaとko maltaについて―文法化の観点からの対照分析―」『日本認知言語学会論文集』8, pp.161-171.
塚本秀樹(2001)「語形成と文法化―日本語と韓国語の対照研究―」『梅田博

之教授古稀記念韓日語文学論叢』pp.605-627.
_____(2006)「日本語から見た韓国語—対照言語学からのアプローチと文法化(特集 日本語から見た外国語)—」『日本語学』25(3), pp.16-25, 和泉書院.
_____(2006)「日本語と朝鮮語における複合格助詞再考—対照言語学からのアプローチ—」藤田保幸・山崎誠(編)『複合辞研究の現在』pp.285-310, 和泉書院.
_____(2008)「日本語と朝鮮語における品詞と言語現象のかかわり—対照言語学からのアプローチ—」『アジア・アフリカの言語と言語学特集：品詞分類の多様性』3, pp.29-46.
_____(2009)「文法化と形態・統語的仕組み—日本語と朝鮮語の相違を引き起こす要因—」『第17回中日理論言語学研究会ハンドアウト』
_____(2012)『形態論と統語論の相互作用：日本語と朝鮮語の対照言語学的研究』ひつじ書房.
寺村秀夫(1991)『日本語のシンタクスと意味Ⅲ』くろしお出版.
時枝誠記(1950)『日本文法口語篇』岩波書店.
中尾俊夫・児馬修(編著)(1990)『歴史的にさぐる現代の英文法』大修館書店.
新野直哉(1997)「「"全然"＋肯定」について」『国語論究6近代語の研究』pp.258-286, 明治書院.
沼田善子(1991)「とりたて詞ムード」『日本語のモダリティ』(仁田義雄他(編)) pp.159-192, くろしお出版.
_____(2009)『現代日本語とりたて詞の研究』ひつじ出版.
沼田善子・野田尚史編(2003) 『日本語のとりたて—現代語と歴史的変化・地理的変異—』くろしお出版.
野田春美(2000)「「ぜんぜん」と肯定形の共起」『計量国語学』22(5), pp.169-182, 計量国語学会.
橋本進吉(1967)『国文法体系論』岩波書店.
_____(1969)『助詞・助動詞の研究』岩波書店.
韓京娥(2008)「日本語の「〜てあげる・くれる」と韓国語の「-a/e cwuta」の意味機能」『日本語教育』136, pp.78-87.
朴江訓(2007a)「「しか…ない」の多重NPI現象について」『日本語文法』7(2), pp.154-170, くろしお出版.
_____(2007b)「日韓両言語における否定一致現象について」『日本語と日本文学』44, pp.44-57, 筑波国語国文学会.

_____(2009a)「いわゆる「其他否定」表現について」『日語日文学研究』69, pp.123-138, 韓国日語日文学会.

_____(2009b)「日本語における多重否定極性表現について―その生起条件を中心に―」『日本学報』79, pp.15-26, 韓国日本学会.

_____(2010a)「日本語の反語構文における否定呼応表現―韓国語と英語の否定呼応と関連して―」『日本言語文化』16, pp.161-176, 韓国日本言語文化学会.

_____(2010b)「韓日両言語における「밖에」と「しか」の統語的認可条件」『日本学報』83, pp.48-58, 韓国日本学会.

_____(2011a)「「しか」の機能的源流をめぐって―韓国語との対照の観点から―」『日本研究』49, pp.415-433, 韓国外国語大学校日本研究所.

_____(2011b)「日本語否定文の統語論研究の諸相」『日本語学研究』31, pp.19-33, 韓国日本語学会.

_____(2011c)「日韓両言語における文法化」『日本語文法学会第12回大会予稿集(於:東京外国語大学)』pp.138-145, 日本語文法学会.

_____(2012a)「言語類型論的観点からみた否定一致―膠着語と屈折語を中心に―」『日語日文学研究』80, pp.227-244, 韓国日語日文学会.

_____(2012b)「方言接触による文法化をめぐって」『日語日文学研究』83, pp.203-219, 韓国日語日文学会.

_____(2012c)「韓日両言語における除外表現の文法化―言語類型論的観点から―」『日本語学研究』35, pp.137-151, 韓国日本語学会.

_____(2014a)「いわゆる「項と付加部の非対称性」について」『日本言語文化』28, pp.25-44, 韓国日本言語文化学会.

_____(2014b)「韓日両言語における副助詞の文法化―言語類型論の観点から―」『日本語文学』61, pp.37-56, 韓国日本語文学会.

_____(2014c)「限定を表す副助詞における上接語句の文法化」『日語日文学研究』89, pp.21-39, 韓国日語日文学会.

_____(2014d)「韓日両言語の文法化に関する対照研究―文法化の度合いを中心に―」『日本語学研究』39, pp.83-99, 韓国日本語学会.

_____(2015a)「韓日両言語における否定命令形式の対照研究」『日本語学研究』43, pp.39-56, 韓国日本語学会.

_____(2015b)「韓日両言語における文法化の対照研究の諸相」『日本語文学』64, pp.33-52, 韓国日本語文学会.

_____(2019a)「韓日両言語の方言接触における対照研究―否定呼応表現

の場合を中心に―」『日本文化学報』82, pp.141-162, 韓国日本文化学会.

_____(2019b)「通言語的観点からみた日韓両言語における否定命令文」『日本語統語論研究のひろがり』pp.229-248, くろしお出版.

_____(2020)「「不定語モ」と「1＋助数詞モ」に関する一考察」『日語日文学研究』114, pp.23-43, 韓国日語日文学会.

_____(2021)「複数のカテゴリーに属する単一形式の文法化―言語類型論の観点から―」『日本言語文化』55, pp.91-111, 韓国日本言語文化学会.

_____(2022a)「韓日両言語の否定極性表現「전혀」と「全然」の文法化」『日本語文学』94, pp.79-100, 韓国日本語文学会.

_____(2022b)「韓日両言語における否定副詞の文法化をめぐって―「결코」と「決して」を中心に―」『日語日文学研究』120, pp.23-43, 韓国日語日文学会.

_____(2022c)「韓日両言語における言語接触による否定副詞の文法化―「결단코/결코」と「決して」に注目して―」『日本言語文化』61, pp.47-66, 韓国日本言語文化学会.

_____(2023)『韓日両言語における否定一致の研究』J&C.

朴宣映(2000)「近代韓国語の文章における日本語の影響―「後置詞」の「EY 依haye」と「によって」を中心に―」『日本国語学会2000年度秋季大会要旨集』.

白以然(2004)『空間からアスペクトへの文法化における視点問題―日本語・朝鮮語・中国語の対照を中心に―』神戸大学博士論文.

_____(2008)「動詞「出す」と韓国語「내다」(naida)の対照研究―認知意味論の観点から―」『人間文化創成科学論叢』11, pp.153-163.

日野資成(2008)「形式語の文法化」『福岡女学院大学紀要(人文学部編)』18, 福岡女学院大学人文学部.

細川英雄(1972)「禁止表現形式の変遷―「な-」・「な-そ」・「-な」について」『国文学研究』48, pp.87-98.

堀江薫(2001)「膠着語における文法化の特徴に関する認知言語学的考察―日本語と韓国語を対象に―」『認知言語学論考』pp.185-227, ひつじ書房.

_____(2002)「日韓両語の補文構造の認知的基盤」『認知言語学2：カテゴリー化』pp.255-276, 東京大学出版会.

_____(2003)「日本語と韓国語の認知言語学的対照研究」『日本語学』22(9), pp.63-73, 明治書院.
_____(2005)「日本語と韓国語の文法化の対照―言語類型論の観点から―」『日本語の研究』1(3), pp.93-107, 日本語学会.
堀江薫・金廷珉(2008)「「主観化・間主観化」の観点から見た日本語・韓国語の文法現象」『言語』37(2), 大修館書店.
堀江薫・近藤絵美・姜奉植・守屋哲治(2004)「関西方言の否定形式交替現象に関する認知言語学的研究―韓国語との対照に基づいて―」『対照言語学の新展開』pp.319-331, ひつじ書房.
堀江薫・塚本秀樹(2008)「日本語と朝鮮語における文法化の対照研究の現状と課題」『日本語と朝鮮語の対照研究Ⅱ』東京大学21世紀COEプログラム「心とことば―進化認知科学的展開」
堀江薫・プラシャント・パルデシ(2009)『言語のタイポロジー』pp.84-89, 研究社.
堀江薫・村上雄太郎(2007)「膠着型言語と孤立型言語における他動性表示形式の文法化―日韓・中越語の対比を通じて―」『他動性の通言語的研究』pp.217-229, くろしお出版.
洪思満(1988)『韓・日語比較文法論―特殊助詞と副助詞―』慶北大学校出版部.
プラシャント・パルデシ・李清海・堀江薫(2006)「主観性のタイポロジー―日・英・韓・中・マラティー語における受動表現の対照を通して―」35(6), pp.76-83, 大修館書店.
三上章(1972)『現代語法序説』くろしお出版.
三宅知宏(2005)「現代日本語における文法化―内容語と機能語の連続性をめぐって―」『日本語の研究』1(3), pp.61-76, 日本語学会.
宮岸哲也(2011)「授与補助動詞構文の文法化について―日本語~てあげる/くれる・韓国語-a/e cwuta・シンハラ語-la denawaを例にして―」『国語国文論集』41.
宮地朝子(2000)「方言からみたシカの構文的特徴と成立過程」『国語学』51(1), pp.77-92, 国語学会.
_____(2007)『日本語助詞シカに関わる構文構造史的研究』ひつじ書房.
_____(2010)「日本語否定文と文法化：シカ類の変化と変異を中心に」『否定と言語理論』pp.170-192, 開拓社.
_____(2011)「名詞キリの形式化と文法化」『日本語文法の歴史と変化』くろしお出版.

＿＿＿＿＿＿(2011)「名詞の形式化・文法化と複文構成―ダケ・キリにみる―」『複文研究の意味の研究』国立国語研究所共同研究プロジェクト.

＿＿＿＿＿＿(2014)「名詞の形式化・文法化と複文構成：ダケの史的展開にみる」『日本語複文構文の研究』(益岡隆志他(編)) pp.299-322, ひつじ書房.

茂木俊伸(2001)「とりたて詞「しか」における「予想」について」『筑波大学 東西言語文化の類型論特別プロジェクト研究報告書 平成12年度 別冊「日本語のとりたて」』pp.231-250.

＿＿＿＿＿＿(2004)『とりたて詞の解釈と構造』筑波大学大学院人文社会科学研究科筑波大学博士(言語学)論文.

森英樹(2013)「日本語否定命令文の歴史的変遷」『福井県立大学論集』40, pp.1-13.

守屋哲治・堀江薫(2003)「ドリフトと文法化―日韓語対照研究を中心に―」『日本エドワード・サピア協会研究年報』17, pp.37-46.

＿＿＿＿＿＿(2006)「日本語と韓国語における否定辞の発達と分化に関する対照言語学的研究」『言語処理学会第12回年次大会論文集』.

山口堯二(1991)「副助詞「しか」の源流―その他を否定する表現法の広がり―」『語源探求』3, pp.34-48, 明治書院.

山田孝雄(1908)『日本文法論』宝文館.

＿＿＿＿＿＿(1922)『日本口語法講義』宝文館.

＿＿＿＿＿＿(1936)『日本文法学概論』宝文館.

山田昌裕(2011)「副助詞「ノミ」の変容と副助詞研究の課題」『恵泉女学園大学紀要』23, pp.111-126, 恵泉女学園大学.

尹賢美(2012)『日韓授受表現の対照研究―恩恵から非恩恵用法への文法化を中心に―』東北大学博士論文.

＿＿＿＿＿＿(2013)「日韓授受表現の対照研究―「やる」と「주다」の非恩恵用法への文法化を中心に―」『日本語教育研究』25, pp.223-243.

吉田直希(2008)『日本語の構成素とその統語的性質』くろしお出版.

吉村あき子(1999)『否定極性現象』英宝社.

渡辺 明(2005)『ミニマリストプログラム序説』大修館書店.

若田部明(1991)「「全然」の語誌的研究―明治から現代まで」『解釈』37(11), pp.24-29, 教育出版センター.

渡辺ゆかり(2002)「付属語「きり」の用法の変遷について―江戸語・東京語を中心に―」『日本語科学』12, pp.128-152.

言語類型論的観点からみた韓日両言語における文法化の対照研究

*   *

강덕구(2004)「한·일 양국어 보조용언의 문법화 과정에 대하여」『일어일문학』21, pp.1-20, 한국일어일문학회.
_____(2004)「한·일 양국어의 문법화 현상에 관한 고찰」『일본문화연구』10, pp.341-362, 동아시아일본학회.
고영근(1976)「특수조사의 의미분석 - '까지, 마저, 조차'를 중심으로 - 」『문법연구』3, pp.2-21. 문법연구회.
_____(1997)『한국어의 문법화 과정』국학자료원.
고영근·남기심(1985)『표준 국어문법론』탑출판사.
권미영(1996)『동사 '말다'의 통사·의미론적 연구』경북대 석사학위논문.
김경훈(1977)「국어의 부사수식 연구」『국어연구』37, pp.1-95, 국어연구회.
김목한(2001)「근대국어의 격체계 연구 - 장서각 자료를 중심으로 - 」『장서각』6, pp.7-26.
김선영(2005)「부정 구성 '-지 말-'의 통합 양상과 의미」『국어학』46. pp.332-391.
김성화(1989)「- {지/다가/고} 말-'의 의미 기능」『국어국문학』102, pp.147-174.
김수정(2002)「현대국어 보조사의 변천」『현대국어의 형성과 변천』박이정.
김영희(1998)「부정 극성어의 허가 양상」『한글』240·241, pp.263-297.
김영화 외(2005)「부정어의 구조·의미적 분석」『부정과 부정어』한국문화사.
김정민(2011)「体言締め文에 관한 일고찰 : 일본어와 한국어의 대조를 통하여」『인문 연구』66, pp.151-182.
_____(2012)「한일 문말형식의 증거성과 의외성 기능 : '것이다'와 'のだ'를 중심으로」『인문연구』66, pp.27-48.
나은영(1997)「-'까지, 조차, 마저'의 의미구조 분석」『한국어학』6, pp.211-226, 한국어 학회.
남기심·고영근(1985)『표준국어문법론』탑출판사.
남미정(2011)「보조사 '까지, 마저, 조차'의 발달과 의미 관련성」『국어사연구』12, pp.169-192, 국어사학회.
박강훈(2012)「일본어의 부정과 부정표현 연구」『일본어학 연구의 최전선』pp.43-60, 책사랑.
_____(2014)「언어유형론적 관점에서 본 일본어 특수조사의 문법화 연구」

『분야별 현대 일본어학 연구』pp.220-235, 박이정.
_____(2016)「언어유형론적 관점에서 본 한일 양 언어의 부정명령문 연구」『일본어문학』69, pp.1-19, 한국일본어문학회.
_____(2017)「한일 양 언어의 부정순환에 관한 대조연구 - 언어유형론적 관점에서 -」『비교일본학』40, pp.257-274, 한양대학교 일본학국제비교연구소.
_____(2018)「언어접촉의 관점에서 본 현대일본어의 통사 변화」『일본어문학』76, pp.3-25, 한국일본어문학회.
_____(2023)「긍정과 호응하는 부정부사의 문법화 -「전혀/全然」과「결코/決して」의 대조 연구 -」『일어일문학연구』126, pp.63-84, 한국일어일문학회.
박상수(2011)「한국어 부정 요소 '아니하-'와 '아니'의 변화에 대한 통시적 분석」『언어과학연구』58, pp.71-92.
박승윤(1997)「「밖에」의 문법화 현상」『언어』22(1), pp.57-70.
박지연(2010)「'말다'의 문법적 위상 정립을 위한 통시적 연구」『어문론총』53, pp.107-144.
박형우(2004)『국어 부정문의 변천 연구』한국문화사.
서정수(1975)「국어 부사류의 구문론적 연구」『현대국어문법연구논문선』pp.67-98, 계명대출판부.
_____(1994)『국어문법』뿌리깊은 나무.
_____(1996)『국어문법』한양대학교출판사.
서종학(1997)「후치사의 변화」『국어사연구』태학사.
송경안(2011)「청자-화자간 역동과 일본어 대명사의 문법화」『언어학』19(1), pp.61-78.
시정곤(1997)「'밖에'의 형태-통사론」『국어학』30, pp.171-200.
_____(1997)「국어의 부정극어에 대한 연구」『국어국문학』119, pp.49-78.
_____(1997)「국어의 부정극어 허가조건」『언어』22, pp.471-497.
신윤희(2005)『보조사 조차・마저・까지에 대한 통시적 연구』서울대 석사논문.
안주호(1997)『한국어 명사의 문법화 현상 연구』한국문화사.
양지혜(2008)「한・일 양 언어의 부사에 관한 고찰 - 'ぜんぜん(全然)'과 '전혀'의 의미・용법을 중심으로 -」인천대학교 교육대학원 석사학위논문.
양주동(1998)『양주동전집』10, 동국대학교출판사.

이성하(1998)『문법화의 이해』한국문화사.
_____(2016)『문법화의 이해』역락.
이숭녕(1961)『중세국어문법론』학연사.
이정민(2011)「보조사 '마저', '조차'의 문법화 연구」『국어국문학지』48, pp.1-25. 문창어문학회.
이정옥(2014)「「テイク」「テクル」와 「어 가다」「어 오다」의 문법화의 차이점」『일본근대학연구』44, pp.39-51, 한국일본근대학회.
이준서(2008)「「さえ」의 다의성에 관한 일고찰」『일본학보』76, pp.117-127, 한국일본학회.
이태욱(2000)『15세기 국어 부정법 연구』보고사.
_____(2001)『16세기 국어 부정법 연구』보고사.
이한섭(2012)「19세기말 한일어의 접촉과 교류 연구」『日本語学研究』34, pp.11-24, 한국일본어학회.
전정례(1998)「한국어와 일본어의 문법변화 비교 연구」『한말연구』4, pp.265-282.
정수현(2010)「한·일 보조동사 표현 고찰 - 'ていく·てくる'를 중심으로 - 」『日本言語文化』16, pp.327-340, 한국일본언어문화학회.
조석호(2000)「한·일어 문법변화 대조 연구」『동남어문논집』10, pp.183-198.
최현배(1948)『조선말본』정음사.
_____(1971)『우리말본』정음사.
한용운(2003)『언어 단위 변화와 조사화』한국문화사.
허웅(1983)『국어학』샘문화사.
_____(1989)『16세기 우리 옛말본』샘문화사.
_____(1995)『우리말의 형태론』샘문화사.
허재영(2002)『부정문의 통시적 연구』역락.
홍사만(2002)『국어 특수조사 신연구』역락.

*   *

Antonov, A.(2011) Grammaticalization of Allocutivity Markers in Japanese and Korean in a cross-linguistic perspective. *Shared Grammaticalization in TE Languages.* 1-29. University of

Leuven.
Aoyagi, H. and H. Ishii(1994) On NPI Licensing in Japanese. *Japanese/Korean Linguistics* 4: 295-311. Stanford: CSLI.
Aronoff, M.(1976) *Word Formation in Generative Grammar*. MIT-press.
Bybee, J. L.(2001) *Phonology and Language Use*. Cambridge: Cambridge University Press.
_____(2003) Mechanism of Change in Grammaticalization: the Role of Frequency. Janda. R. & B. Joseph(eds.). *A Handbook of Historical Linguistics*. 602-623. London: Lawrence.
Bybee, J., Perkins, R. & Pagliuca, W.(1994) *The Evolution of Grammar: Tense, Aspect and Modality in the Languages of the World*. University of Chicago Press.
Carl F. & I. S. Park(1994) Synchronic and Diachronic Aspect of Complex Predicates in Korean and Japanese, Noriko A. ed. *Japanese/Korean Linguistics* 4: 221-237. Stanford: CSLI.
Chomsky, N.(1982) *Some Concepts and Consequences of the Theory of Government and Binding*, MIT Press.
_____(1986) *Barriers*. MIT Press
Comrie, B.(1998) *Perspectives on Grammaticalization*. In Ohori(ed.). 7-24.
Furukawa, Y.(2001) A Negative Concord Approach to *SIKA-NAI* Construction. 『日本言語学会第123回大会予稿集』164-169. 日本言語学会.
Giannakidou, A. (2000) Negative … Concord?. *The Linguistic Review* 17: 1-65.
Greenberg, J. H.(1963) *Universals of Language*. Cambridge, MA: MIT Press.
Haegeman, L.(1995) *The Syntax of Negation*. Cambridge University Press.
Haegeman, L. and R. Zanuttini(1990) *Negative Concord in West Flemish*. Ms. University of Geneva.
_____(1991) Negative Concord and the Negative Criterion. *The Linguistic Review* 8: 223-251.
_____(1996) Negative Concord in West Flemish. *Parameters and Functional Heads: Essays in Comparative Syntax*. 117-179. Oxford University Press.

Haegeman, L. and T. Lohndal(2010) Negative Concord and(multiple) Agree: A case study of West Flemish. *Linguistic Inquiry* 41: 2.

Halle, M. & Marantz, A.(1993) Distributed Morphology and the Pieces of Inflection. *The View from Building* 20.

Han, C. H. & C. M Lee(2006) On Negative Imperatives in Korean. *Linguistic Inquiry* 38: 2. 373-395

Harley, H. & Noyer, R.(1999) Distributed Morphology. *GLOT International. Harvard Studies in Korean Linguistics* 6: 323-337. Seoul: Hanshin.

Heiko, N. and S. Rhee(2023) Grammaticalization of space in Korean and Japanese. *In Shared Grammaticalization with Special Focus on the Transeurasian Languages.* 287-315. Amsterdam: John Benjamins.

Heine, B. (2003) Grammaticalization. In Brian D. Joseph & Richard D. Janda (eds.). *The Handbook of Historical Linguistics, 575-601.* Oxford: Blackwell.

Heine, B., Ulrike C. & Frederike H.(1991) *Grammaticalization: A conceptual framework.* Chicago and London: The. University of Chicago Press.

Heine, B. & T. Kuteva (2005) *Language Contact and Grammatical Change.* Cambridge University Press.

Hoeksema, J.(1996) The Semantics of Exception Phrases. *Quantifiers, Logic and Language.* J. van der Does and van Eijck J.(eds.). 145-177. CSLI.

Hopper, P. J.(1991) On Some Principles of Grammaticization. *Approaches to Grammaticalization.* 17-35. Amsterdam: John Benjamins.

Hopper, P. J. & E. C. Traugott(1993) *Grammaticalization.* Cambridge: Cambridge University Press.

_____(2003) *Grammaticalization.* Cambridge: Cambridge University Press. 2nd Edition.

Horie, K.(1991) Event Nominalizations in Korean and Japanese: A Cognitive Perspective. *Harvard Studies in Korean Linguistics* 4: 503-512. Seoul: Hanshin publishers.

_____(1998) Functional Duality of Case-marking Particles in Japanese and its Implications for Grammaticalization: A Contrastive Study with Korean. *Japanese/Korean Linguistics* 8: Stanford: 147-159.

CSLI.

_____(2008) The Grammaticalization of Nominalizers in Japanese and Korean: A Contrastive Study. Nominalization in Asian Languages: Diachronic and Typological Perspectives. *Rethinking Grammaticalization: New Perspectives for the Twenty-first Century(Typological Studies in Language 76).* 169-187. Amsterdam: John Benjamins.

Horie, K., J. M. Kim, and M. Tamaji(2007) Where Japanese Contrasts with Korean and Mandarin Chinese: Intersubjectivity, Modality, and the Differential Pragmatic-Semantic Foundations across Languages. *Studies in Pragmatics* 9: 1-16.

Hwang, J. H.(2008) *Negative Sensitive Items: Conditions, Constrains, and Consequences.* Doctoral dissertation of University of Illinois.

Jeong, H. J.(2009) *A Comparative Study of Korean and Japanese Copulas: A Panchronic Perspective.* Ph.D. Dissertation, University of Hawaii.

Jespersen, O.(1917) *Negation in English and Other Languages.* General Books

Kaori K., and J. H. Lee(2010) A Corpus-based Comparative Study of Completives in Japanese and Korean. *Ene* 35(3): 837-862.

Kato, Y.(1985) Negative Sentences in Japanese. *Sophia Linguistica* 19. Sophia University

Kawashima, R. and H. Kitahara(1992) Licensing of Negative Polarity Items and Checking Theory: A Comparative Study of English and Japanese. *Proceedings of the Formal Linguistics Society of Midamerica* 3: 139-154.

Kim, Alan H. O.(1977) The Role of Word Order in Syntactic Change: Sentence-Final Prominency in Korean Negation. *Proceedings of the Third Annual Meeting of the Berkeley Linguistic Society.* 670-684.

_____(1997) The NPI Pakkey and Universal Quantifier Negation in Korean. *Harvard Studies in Korean Linguistics* 6: 323-337. Seoul: Hanshin.

_____(2001) Correspondences in Scalar Focus Particles of

Japanese and Korean: A Comparative Perspective. *Cognitive-Functional Linguistics in an East Asian Context*. H. Kaoru. and S. Sato(eds.). 207-234. Tokyo: Kurosio.

_____(2006) Grammaticalization in Sentence-final Politeness Marking in Korean and Japanese. Susumu Kuno et al. (eds.) *Harvard Studies in Korean Linguistics* 6: 72-85.

_____(2006) On origins of Korean *supnita* and Japanese *desu/masu*: Deriving Addressee Honorific Markers from 'reporting' verbs. *Inquiries into Korean Linguistics* 2: 15-26. Seoul: Thaehaksa.

Kim, J. B.(2000) *The Grammar of Negation: A Constrained Based Approach*. Stanford: CSLI.

Kim, J. M. and K. Horie(2009) Intersubjectification and Textual Functions of Japanese *Noda* and Korean *Kes-ita*. *Japanese/Korean Linguistics* 16: 279-288. Takubo, Yukinori et al. (eds.) Stanford: CSLI.

Kim, Y. W(2006) Inherent Egativity of Negative Concord Items in Korean: Particle '-to' and the Negative Concord Adverbs. *Harvard Studies in Korean Linguistics* 11: 532-547.

Klima, E. S.(1964) Negation in English. *The Structure of Language*. 246-323. NJ : Prentice-Hall.

Konomi, Keiji(2000) On Licensing of SIKA-NPIs in Japanese. *Syntactic and Functional Explorations*. 51-82. Kurosio Publishers.

Kuno, S. (1999) The Syntax and Semantics of the *Dake* and *Sika* Constructions. *Harvard Working Papers in Linguistics* 7: 144-172. S. Kuno and B. Vaux(eds.).

Kuno, S. and Y. J. Kim(1999) The Syntax and Semantics of the *Man* and *Pakkey* Constructions. *Harvard Studies in Korean Linguistics* 8: 436-456.

Kuno, S. and J. Whitman(2004) Licensing of Multiple Negative Polarity Items. *Studies in Korean Syntax and Semantics by Susumu Kuno*. Y.-K. Kim-Renaud and J. Whitman(eds.). 207-228. Seoul: International Circle of Korean Linguistics.

Laka, I.(1990) *Negation in Syntax: On the Nature of Functional Categories and Projections*. Ph.D. thesis, MIT.

Lee, C. M.(1978) *Negative Imperatives in Korean. Papers in Korean Linguistics*. 149-156. Hornbeam Press.

_____(2002) Negative Polarity in Korean and Japanese. *Japanese/Korean Linguistics* 10: 481-494. N. Akatsuka and S. Strauss. (eds.). Stanford: CSLI.

Lehmann, C.(1982) *Thoughts on Grammaticalization*. LINCOMEUROPA

_____(1985) Grammaticalization: Synchronic Variation and Diachronic change. *Linguae stile* 20: 303-318.

_____(1995) *Thoughts on Grammaticalization*. Munich: Lincom.

Lehmann, W. P.(1974) *Grammaticalization: Synchronic Variation and Diachronic Change*. 131-140.

Martin, S. E.(1975) *A Reference Grammar of Japanese*. New Haven: Yale University Press.

Matos G.(1999) *Negative Concord and the Scope of Negation*. CatWPL 7.

Meillet, A.(1912) L'évolution des formes grammaticales. *Scientia (Rivista discienza)* 12: 384-400.

Moriya, T. and K. Horie(2002) Grammaticalization and Semantic Typology: Time-relationship Adverbs in Japanese, Korean, English, and German. *Proceedings of the 16th Pacific Asia Conference*. 348-357.

Murasugi, K.(1991) *Noun Phrases in Japanese and English: A Study in Syntax, Learnability and Acquisition*. PhD dissertation, University of Connecticut.

Nam, S. H.(1994) Another Type of Negative Polarity Item. *Dynamics, Polarity, and Quantification*, ed. M. Kanazawa and C. Piñon, 3-15. Stanford: CSLI.

Nishioka, N.(2000) Japanese Negative Polarity Items wh-*MO* and XP-*sika*Phrases: Another Overt Movement Analysis in Terms of Feature-Checking. *Syntactic and Functional Explorations*. 159-184. Kurosio Publishers.

Park, K. H.(2012) *Grammaticalization of Negative Sensitive Items pakkey in Korean and sika in Japanese*. New Reflections on Grammaticalization 7. Ms (held at University of Edinburgh).

_____(2014) A Contrastive Study of Japanese and Korean Negative Sensitive Items: a Grammaticalization Approach, *Language Sciences* 45: 152-172. England: Elsevier Limited.

_____(2015) A Discrepancy in the Degree of Grammaticalization of Korean and Japanese Negative Sensitive Items: A Corpus-Based Study, *Japanese/Korean Linguistics* 22: 149-164. Stanford: CSLI.

_____(2017) Negative Concord vs. Negative Polarity: Focusing on argument-adjunct asymmetry. *Linguistic Research* 34: 225-246.

_____(2018) Grammaticalization of Japanese Postpositions: Focusing on *yori* co-occurring with Negatives. *Language and Linguistics* 81: 51-73.

_____(2023) Degrammaticalization of Japanese NSI *kiri*-nai. *The Korean Journal of Japanology* 136: 91-112.

Rhee S. H.(2004) Grammaticalization of Spatio-temporal Postpositions in Korean. *Journal of Linguistic Science* 31: 169-188.

Sells, P.(2001) Negative Polarity Licensing and Interpretation. *Harvard Studies in Korean Linguistics* 9: 3-22. Susumu Kuno et al.(eds.).

Sells, P.(2004) Negative Imperatives in Korean. In Proceedings of the 10th Harvard International Symposium on Korean Linguistics

Simpson, A. and X. Z. Zoe(2000) The Grammaticalization of Formal Nouns and Nominalizers in Japanese and Korean. *Language Change in East Asia*. 250-283. Curzon.

Sohn, K. W.(1994) *Overt-Covert Licensing and Parametric Differences in NPIs*. Ms. University of Connecticut.

Strauss, S. and S. O. Sohn(1998) Grammaticalization, Aspect, and Emotion: The Case of Japanese -te shimau and Korean -a/e pelita. *Japanese/Korean Linguistics* 8: 217-230. Silva, D. J. (ed.) Stanford: CSLI.

Takezawa, K.(1987) *A Configurational Approach to Case-Marking in Japanese*. Doctoral dissertation. University of Washington.

Traugott, E. C.(2003) From Subjectification to Intersubjectification. *Motives for Language Change*.

Ukaji, M.(1992) 'I not say': Bridge Phenomenon in Syntactic Change. *History of Englishes: New Methods and Interpretations in*

Historical Linguistics. 453-462. Berlin: Mouton de Gruyter.
Ura, H.(1996) *Multiple Feature-Checking: A Theory of Grammatical Function Splitting*, Ph.D. Dissertation, MIT.
Watanabe, A.(2004) The Genesis of Negative Concord. *Linguistic Inquiry* 35: 559-612.
Whaley, J. L.(1997) *Introduction to Typology*. London: Sage Publication.
Winford, D.(2003) *An Introduction to Contact Linguistics*. Blackwell.
Zeijlstra, H.(2004) *Sentential Negation and Negative Concord*. Ph.D. thesis, University of Amsterdam.

*   *

辞書類

【韓国語の辞書】
국립국어연구원(オンライン版)
『문화관광부(2003)『(21세기 세종계획) 한민족언어정보화프로그램』국립국어원.
『메트로 한일 사전』(2009) 두산동아
『17세기 국어사전』(1995) 한국정신문화연구원
『엣센스 일한 사전』(2010) 민중서림
『엣센스 한일 사전』(2013) 민중서림
『우리말 어원사전(1995) 한글학회
『우리말의 뿌리를 찾아서: 한국어 어원사전』(2006)
『우리말큰사전』(1992)) 한글학회/어문각
『표준국어대사전』(2001)
『프라임 일한 사전』(2014) 두산동아
『한국어어원사전』(2012)

【日本語の辞書】
『広辞苑』(2004) 岩波書店
『大辞泉』(2013) 小学館
『朝鮮語大辞典』(2013) 角川書店

『日本国語大辞典』第二版(2004) 小学館
『日本文法大辞典』(1971) 明治書院
『ロドリゲス大文典』(1969)文化書房博文社

【英語の辞書】
Collins Cobuild(English Language Dictionary: 1987)
Cambridge(International Dictionary of English: 1995)

各章と既発表論文との関係

第1章　序章：文法化理論と韓日語対照研究の視座
　　　　新規執筆

第1部：否定表現と命令の文法化

第2章　否定命令形式の文法化：「-마/-な」の対照分析
　　　　朴江訓(2019)「韓日両言語における否定命令形式の対照研究」『日本語学研究』43, 39-56, 韓国日本語学会[1]

第3章　否定命令文の類型論的研究
　　　　박강훈(2016)「언어유형론적 관점에서 본 한일 양 언어의 부정명령문 연구」『일본어문학』69, 1-19, 한국일본어문학회
　　　　朴江訓(2019)「通言語的観点からみた日韓両言語における否定命令文」『日本語統語論研究の広がり』, 229-248, くろしお出版

第4章　否定循環の観点からみた韓日両言語の対照研究
　　　　박강훈(2017)「한일 양 언어의 부정순환에 관한 대조연구」『비교일본학』40, 257-274, 한양대학교 일본학국제비교연구소

1　以下の既発表論文のリストは各章の内容を修正・加筆したもの、またはその内容と少しでも関わりのあるものをすべて挙げたものである。

第2部：否定副詞と限定副助詞の文法化

第5章 否定副詞の文法化Ⅰ：「결코/決して」の使用変遷
朴江訓(2022)「韓日両言語における否定副詞の文法化をめぐって－「결코」と「決して」を中心に－」『日語日文学研究』120, 23-43, 韓国日語日文学会

第6章 否定副詞の文法化Ⅱ：「전혀/全然」の意味変化
朴江訓(2022)「韓日両言語の否定極性表現「전혀」と「全然」の文法化」『日本語文学』94, 79-100, 韓国日本語文学会

第7章 除外表現の文法化
朴江訓(2012)「韓日両言語における除外表現の文法化－言語類型論的観点から－」『日本語学研究』35, 137-151, 韓国日本語学会

第8章 副助詞の文法化Ⅰ：機能の変遷と統語的制約
朴江訓(2014)「韓日両言語における副助詞の文法化－言語類型論の観点から－」『日本語文学』61, 37-56, 韓国日本語文学会

第9章 副助詞の文法化Ⅱ：上接語句における形式変化
朴江訓(2014)「限定を表す副助詞における上接語句の文法化」『日語日文学研究』89, 21-39, 韓国日語日文学会

第3部：理論的課題と文法化の多様性

第10章 日本語副助詞の文法化研究の展望と今後の課題
박강훈(2014)「언어유형론적 관점에서 본 일본어 특수조사의 문법화 연구」『분야별 현대 일본어학 연구』, 220-235, 박이정

第11章　複数文法カテゴリーに属する形式の文法化：機能重層性の視点から
　　　　朴江訓(2021)「複数のカテゴリーに属する単一形式の文法化―言語類型論の観点から―」『日本言語文化』55, 91-111, 韓国日本言語文化学会

第12章　膠着語における副助詞と否定極性表現：形態統語理論の観点から
　　　　朴江訓(2012)「言語類型論的観点からみた否定一致―膠着語と屈折語を中心に―」『日語日文学研究』80, 227-244, 韓国日語日文学会

　　　　　　　第4部：総合的分析と対照的視座

第13章　否定極性表現の文法化の度合の相違：コーパスに基づく研究
　　　　Park, K. H.(2015) A Discrepancy in the Degree of Grammaticalization of Korean and Japanese Negative Sensitive Items: A Corpus-Based Study, *Japanese/Korean Linguistics* 22. 149-164. Stanford：CSLI

第14章　文法化の度合いに関する韓日比較分析
　　　　朴江訓(2014)「韓日両言語の文法化に関する対照研究―文法化の度合いを中心に―」『日本語学研究』39, 83-99, 韓国日本語学会

第15章　韓日両言語の文法化研究の現状と展望
　　　　朴江訓(2015)「韓日両言語における文法化の対照研究の諸相」『日本語文学』64, 33-52, 韓国日本語文学会

第16章　結章：統合的考察
　　　　新規執筆

著者略歴

朴 江 訓
- 仁荷大学 文科大学 日語日本学科 早期卒業
- 筑波大学(University of Tsukuba) 大学院 言語学修士・博士(国費留学)
- 現在、仁荷大学 文科大学 日本言語文化学科 教授
- 元 全州大学/韓国外国語大学/韓国ポリテク大学 教授
- 社会副総理兼教育部長官賞受賞(優秀研究賞 2015年, 2019年)

This work was supported by INHA UNIVERSITY Research Grant

言語類型論的観点からみた 韓日両言語における文法化の対照研究

初版印刷	2025년 05월 14일
初版発行	2025년 05월 20일
著 者	朴江訓
発 行 者	尹錫賢
発 行 所	J&C Publishing company
	353, Uicheon-ro, Dobong-gu, Seoul, Korea
	Tel: 02) 992 / 3253 Fax: 02) 991 / 1285
	http://www.jncbms.co.kr
	jncbook@hanmail.net

ⓒ 朴江訓 2025 Printed in KOREA.

ISBN 979-11-5917-259-5 93730   정가 40,000원

* 이 책의 내용을 사전 허가 없이 전재하거나 복제할 경우 법적인 제재를 받게 됨을 알려드립니다.
** 잘못된 책은 구입하신 서점이나 본사에서 교환해 드립니다.